Omma, komma!

Regina Ullrich

ISBN 978-3-00-031527-5

Herausgeber:

Hellwach-Verlag

Inh. Roswitha Kortheuer
40764 Langenfeld/Rhld.
E-Mail: hellwach-verlag@t-online.de
Internet: www. hellwach-verlag.de
Fax: 02173 - 2037 220

Autor:
Regina Ullrich

Umschlag:
Roswitha Kortheuer

Satz und Layout:
Susanne Seegebrecht-Keitel

Druck und Bindung:
Anrop Ltd.

2. Auflage 2011

Omma, komma!

Inhaltsverzeichnis

Omma, komma!
Eine Anleitung für werdende und real existierende Großmütter

Definition

Der Begriff „Oma" mit lang gezogenem „O" ist ein Respekt bezeugender Ausdruck. Die Bezeichnung „Omma" ist ein Ausdruck in kurzer Befehlsform für ständige Abrufbereitschaft von Hilfen aller Art (sehr gebräuchlich im Ruhrpott). „Oma" ist kein Titel, sondern ein Zustand. „Omma" ist auch kein Titel, sondern eine Art Verdienstorden. „Omi" ist weder Zustand noch Verdienst, sondern ein Unterscheidungsmerkmal. Es gibt ja meist zwei Omas, und dann ist die eine eben die OmA und die andere die OmI. Die Wahl trifft der Enkel.

Oma-Arten

Es gibt jede Menge Omas, Omis und Ommas. Es gibt kleine Omas, große Omas, dicke Omas, dünne Omas, alte Omas, junge Omas, normale Omas, spezielle Omas, liebe Omas, strenge Omas, arme Omas, reiche Omas und Anti-Omas. Anti-Omas sind solche, die noch keine Oma sind und das auch nicht werden wollen, weil sie das Oma-Dasein als Vorstufe des geistigen und körperlichen Verfalls betrachten. Ich und Oma? Nein, danke.

Übrigens, einem Mann das Dasein als Opa schmackhaft zu machen, ist ein müßiges Unterfangen. Schon der bloße Gedanke daran ist bereits ein Fingerzeig ins Jenseits. Opa-Sein ist gleichbedeutend mit „Lack-Ab", „Sex-Weg" oder „Geld-Futsch" – gut, manches mag wohl stimmen. Nur kann Mann nichts dagegen tun. Oder doch? Wie?

Ein Opa mit flippigem Hemd und verkehrtherumenem Schlä-
gerkäppchen ist die gleiche Seltsamerscheinung wie eine Oma mit
Haaren in Pink und Shorts in Prall. Eine Harley unterm Hintern mit
entsprechendem Lederlook ist da schon besser. Wenn dann aber so
ein Surrogat-Jüngling im Pulk der jungen Harley-Fahrer mit „Hallo,
Alter! Immer noch fit!" angesprochen wird, dann muss der schon
wirklich fit sein im Kopf, um nicht vom Glauben an die Unvergäng-
lichkeit der Jugend abzufallen. Vieles aber erledigt sich von selbst
durch längeres Liegenlassen! Das Durchschnittsalter des schnellen
Motorradfahrers erhöht sich im gleichen Maße, wie die Fahrge-
schwindigkeit abnimmt. Man hängt ja schließlich am Leben! Zurück
zu den weniger komplizierten Omas.

Unterscheidungsmerkmale

Zur Klassifizierung der Omas ist ein Unterscheidungsmerkmal
erforderlich. Enkelkinder sind da erfinderisch. Sie geben ihren Omas
erstaunlich eindeutige Namen. Omas haben sie ja, wie bekannt, meist
mehrere (von beiden Elternteilen, von einem der beiden Elternteile
bei Wiederverheiratung oder von beiden Elternteilen bei mehrmali-
gen Liaisons oder gar von so genannten Leih-Omas[1], falls eine pas-
sende Direktlinie fehlt).

Die Identifikation der jeweiligen Omas in der Sprache der Enkel
ist praktisch, merkfähig und dem Wortschatz angepasst. Eine „Tick-
Tack-Oma" ist zum Beispiel eine Oma, in deren Wohnzimmer noch
eine Standuhr steht, deren Pendel ein deutlich hörbares Tick-Tack-
Geräusch abgibt. Da es sonst keine Oma gibt, die solch eine Tick-
Tack-Uhr hat, ist die Bezeichnung „Tick-Tack-Oma" also absolut
unverwechselbar. Manchmal setzt man auch einfach die Stadt davor,
in der die Oma lebt, also die „Wuppertal-Oma".

---

[1] www.leihomas-leihopas.de

Nicht ganz so eindeutig sind Bezeichnungen wie „Audi-Oma", denn es können ja durchaus auch beide Omis einen Audi fahren. Da ist ein weiteres Unterscheidungsmerkmal schon angebracht, wie zum Beispiel „Blaue-Audi-Oma".

Es gibt auch Omas, die immer weg sind, da sie ihrer eigenen Selbstverwirklichung nacheilen und damit für Enkel nicht präsent sind. Im Gegensatz zu den „Da-Omas", die durch ihr ständiges Dasein keiner besonderen Erinnerung bedürfen, sind die „Weg-Omas" solche, an die sich ein kleiner Mensch nur unscharf erinnert. „Oma?" – „Wer?"

Und es gibt auch noch die Omas, die den Enkeln trotz des strengen Elternverbots die verteufelten Bonbons zustecken, das sind dann die „Bonbon-Omas". Wenn die Oma mit ihrem Opa ihr Rentnerdasein lieber drei Viertel des Jahres in Spanien verbringt, statt mit ihren Enkeln herumzualbern, dann ist das eben die Spanien-Oma. Klare Definition.

Heutige Mütter sind sehr ernährungsbewusst und halten Brötchen, Schrippen, süße Hörnchen oder Semmeln für gesundheitlich äußerst bedenklich. Die Oma, die dem kleinen Schnattermäulchen eine Semmel kauft, um es einer etwas weniger geräuschvollen Tätigkeit zuzuführen und der pausenlosen Produktion von mehr oder minder verständlichen Wortschöpfungen kurzfristig Einhalt zu gebieten, ist dann folgerichtig die „Semmel-Oma".

Der Erfindungsgeist wird eigentlich nur durch den Wortschatz der Kleinen begrenzt. Aber die üben und üben und üben. Scheinbar ohne Luft zu holen. Irgendwann kann man gar nicht mehr so richtig zuhören, weil einfach zuviel und alles auf einmal ausgesprochen wird. Also eine „Semmel" ist da ein echt guter Wortsprudelstopper.

Oma werden

Oma sein ist eigentlich gar nicht so schwer. Oma werden dagegen schon mehr. Vor allem dann, wenn man „plötzlich und unerwartet" Oma wird. Fürs Omawerden kann man eigentlich gar nichts. Wenn die Tochter allzu früh erfolgreich dem Vermehrungstrieb folgt, liegt das Ergebnis meist früher im Körbchen als geplant. Dann ist die Mutter ganz schnell Oma. Und Omas haben eine ganz eigene Rolle. Sie sind quasi Unternehmensberater für Unternehmungen, die bereits Fakt sind, wo man nicht mehr das Vorher berät, sondern das Nachher. Eine teilweise äußerst delikate Angelegenheit, nur etwas für Spezi-Omis. Normale Omas oder Instant-Omas brauchen da vielleicht noch eine Anleitung.

Also, es gibt junge Omas, das sind Omas im Mutteralter, deren Kinder mit Kindern Kinder zeugen. Die Tochter wird zur Mutter und die Mutter zur Oma. Einfach so. Ungewollt. Aus Versehen. Dennoch hör-, see- und greifbar. Was machen dann junge Omas? Legen die in ihrem Hirn einfach einen Hebel um? Von AN (erfolgreich und attraktiv) auf AUS (Schluss mit lustig, jetzt wird's ernst)?

Tatsache ist, dass die Reihenfolge Kind – Mutter – Oma nicht veränderbar ist oder rückgängig gemacht werden kann. Wenn das Kind aus welchen Gründen auch immer wegfällt, ist die Oma nicht automatisch wieder die Mutter und die Mutter nicht automatisch wieder das Fräulein Tochter. Aber manche versuchen, Geschehenes ungeschehen zu machen und das mit schrecklichen Folgen. Das Baby landet in der Babyklappe, in der Tiefkühltruhe, im Blumenkasten oder in der Mülltonne. Leider ist das kein Filmkrimi, sondern harte Wirklichkeit! Man wirft die Mutterrolle einfach weg. Mutter ist keine Alternative zum freien Dahinleben. Damit wird die Mutter zur Unmutter, aber nicht wieder zur netten jungen Frau von nebenan.

Es gäbe vermutlich weit weniger Unmütter, wenn es mehr Omas gäbe. Da-Omas, versteht sich, nicht Weg-Omas. Omas sind Fluchtwege aus der Krise. Omas wissen um das Leben. Omas lieben das Leben. Und Omas lieben das neue Leben, zuerst in ihren Kindern, danach und dann erst recht in ihren Enkeln. Omas und Opas sind die Schutzengel der Familie, der Rettungsanker in der Not, die Überbringer von Freude, Zuversicht und Hoffnung. Omas und Opas stehen mittlerweile hoch im Kurs, und das nicht nur als Babysitter. Und wer keine Oma hat, der leiht sich eine. Wenn die Oma keinen Enkel hat, kann sie sich auch einen leihen. Sie braucht sich nur zu melden, zum Beispiel mit „Oma sucht Enkel" oder so ähnlich. Sie wird sicher fündig! Dazu später mehr. Omas sind begehrt! Leider auch manchmal von Enkeln, die gar keine sind, Omas Spendabilität wegen!

Oma sein

Natürlich eignet sich nicht jede Oma als Babysitter oder Finanzberater. Schließlich hat man ja auf vieles verzichtet, um dem Nachwuchs den Lebensweg zu ebnen. Wenn die Kinder dann aus dem Haus sind, was heute manchmal auch recht lange dauern kann, dann hat man endlich einmal Zeit für sich. Und noch einmal alles von vorne anzufangen, was man bereits erfolgreich erledigt und hinter sich gelassen hat, nämlich das lästige Windelnwechseln, das kleckerfreudige Allhandgemampfe in Tischkultur zu verwandeln oder das Dauerwindeltragen durch die Liebe zum Töpfchengehen zu ersetzen, das erfordert Einsicht und Nerven. Beides hat man nicht immer. Auch der Versuch, Opas Sitzung mit Tages- oder Sportzeitung umzuwandeln in eine Töpfchen-Session mit Märchenbuch hat sich als unwirksam erwiesen. Bei den ersten Versuchen schafft es der kleine Hygiene-Lehrling vielleicht noch bis ins Bad, aber die Pfütze bildet sich in der Übungsphase meist noch vor dem Klo. Auf die Erfolgsmeldung wartende Frage „Bist Du fertig? Hast Du's geschafft?" kommt dann die Rückmeldung mit entsprechendem Augenaufschlag: „Zu spät!"

Nicht alle Omas greifen zum Feudel, um den Fehlversuch zu entfernen. Das ist zwar verständlich, aber wenig hilfreich. Keiner Oma fällt ein Zacken aus der Krone, wenn sie irgendwo mal mit anpackt, sofern sie die Anweisungen der Tochter exakt befolgt und keine Eigenstrategie entwickelt. Wieso? Weil jede Familie ihr eigenes Ordnungssystem hat, und das ist nicht immer kompatibel mit den Ordnungssystemen anderer. Es gibt sogar Ratgeber oder Konfliktsituationslöser in bestimmten Zeitschriften, die sich mit den unterschiedlichen Auffassungen und Handlungsweisen beschäftigen und den Rat suchenden Müttern Empfehlungen geben. Hier eine Alltagssituation:

Das Chaos hat Methode

Bei Oma liegen die Socken im Kleiderschrank, bei der Tochter in der Kommode und beim Kind unterm Bett. Angelt die hochelastische Oma mit leicht ansteigender Temperatur dann nach den Socken an verschiedenen Stellen unterm Bett und legt diese dann ordentlich gefaltet in den Kleiderschrank, bekommt sie nicht etwa einen Orden (in Form von Küsschen oder Kuchen), sondern das heimliche Prädikat „Chaosmaker". Sobald Oma dann außer Sicht ist, wird flugs die alte Ordnung wieder hergestellt: Socken in die Schublade (Mamas Ordnung) und von da wieder unters Bett (schließlich will Pimpfi ja auch etwas wiederfinden!). Übrigens gilt das für die Ordnungshilfe auch umgekehrt. Räumt die Tochter bei der Mutter auf, dann ist Oma eher irritiert als begeistert. Da war doch noch etwas Käse im Eisschrank und ein Rest vom Sahnequark? Beides ist weg. Die Tochter hat den Eisschrank aufgeräumt, sterilisiert und alles entsorgt, was älter war, als das Haltbarkeitsdatum zuließ. Oma aber hält die Besorgnis der Tochter um ihre Gesundheit für einen Ausdruck von Verschwendungssucht. War doch alles noch gut?! Wieso denn Haltbarkeitsdatum? Oma isst immer alles auf. Oma ist Kriegskind!

Die gefühlte Familie

Eine Familie sollte eine gefühlte Familie sein, also eine, in der sich alle wohlfühlen, um nicht in inkompatible Individuen zu zerfallen und auseinanderzudriften. Sonst ist am Ende jeder für sich allein. Allein sein will ja keiner, man will nur für sich sein. Hingehen können ins fröhlichlaute Miteinander und sich jederzeit zurückziehen dürfen in seine private leise Eremitage. Eine unrealistische Vorstellung? Mehr Wunsch als Wirklichkeit?

Manchmal bekommen Großeltern spontan Sehnsucht nach ihren Kindern und Enkeln. Sie wollen wenigstens ein paar Stunden wieder eine komplette Familie sein. Also fahren sie einfach los. Sie sind gewohnt, jederzeit überall hingehen zu können und immer und jederzeit Familienmitglieder zu besuchen oder zu empfangen. Sie praktizierten das Haus der offenen Tür für Familien und Freunde mit Überzeugung. Hier eine Alltagsgeschichte:

Die Großeltern entschließen sich also spontan, ihre Kinder zu besuchen. Auf dem Weg dorthin malen sie sich aus, wie sich alle über ihren Besuch freuen. Endlich angekommen, klingeln sie. Keine Reaktion. Alles bleibt still.

„Die müssen doch da sein!" Oma nickt. Opa versucht es noch mal. Endlich, schlurfende Geräusche. Die Tür bleibt aber zu. Dahinter eine verschlafene Stimme: „Wer issn da?" Die Schwiegereltern geben sich zu erkennen. „Ach Ihr! Ich habe mich gerade hingelegt und bin nicht angezogen. Kommt ein anderes Mal wieder und meldet Euch vorher an!" Damit entfernen sich die Schlurfschritte. Die Tür bleibt zu. Die beiden Alten sind fassungslos. Waren sie Bittsteller? Oder Fremde? Oder irgendwelche lästigen Unbekannten?

Oma ärgert sich ein wenig. Sie hat ohnehin einige Vorbehalte ihrer Schwiegertochter gegenüber. Opa aber wendet sich zum Gehen und weint.

Diese Geschichte ist wahr. Wahr ist aber auch, dass dieselbe Schwiegertochter am Bett ihres schwerkranken Schwiegervaters saß, bis er starb. Der Schwiegervater vermachte ihr ein kostbares Geschenk, eine große geschnitzte Goldmaske aus dem Film „Der verlorene Sohn" von Luis Trenker[2], die Luis Trenker ihm als Bergkamerad und seinem Verehrer einstmals geschenkt hatte und auf die er sehr stolz war. Allerdings hat die Schwiegertochter diese Maske nie bekommen. Als die Schwiegermutter starb, verweigerte der Sohn die Herausgabe der Maske an seine Ehemalige, weil inzwischen geschiedene Frau mit der Begründung: Das Stück bleibt in der Familie. Damit kommt die (gemeinsame) Tochter in München im Trenker-Jahr „ganz groß raus". Eine Ex-Frau gehört nicht mehr zur Familie. Die Maske aber galt als Familienerbstück.

Und? Hat die Tochter ihre Mutter auch als Ex-Mutter angesehen? Sie hat. Sie behielt die Maske und schickte ihre Mutter fort. Es war keine Oma mehr da, die korrigierend eingreifen konnte. Die Mutter weinte und ging weg für immer. Sie starb kurz darauf an Krebs weit weg von ihrer ehemaligen Familie. Ob ihr Grab jemals besucht worden ist, ist nicht bekannt. Bekannt ist aber, dass man die Urne der Mutter später zurückgeholt und mit der Urne des inzwischen tödlich verunglückten Vaters zusammen in einem Grab beerdigt hat – eine späte Einsicht der Zusammengehörigkeit.

Soviel zum Unterschied zwischen einer Familie und einer gefühlten Familie. Väter bleiben Väter und Mütter bleiben Mütter, gleichgültig ob ein Ex davorsteht oder nicht. Das ist Fakt. Aber es gibt eben auch Omas, die nur ihre Enkel akzeptieren, nicht die Mütter dazu. Gekrönte Häupter dürfen das vielleicht. Aber der Normalfall ist das nicht.

---

[2] 1892-1990

Omas im Wandel

Ex-Omas hingegen gibt es nicht. Es gibt nur aktive und inaktive Omas (und Opas). Großeltern an sich sind eine eigene Spezies. Spätestens dann, wenn der ersehnte Ruhestand zum Dauersitzplatz vor dem Fernsehen mutiert, beginnt man sich zu mopsen. Der Gedanke, dass das nicht alles gewesen sein kann, ist die folgerichtige Erkenntnis des verdienten, aber nicht gerade aufregenden süßen Nichtstuns. Nichtstun führt zur Fresslust oder Nörgelitis und damit unweigerlich zur Einleitung des Unruhestandes.

Manche Omas und Opas werden geradezu erschreckend aktiv. Sie gehen auf die Unis und lernen Philosophie oder sie gehen in die Wüste und bauen Brunnen oder sie fangen an zu sammeln oder zu basteln und das Dachgeschoss oder den Keller in eine gigantische Eisenbahnlandschaft oder Carrerabahn zu verwandeln. Was für eine Aussicht für Enkel! Was für eine Aufgabe für Omis! Opa kann alles. Oma macht alles. Also, wenn eine Omi die Absicht haben sollte, in den Beruf der „Allzweck-Omi" zu wechseln, gibt es einiges zu beachten. Zunächst die Hilfsbereitschaft. Natürlich will eine Oma helfen. Omas sind einfach die geborenen Helfer. Die doofen Schnürsenkel sind zu kurz oder zu lang oder weg, die Seife piekt in den Augen, die Bundstifte sind verschwunden oder abgebrochen, dem Lieblingsbuch fehlt eine Seite, dem Teddy ein Auge und der Mammi die Geduld. Die Hilfsbereitschaft ist eine unabdingbare Voraussetzung für das Prädikat „Allzweck-Omi". Allerdings gewöhnt sich so eine Enkelschar sehr schnell an diese Instant-Rettung in allen möglichen Situationen. Sie halten das irgendwann für selbstverständlich und die Hilfe für jederzeit abrufbar. „Omma, komma!" ist der Beweis für die Existenz einer Allzweck-Oma, gekennzeichnet durch die unmissverständliche Aufforderung zur Tat, ohne das Zauberwort „Bitte"![3]

---

[3] Die Gutenberg-Realschule hat einen „Knigge-Kurs" für Fünfklässler eingeführt mit dem Titel „Zauberwörter" und mehr.

Strategien

Tatsächlich gibt es kaum einen „Omma, komma!"-Befehl, den die „Omma" nicht ausführt. Doch Vorsicht. Das kann für die Oma stressig werden. Ein striktes „Nein!" würde allerdings auf völliges Unverständnis stoßen und unausweichlich eine Erklärung fordern. Eine Erklärung „Weil ich das so will!" oder „Deshalb!" trägt selten zur Akzeptanz bei. Hier gehe man etwas behutsamer vor, falls möglich, und versuche eine Erklärung. Das wiederum sollte eine Erklärung sein, die keine weiteren Erklärungen nach sich zieht. Auf ein einfaches „Das macht man so!" folgt unweigerlich die Frage „Warum?"

Unsere Kleinen sind im Produzieren von Warum-Endlosschleifen einfach unschlagbar.

Apropos schlagen. Schlagen ist heutzutage verpönt. Zu Recht. Mit dem Stöckchen auf Finger schlagen ist eine Frühform des Guantánamo-Gehabes, und Guantanamo ist abgeschafft (oder doch nicht oder noch nicht so ganz, jedenfalls wird das beabsichtigt). Selbst ein Klaps auf den Po ist verpönt, wie aus Münster berichtet wurde, wo man einer Tagesmutter nach so einem Vorfall verboten hat, weiterhin Kinder zu betreuen.

Erklären

Erstaunlicherweise nehmen es die Enkel selten übel, wenn man ihnen einmal einen strengen Verweis erteilt. Früher tat die Backpfeife oder die Maulschelle die gleiche Wirkung. Wenn so eine drastische Reaktion ummittelbar auf eine Tat folgte, dann war klipp und klar, dass man etwas falsch gemacht hatte, und auch was man falsch gemacht hatte. Kleine Hunde erzieht man ähnlich. Heute fehlt es meist an Führung, das heißt, an Erklärungen, was richtig und was falsch ist, schön oder hässlich, gut oder gemein und warum!

Die Zeiten, als man noch das „schöne" Händchen (das rechte) geben sollte, wenn man jemand begrüßte, sind längst vorbei. Heute stecken die Kids die Hände in die Hosentaschen und sagen „Hi, Omi!" Oder sie sagen gar nichts, beginnen zu strahlen und rennen einfach auf die Omi zu, egal ob von der obersten Treppenstufe oder auf ebener Erde. Sie hopsen der Omi einfach in die Arme, ohne zu überlegen – nur das Omi-Ziel im Auge. Omi wird mich schon auffangen! Klar doch. Tut sie. Aber auf so etwas muss man gefasst sein, um die Oma-Tätigkeit nicht wegen einer Beule oder eines Gipsbeins vorübergehend einstellen zu müssen.

Auseinanderhalten

Was braucht eigentlich so ein Hosenmatz? Hosenmätze sind ja nicht nur Jungs, sondern auch Mädchen. Die Mädchen tragen kurze Haare, die Jungen lange. Falls man die Enkelkinder erst später zu Gesicht bekommt, weil heute die Familien eher über Länder und selbst Kontinente verteilt sind, dann sollte man sich besser vorher erkundigen, insbesondere wenn man mehrere Enkel hat, wer wer ist. Bei Zwillingen, die wohl die Mutter, aber nicht unbedingt die Oma auseinanderhalten kann, empfehlen sich kleinere Hilfsmittel als Erkennungsmerkmale. Treiben die munteren Kleinen aber Schabernack (ein hübsches Wort!), was bei gutmütigen Omis ein beliebtes Spiel ist, dann helfen nur drastische Maßnahmen. Die Strategie hier muss heißen „verwechsle sie bewusst" beispielsweise, indem man sie etwas machen oder holen lässt, und dann das gleiche vom jeweils anderen verlangt. Wenn einer zweimal was tun soll, und der andere steht nur grinsend dabei und tut nichts, dann wird sich der doppelt Belastete gegen diese Zumutung mit entsprechender Lautstärke wehren. Es liegt am Geschick und an den Nerven der Oma, wann diese Lautstärke zu einem Protestgebrüll oder von Omi zu einem gemeinsamen Lachen umgemünzt wird.

Zwillinge verschieden anzuziehen ist kein Garant für Unverwechselbarkeit. Werden die Kleider vertauscht, sehen sie doch wieder alle gleich aus. Hier hilft nur ein drastisches, aber wirksames Mittel: ein unterschiedlicher Haarschnitt. Wenn beide lange Haare haben wollen, ist das vorübergehend ein Problem. Zur Schonung der Nerven des Frisörs greife man selbst zur Schere. Das kann aber den „ewigen" Zorn des Verschandelten zur Folge haben. Wegen der besseren Nerven überlasse man solche Prozeduren lieber der Mutter. Omas sind dann die Tröster und bringen es vielleicht fertig, dass sich der Verschnibbelfrisurträger doch noch zu einem Meisterfrisörbesuch überreden lässt.

Nachbessern

Es gibt Fälle, in denen der Steppke die ständig ins Gesicht fliegenden Flusen als lästig empfindet und selbst zur Schere greift. Der Umgang mit Spiegeln zum Hineinschauen ist gewohnt, aber der Umgang mit der spiegelverkehrten Darstellung zum Kreieren von alltagstauglichen Frisuren führt dann doch zu ungewohnten oder buchstäblich lückenhaften Ergebnissen.

Wer selbst schon einmal als Erwachsener mit einem Handspiegel rückwärts vor einem Badezimmerspiegel gestanden und versucht hat, zu lange oder abstehende Nackenhaare zu stutzen, der weiß, dass ein Kind damit ungewollte Kreativität an den Tag legt. Die meist in Folge auftretenden Nachbesserungsversuche führen nicht selten zu einem Haardesign, das zu Schreckensrufen des Pflegepersonals führt oder zum Nichtwiedererkennen des bisher bekannten Rauschgoldengel-Looks. Selbst Starfrisöre müssen hier passen. Man darf sicher sein, dass diese Figaros noch tagelang darüber nachgrübeln dürften, ob sie die Restbestände an Haarpracht nicht doch noch irgendwie so oder besser vielleicht so eventuell ohne Farbe, mit Klebstoff, Kunsthaar oder per Kahlschlag mit Hoffnung auf Nachwuchs (der Haare) in etwas hätten verwandeln können, dass wenigstens entfernt an eine Frisur erinnert. Hier kommen Omis ganz groß raus. Die lachen einfach herzhaft, manchmal bis ihnen die Tränen kommen, und finden ihr Enkelchen – wie immer – einfach süß!

Omis sollten sich allerdings trotz ihrer Duldungsfähigkeit weitgehend aus den Erziehungsmethoden ihrer Ableger heraushalten. Aber das ist leichter gesagt, als getan. Tröstlich ist, dass Omis einen gewissen Bonus haben. Schokolade ist beispielsweise verpönt, weil sie angeblich dick macht (nicht glücklich!). Aber die Omi darf schon einmal eine Tafel Schokolade mitbringen. Auch steinhartes Vollkornbrot ist gesund und sorgt für starke Zähne und weniger Karies, schmeckt aber wie gepresstes Stroh.

Omi bekommt trotzdem oder deshalb weiches, süßes Weißbrot. Und wenn der Enkel dann neugierig mal kosten will, dann tut Omi ihm den Gefallen und lässt ihn mal beißen. Das wird zwar nicht gut geheißen, aber geduldet.

Knigges Enkel

Überhaupt gibt es so einige Dinge zu beachten, die man als Normal-Oma aus der eigenen Erziehung, so man eine solche genossen oder „den Knigge" gelesen hat, gewohnt ist.

„Ellenbogen vom Tisch!" ist so eine Verhaltensvorschrift. Hatte seinen Sinn – früher. Früher hatte man viele Kinder und somit viele Personen, die alle an einem Tisch Platz haben mussten. Die Ellenbogen gehörten nicht auf den Tisch, denn sonst hätte mindestens einer in der zweiten Reihe sitzen müssen. Heute sind weit weniger Personen um einen Tisch versammelt. Also darf man „lümmeln", sein Kinn in die Hände stützen und die Ellenbogen als Stabilisatoren und Hängekopfhalter auf die Tischplatte rammen. Sieht grässlich aus, stört anscheinend aber niemanden mehr, außer Oma.

Auch den Löffel zum Mund zu führen und nicht den Kopf über den Teller zu hängen, um damit den Weg des Löffels vom Teller zum Mund zu minimieren, wird nicht von jeder Oma geduldet. Wegrennen vom Tisch, Schlürfen oder sonstige hörbaren Geräusche oder gar Haare kämmen, kann so nervig werden, dass eine sonst liebe Oma ihre Besuche zu Essenszeiten lieber einschränkt. Hier kann man nur etwas gegen diese Lässigkeit tun, indem man das mit den Eltern bespricht oder es sich mit ihnen und damit letztlich mit den eigenen Kindern, verscherzt. Viele Omas können nicht verstehen, warum man sich so viel Mühe mit der Erziehung gegeben hat, wenn das Ergebnis dann letztlich so aussieht, wie das die Allgemeinheit jetzt wohl als zeitgemäß ansieht. Schlechtes Benehmen ist weit verbreitet, aber nicht zeitgemäß!

Es gibt zwei Zauberformeln, die die erfahrenen Omis den unerfahrenen Enkeln beibringen sollten: Ein Lächeln ist der Türöffner der Herzen, gutes Benehmen der Türöffner zur Chef-Etage!

Natürlich weiß so ein Pampersbomber noch nichts mit einer Chef-Etage anzufangen. Aber dazu sind ja Omis da, die sehr wohl wissen, dass man sehr früh schon Maßstäbe setzen und Richtungen angeben muss, um das spätere, mühsame Nachholen zu vermeiden. Was Hänschen nicht lernt, lernt Hans nimmermehr! Komischerweise ist das Wort „Spätentwickler" aus unserem Wortschatz verschwunden. Soll das etwa bedeuten, dass sich einfach alles später entwickelt und somit den Status des Normalen angenommen hat?

Spätentwickler

Ein junges Paar freute sich über sein erstes Kind. Ein Prachtkerlchen. Lieb, kein Schreihals und kerngesund, wie man meinte. Leider war er bis zum Krabbelalter nicht zu bewegen, auch nur eine Silbe, geschweige denn ein Wort zu sprechen. Selbst als er sich bei seinen Krabbelübungen das Köpfchen stieß, entlockte ihm das keinen Laut. Er strich sich nur heftig mehrmals über die schmerzende Stelle und setzte dann seine Krabbeltour fort. Er verstand zwar alle Anweisungen wie „Komm her!" oder „Langsam, nicht so schnell!" aber er sah sein Gegenüber nur aufmerksam an und lächelte. Die Eltern konsultierten die Oma. „Wie war das damals mit uns? Wann konnten wir denn sprechen? Wann haben wir das erste Wort gesagt? Warum spricht er nicht?"

Oma traute sich nicht zu sagen, dass sie ihn für stumm hielt. Als er kurz vor dem Kindergarteneintritt immer noch nicht sprach, löste das bei allen ernste Besorgnis aus. Ratlos sahen Papa, Mama und Oma zu, wie der Kleine mit seinem Trecker spielte. Oma startete wieder einen Versuch, den Jungen zum Sprechen zu bringen. „Hast Du aber einen schönen Trecker! Darf ich den auch mal haben?" Der Kleine sah zur Oma auf, drückte den Trecker gegen seine Brust und antwortete dann klar und deutlich: „Ja, Oma, aber das ist mein Auto!" Nicht nur ein Wort, nein, er sagte einen ganzen Satz und das in reinstem Hochdeutsch!

Diese Sensation löste eine Art Explosion unter den Anwesenden aus. Sie pritzten auseinander. Jeder suchte ein Telefon, ein Handy, den Nachbarn. Die Nachricht über den stummen Jungen verbreitete sich in Windeseile „Unser Sohn spricht! Und wiiiiiie!"

Früheinschulung

Ist Spätentwicklung normal oder provoziert? Ist es normal, dass Kinder mit drei Jahren und mehr immer noch Windeln tragen? Und wenn ja, wie verträgt sich das mit der Forderung, Kinder schon mit 4 oder 5 Jahren einzuschulen, statt mit 6? Das soll wohl so eine Art Turbo-Abitur für Anfänger werden. Jede normale Oma schüttelt darüber bloß noch den Kopf. Wie soll das gehen? Warum kappt man die kurze Kindheit, um das harte Erwachsenenleben zu verlängern oder vorzuziehen? Haben die Minister, die sich so etwas ausdenken und dann auch noch als zukunftsweisende oder erfolgsnotwendige Lösungen anpreisen, selbst Kinder? Wollen sie die loswerden? Oder, deren Lebensarbeitszeit schon im Vorfeld verlängern? Was soll das für einen Sinn haben? Und wie, vor allem, soll das praktisch aussehen? Haben die Schulranzen in diesem Fall dann neben der Handy-Tasche auch ein Pampers-Fach?! Vermutlich wird es bald gar keinen Ranzen mehr geben, dafür aber wieder die bereits abgeschaffte Einheitsschulkleidung beziehungsweise eine Art ausbildungskonforme oder performanceorientierte Batchelorkleidung, also eine Art strapazierfähige Vielzweck-Jeans mit Minicomputer in der Gesäßtasche und GPS-Ortungssystem im Hosenbein? Vielleicht braucht man eines Tages überhaupt nicht mehr zur Schule zu gehen. Das regelt man dann über E-Learning. Dann braucht man sich über Klassenstärken keinen Kopf mehr zu machen und kann den teuren Erhalt der Schulgebäude und Raufereien auf den Schulhöfen vergessen. Also doch keine Batchelorkleidung, eher Homewar-Fashion?

Nirgendwo wird so viel herumgebastelt wie an den Schulsystemen, Lernmethoden, Lehrstoffen und, und, und. Ein Aktionismus mit fragwürdigem Erfolg. Lesen, schreiben, rechnen. Wie herrlich simpel ausgedrückt und wie kompliziert umgesetzt! Absurd und völlig überflüssig ist auch das Gebakel um die Schreibschrift. Haben die Entscheider über solche „Bildungsmaßnahmen" noch nie etwas von Kontinuität gehört? Das ständige Ändern bedeutet immer wieder neu lernen, also neu anfangen. Das ist verschwendete Zeit, die man besser zur Erweiterung seines Wissens nutzen könnte. Warum nicht im Deutschfach ein paar Stunden für die Sütterlinschrift[4] einplanen? Braucht man nicht? Braucht man ganz sicher! Denn es gibt kaum noch jemand, der die alten handschriftlichen Akten und Schriften oder Urkunden von damals lesen kann, manchmal nicht einmal mehr die alten Geburtstagskarten von Oma oder Opa. Wenn Oma und Opa noch leben, kann man sie fragen: „Wat heiß dat?" Dann sag die

---

[4] 1911 entwickelt von Ludwig Sütterlin, preußisches Kultur- und Schulministerium

Oma: „Das heißt „Was heißt das, bitte?" und erklärt dann, was es heißt und lässt den Enkel dann vielleicht noch ein schönes zackiges „i" schreiben oder ein etwas komisch Eckiges wie das „e". Der Steppke ist stolz. Er hat eine Geheimschrift entdeckt!

Der geistige Anspruch wird immer schwächer, bis wir alle nur noch doof sind. Schuld an diesem Trend haben die Erwachsenen, nicht die Kinder. Die lernen locker viel mehr und viel schneller, als das die Besserwisser oder Bessermachenwoller in meist fortgeschrittenem Alter mit reduzierter Lernfähigkeit selbst noch könnten. Auch die Lehrer müssen ständig neu lernen. Manche greifen ratlos auf das Internet zurück oder sehen heimlich auf ihrem iPad in der neuen deutschen Rechtschreibung nach! Deutsch ist nun einmal eine schwere Sprache, schriftlich wie mündlich. Sollen wir die Lehrer bewundern, bedauern oder durch Computer ersetzen?

Die Unis würden zu Großrechenzentren in den Wolken, Professoren zu Entertainern in Konferenzschaltung mit den Studenten, und die Doktorväter hätten auch ausgedient. Das machen jetzt Suchmaschinen im Internet. Damit keine Plagiate, keine Doktortitel, nur ein himmlischer Segen. Wolkenrechnen haben wir ja schon (Cloud Computing)! Jetzt fehlt uns nur noch ein Aloisius, der uns die himmlische Erleuchtung bringt! In welchem Wirtshaus saß der noch mal?

Zauberwörter

Berufs-Omis oder berufene Omis vollbringen wahre geistige Schwerstarbeit. Sie sind keine studierten Psychologen. Sie handeln nach Wissen und Gefühl, nach Empfinden und Stärke. Ihr Ziel bestimmt den Erfolg. Die Intensität verkürzt den Weg dorthin. Omis sind nicht eigennützig. Aber sie wollen gebeten werden, keine Befehlsempfänger sein. Das vermitteln sie den Enkeln auf eindrucksvolle und nachhaltige Weise.

Bitte und Danke

„Ich will das haben!" bleibt ohne Reaktion, wenn das Zauberwort „Bitte" fehlt. Es gibt Eltern, die halten das Wort „Bitte" für veraltet, überflüssig oder gestelzt. Omis sind da ganz anderer Ansicht. Also versuchen sie, dem Enkel die Bedeutung des Wortes „Bitte" beizubringen. Das erfordert Nerven und Geduld. Omis können versuchen, das Wort „Bitte" wie eine spannende Zauberformel anzuwenden. Der Enkel kann noch so penetrant etwas wollen, er bekommt es erst, wenn er „Bitte" gesagt hat. Natürlich bockt er. Ging doch immer. Warum nicht bei Omi? Aber Omi bleibt stur.

„Wie heißt das Zauberwort?" Starrer Blick. „Hokus pokus fiedibus – wie heißt das Zauberwort?" Leichte Unruhe. „Tja, ohne Zauberwort wird das wohl nix." Überwindung. Dann: „Gib mir das, bitte!" leicht fordernd, aber mit der blöden Höflichkeitsfloskel. Und siehe da. Die Zauberformel wirkt. Er bekommt nicht nur, was er will, sondern obendrein noch ein Küsschen von Omi als Zugabe. Wenn die Enkelchen nicht ganz begriffsstutzig sind, werden sie das bei anderen Personen auch ausprobieren. Der Aha-Effekt, dass die Zauberformel wirkt, wird nicht ausbleiben. Bleibt die Zauberwirkung aber doch mal aus, meist aus Versehen oder durch nicht richtiges Hinhören, dann ersetzt der Zauberlehrling den Zauberwort-Wunsch durch einen Zauberwort-Befehl, der da lautet „Bitte!!!" was bedeutet „Ich habe ‚bitte' gesagt, also tu das jetzt auch gefälligst!"

Bitte

Tja, es müsste eigentlich jetzt ein Lehrgang über „Bitte" folgen. Die Bitte ist die Urform der Höflichkeit, wenn man etwas haben will, was man aber nur haben möchten darf. Bittschriften gibt es und Bittsteller. Letztere sind Zwangshöflichkeitsverpflichtete, die um das Scheitern ihrer Bittziele wissen, wenn sie bestimmte Vorschriften missachten. Ein „Bitte" drückt nicht immer einen Wunsch aus. „Also, bitte!" in leicht herablassendem Ton signalisiert Resignation. Es steht stellvertretend für „Also, meinetwegen!" „Bitte, bitte!" drückt Abfindung mit einer Situation aus und keinen innigen Erfüllungswunsch. „Na, dann bitte!" akzeptiert einen Vorschlag nach längerer Erklärung. „Na, bitte!" ist eine Feststellung, die Genugtuung verschafft. Geht doch!

„Bitte" nimmt dem Groben das Grobe, der Schärfe das Scharfe und dem Befehl die Strenge. Statt „Nu machma voran!" ein „Nu machma bitte voran!" ist doch viel freundlicher, oder?

Danke

Ähnlich verhält es sich mit dem „Danke"-Sagen. Vieles ist so selbstverständlich, dass man gar nicht mehr auf die Idee kommt, sich dafür bedanken zu müssen. Wenn Oma im Schweiße ihres Angesichts das Kinderzimmer aufgeräumt hat, dann sagt der Enkel nicht etwa „Danke, Omi! Jetzt liegt mein Unterhemd wieder gefaltet im Schrank und nicht mehr zerknautscht unterm Bett" sondern: „Aber Omi, Du brauchst doch nicht aufzuräumen. Das macht die Mama!" Und damit Mama das auch tun kann wie immer, wird nach der mühsam hergestellten Ordnung flugs alles wieder in den ursprünglichen Chaos-Zustand gebracht. Das ist das alltägliche Kinderzimmeraufräumritual. Mary Poppins hat das anders gelöst. Aber, die Gute konnte ja auch zaubern.

Geheimsprache

Ihr Zauberwort – erinnern Sie sich noch? – war „superkalifragilistisch expialegorisch (dieses Wort ist wunderbar und außerdem rhethorisch). Könnte man ja mal probieren. So eine Zaubersprache ist ja auch nur eine Fremdsprache, die man erlernen kann, oder ist die nur Super-Nannies vorbehalten? Zaubersprachen setzen schon ein bestimmtes sprachliches Können voraus. Am einfachsten ist, wenn man alle Vokale in egal welchem Wort im Satz gleich ausspricht. Bekannt ist „Drei Japanesen mit dem Kontrabass saßen auf der Straße und erzählten sich was. Kam die Polizei, fragt: Was ist denn das? Drei Japanesen mit dem Kontrabass!" Man kann jetzt alles in „a" umtauschen. Dann würde daraus „Dra Japanasan mat dam Kantrabass..." usw. Nur muss Omi wissen, wenn sie so etwas hört wie: „Ach hab ga kana Hangar", dass das kein afrikanischer Dialekt ist, sondern bedeutet, dass ihr Süppchen abgewiesen wird, weil der kleine Bauch voll ist.

Natürlich lassen sich viele Arten von Geheim- oder Zaubersprachen erfinden. Beliebt aber schwieriger ist auch das Rückwärtssprechen, aus Vater wird dann Retav, aus Mama wird Amam und aus Omi wird Imo. Da muss der Zaubersprachler in der Rechtschreibung schon ganz schön fit sein. Und wer ist das heute schon (Erwachsene inbegriffen)? Der Nachteil solcher Geheimsprachen ist, dass man sie länger lernen muss, als sie dann tatsächlich angewendet werden. Bei Kindern wird alles schnell langweilig. Sie erfinden meist eine eigene Sprache, die dann die Erwachsenen lernen müssen, wenn sie wissen wollen, wovon der Sprössling gerade spricht.

Kinder- und Jugendsprache

Was sind „Amanseln"? Ameisen. Und was sind „Kecker"? Wellensittiche. Und was ist „Hibsibsubs"? Hibiskus. Und was ist „Blödmann?" Das ist einer, der nicht getan hat, was man wollte oder erwartete. Oder es ist einfach nur ein Wort, das man irgendwann aufgeschnappt hat und bei dem man nun ausprobiert, ob die Reaktion darauf als Lob oder Tadel verstanden wird. Sind die Kinder älter, also Jugendliche, dann beziehen sie die Umwelt oder gegebene Situationen mit ein und erfinden vollkommen neue Begriffe. Realitätsfern sind diese Begriffe nicht, aber verständnisfern für Erwachsene, wenn diese sich in der Jugendsprache nicht auskennen. Das ist nicht unbedingt tragisch. Man kann einfach weghören oder fragen. Oder wissen Sie, was gemeint ist, wenn man auf die Frage: „Was macht ihr denn heute so den ganzen Tag?" als Antwort bekommt: „Hartzen!" Die Erklärung ist ganz einfach, der hängt rum und tut nichts. Es gibt noch eine ganze Reihe solcher Wortschöpfungen. Sie sind nicht immer witzig. Jede Jugend hat ihre eigene Sprache. Sie ist ebenso fantasievoll wie kurzlebig und zeitbezogen.

Migrationshintergrund

Wie ist das eigentlich bei Kindern mit Migrationshintergrund, wie das so unschön heißt? Mutter Österreicherin, Vater Ungar, Tante Inderin, Onkel Deutscher, Oma Berlinerin und Opa Bayer. In dieser Konstellation gibt es nur eine einzige echte Lösung: die Oma aus Berlin. Wieso? Na, die musste doch erst einmal Bayerisch lernen, um Opa zu verstehen. Sie ist also sprachbegabt und trainiert. Berlinerisches Bayerisch zu lernen und/oder zu verstehen hat etwa den Lernschwierigkeitsgrad von Österreich-Ungarn.

Multi-Kulti-Begegnungen

Kommen alle zusammen, spricht man Deutsch, weil man in Deutschland ist, oder Englisch, weil das Commonwealth in der Sprache noch die Kolonialherrschaft ausübt. Omas, die seit der Schule kein Englisch mehr gelesen oder gesprochen haben, sollten sich ihre Opas greifen und in die Volkshochschule traben. Will er nicht, hilft auch kein Zauberwort. Selbst ist die Oma! An Omas von heute werden also etliche Ansprüche gestellt. Grundvoraussetzung ist die Lernfähigkeit. Damit einher geht die Lernbereitschaft. Dazu kommt das Durchhaltevermögen und zum Schluss die Huldigung der Anwesenden und die Bewunderung der Enkel. Tolle Oma. Soweit die Theorie.

Es gibt auch Enkel, die sind ganz und gar nicht pflegeleicht. Und sie entsprechen auch nicht immer der Erwartungshaltung von Oma und Opa, wie deren Liebe in entsprechender Weise erwidert werden sollte. Wenn die zu Großeltern mutierten Eltern ihre Enkel besuchen, die in einem anderen Land oder gar auf einem anderen Kontinent leben, dann muss man sich schon auf einiges gefasst machen. Hier alle Möglichkeiten zu beleuchten, würde zu weit führen. Aber es gibt einige allgemeingültige Regeln, die der Harmonie dienlich sind und die jeweiligen Gegebenheiten mit den Vorstellungen und Erwartungen der Beteiligten in Einklang zu bringen. Hört sich schwieriger an, als es ist.

Wunsch und Wirklichkeit

Da sind zum Beispiel die Geschenke, mit denen man sich Eintritt in die Kinderseele erhofft. Ein Teddy ist fast immer richtig, aber eben nur fast. Enkel sieht man immer klein und süß in der Vorstellung. Die Bilder, die geschickt werden, zeigen das auch. Nur leider ist ein Foto stumm. Um besser auf das Treffen vorbereitet zu sein, sollte man sich ein Video schicken lassen oder eine CD oder DVD oder bewegte Bilder übers Handy. Hat man keinen DVD-Player oder kann man damit nicht umgehen, helfen vielleicht die Nachbarskinder.

Natürlich ist man begeistert. Jedenfalls gibt es nur wenige Omas, die ihre Enkel als missraten ansehen. Auf den Videos kann man auch erkennen, mit was sie spielen, mit wem sie spielen, wo sie leben, was sie tragen und wie sie sprechen.

Man vergisst häufig, dass die Enkelchen in einem fremden Land geboren werden und dort aufwachsen, also von ihrer Umgebung geprägt werden. Und man vergisst auch, dass die Kleinen ganz viele andere Dinge im Kopf haben, als sich ausgerechnet mit älteren Leuten abzugeben, die sie vorher noch nie gesehen haben. Manche Kinder sind deshalb etwas zurückhaltend und springen nicht unbedingt gleich vor Freude quietschend herbei, um sich in die ausgebreiteten Arme der nach Liebe lechzenden Oma zu werfen.

Vorbereitung

Gut, so ein Treffen wird von den Eltern schon vorbereitet. Man zeigt Bilder oder erzählt Geschichten. Aber letztlich kann man nie so richtig voraussehen, wie so ein erstes Zusammentreffen tatsächlich verläuft. Es gibt Fälle, in denen es die Großeltern sind, die erst einmal auf Distanz gehen, nämlich dann, wenn die liebe blonde Tochter als hellhäutige Europäerin einen hinreißenden farbigen Amerikaner heiratet und mit ihm Kinder bekommt, ein schwarzes und ein weißes. Diese Art von Globalisierung stellt einige Ansprüche an die Toleranz der in einer bestimmten Vorstellung verharrenden Vorgängergeneration. Doch schließlich siegt der Trieb, die Produkte der Vermehrung wahrhaftig in Augenschein zu nehmen.

Man spart und fliegt dann Hunderte von Kilometern mit leicht gemischten Gefühlen dem Fantasie umwobenen Familientreffen entgegen. Wie wird das sein? Wie spreche ich mit ihnen? Versteht man sich? Vorsichtshalber hat man vorher noch einen Schnellkurs in der Landessprache belegt, um die Schulkenntnisse aufzufrischen. Auch ein kleines Wörterbuch liegt griffbereit in der Handtasche. Die Frage des Gepäcks und damit der übergroßen Geschenke entscheidet der Reiseveranstalter. Der monströse Teddy bleibt zu Hause.

Wo bitte liegt Seattle?

Nach Stunden des Fliegens, des Wartens und des Bilderansehens ist man am Ziel, zieht die Koffer vom Gepäckband und strebt suchenden Blickes dem Ausgang zu. Da steht dann die Tochter. Allein. Die Familie ist nicht dabei. Man will den Übergang vom Vertrauten zum Ungewohnten so sanft wie möglich gestalten und schickt die Mama vor. „Mein Mann und die Kinder sind zu Hause geblieben. Sie bereiten das Essen vor." So jedenfalls das Argument der Tochter.

Leicht befremdet, aber trotzdem erwartungsfroh erklimmt Oma mit Tochter ein Vehikel unbekannter Marke, aber mit amerikanischen Ausmaßen. Sie halten schließlich vor einem erstaunlich gepflegtem Haus mit einer Einfahrt durch ein Golfplatz ähnliches Rasenstück. Der Himmel ist blau, die Stimmung rosig, das Haus weiß und der Eingang grün. In der Tür steht ein Prachtstück von Schwiegersohn, Gott sei Dank nicht ganz so schwarz wie auf den Bildern, eher braun gebrannt, bleckt seine weißen Zähne und lässt Unsicherheit und Unsympathie gar nicht erst aufkommen. Er muss sich ja selbst erst vergewissern, ob er als Schwiegersohn angenommen wird und wie er mit seiner Schwiegermutter zurechtkommt.

Ein Lächeln ist mehr als nur Höflichkeit. Es öffnet Herzen und ersetzt die Sprache. So sprudeln die Worte zunächst nicht, sondern komprimieren sich zu einem freundlich-sonoren „Hallo" und einem hellen „Hi".

Zwei Hi minus 1

Eigentlich hätten es zwei „Hi" sein müssen, eins von Enkel 1 und eins von Enkel 2. Aber es kam nur von Enkel 1, dem Mädchen mit den blonden Locken. Wie süß! Das blonde Lockenköpfchen ist ganz begierig, ihre Oversea-Oma zu sehen. Sie hält sich aber vorsichtshalber an Papas Hosenbein fest. Das Klammeräffchen findet die nette Alte mit den lustigen Augen und dem strahlenden Lächeln ganz okay. Entwarnung. Ihr Bruder aber bleibt verschwunden.

Im Hause hatte man aufgetischt, denn am Tisch kommuniziert es sich besser. Oma hatte zwar noch gelernt, dass man am Tisch nicht spricht. Aber naja, das ist doch schon eine Weile her. Und so ein Essen aus Tradition und Moderne – malerisch bunt und erstaunlich schmackhaft – überbrückt so manche Sprachbarriere. Ein schweigendes Essen wäre geradezu unerträglich gewesen. Man kann unschwer erkennen, dass man sich Mühe gegeben hat, damit Oma sich wohlfühlt und nicht „fremdelt".

Oma greift zu. Alle anderen greifen auch zu. Nur Enkel 2 bleibt dem Essen fern. Endlich kommt er, schokoladenbraun mit pechschwarzem Kraushaar. Die an einigen Stellen noch als hellblau erkennbaren Jeans umklammern die Spinnenbeinchen, die schwarzrote Baseballkappe zeigt verwegen zur Seite, das Schlabber-T-Shirt strebt im freien Fall dem Boden zu und bleibt auf halber Höhe zwischen dem Nichts von Po und den weißen Turnschuhen hängen. Und diese weißen Turnschuhe scheinen den in Edelklamottenvielfalt eingewickelten Schokobon förmlich aus dem Zimmer zu reißen. Draußen warten schließlich seine Freunde. Die Mutter hält ihn auf.

„Willst Du denn nicht mal herkommen und Oma Guten Tag sagen? Oma möchte Dich doch auch kennenlernen. Dazu ist sie fast um die halbe Welt gereist!" Der Kleine, unliebsam auf seinem Fluchtweg gebremst, wirft einen kurzen Blick zum Tisch und kommentiert dann ungerührt. „Das juckt mich nicht!" und entschwindet. Die Mutter übersetzt das diplomatisch mit „Ich kann jetzt nicht!" Die weise Oma lächelt. Sie versteht die Worte nicht, aber sie kennt das Leben, sie liest in der Mimik und Gestik. Ein Baseball ist sicher wichtiger im Augenblick als eine Oma. Ich bin halt in Amerika.

Liegt Paris in Frankreich?

Andere Länder, andere Sitten. Während meist strenge Richtlinien vorgegeben werden, so beziehen sich diese nicht immer auf die gleiche Sache. Bestimmte Ansichten werden nicht von allen geteilt. Manchmal ist das so krass, dass das auch zu krassen Reaktionen führt. In Frankreich zum Beispiel, speziell in Paris, ist es mancherorts üblich, dass man die Kinder (1-Kind-Ehen sind eher selten) in ihren Bettchen mit dem Bettlaken festzurrt, das heißt, die Bettdecke so straff über sie spannt und in den Rahmen einklemmt, dass sich die Kinder nicht mehr bewegen können. Hat ein Kind Angst, brennt die ganze Nacht das Licht. Die französischen Kinder gewöhnen sich daran. Die deutsche Oma nicht. Sie knipst das Licht aus. Protest! Oma lässt das Licht aus. Brummel, Wisper. Tap tap tap. Jemand sucht den Lichtschalter. Findet ihn. Aber schon ist Oma zur Stelle. Licht aus. „Nun schlaft schön!" befiehlt Oma. Sie schlafen nicht. Sie petzen. Alle gegen eine. Oma und Tochter führen danach ein sehr langes Gespräch unter vier Augen.

Gemüsestreit

In dem vornehmen Haus, in das die Tochter eingeheiratet hat, isst man getrennt. Die Kinder für sich und die Eltern für sich. Die Kinder in der großen Küche. Die Eltern im blauen Salon. Der Vater kommt spät nach Hause. Er möchte sich mit seiner Frau unterhalten (echt!) und in Ruhe mit ihr speisen. Er liebt seine Kinder, aber stören dürfen sie ihn nicht. Die Kinder werden also gern der Oma aus Deutschland überlassen, die zu Besuch gekommen ist. Jede Oma kümmert sich um die Enkelschar, zumal wenn sie alle wohl erzogen zu sein scheinen und einfach entzückend aussehen. Aber sie kümmert sich eben auf ihre Art, tut das, was sie für richtig hält. Sie findet die Anweisungen ihrer Tochter, den Kindern viel Gemüse zu geben, absolut in Ordnung. Nur die vorgeschriebene Zubereitung dieses Gemüses gehört in zwei verschiedene Welten. Statt das schöne Gemüse in seiner Farbenpracht erkennbar und bissig zu halten, wird grundsätzlich alles solange durchgedreht, bis ein Brei undefinierbarer Farbe herauskommt.

Während Oma kopfschüttelnd und seufzend den Gemüsematsch zubereitet, springt Stefán (mit Betonung auf „a") auf, läuft blitzschnell zur Oma und zieht ihr die Schürzenbänder auf. Die Schürze fällt von Omas vorgebeugtem Oberkörper und landet teils auf dem Herd, teils in der Suppe. „Stefán, lass das!" Aber Stefán lässt nicht. Kaum hat die Oma wieder alles geordnet, die Schleife sauber im Rücken gebunden und sich wieder dem Matsch zugewandt, ist der Bengel schon wieder da und zieht mit satanischer Freude die Schürzenbänder auseinander. Dann flitzt er zurück zu seinen Schwestern, die wie er an einem schmalen Tisch sitzen, der sich wie eine Ofenbank um einen Kamin herumwindet. Die Mädchen grinsen. Der Bruder tut das, was sie nicht zu tun wagen, nämlich Oma necken. Wie wird die Oma reagieren?

Omas Rache

Oma wird streng. Sie schöpft die Suppe mit einem Schöpflöffel aus dem Topf und stellt vor jedes Kind einen Teller, den Mädchen zu erst, dem Stefán zuletzt. Als sie sich wieder umdreht und zum Herd zurück will, hat Stefán schon wieder einen Zipfel der Schürzenbänder erhascht und damit den Zusammenbruch der Kleiderordnung provoziert. Omas Rache ist fürchterlich. Das reicht! Sie dreht sich auf dem Absatz herum, in der Drehung holt sie aus und verpasst dem überraschten Stefán eine Oma-mäßig deutsche Backpfeife. Diese trifft Stefán leider so unglücklich am Hinterkopf, dass er mit seiner kleinen Nase in die heiße Suppe tunkt.

Blankes Entsetzen in der Kinderrunde. Dann die einhellige Meinung, ausgesprochen von einem der Mädchen sozusagen stellvertretend für alle: „Tü ä brütal, toa!" Das klingt zwar wie Vogelgezwitscher, heißt aber grob „Du bist brutal!" Fortan wird die brutale Oma zwar nicht mehr geliebt, aber respektiert. Besser man tut, was Oma sagt, oder vermeidet, was Oma nicht mag. Oma hat es damit leichter. Die Kinder nicht. Und die Tochter erst recht nicht, denn sie sieht ihre makellose Brut beschädigt. Oma wird zur Rede gestellt, ohne Beisein der Kinder, versteht sich, und nach dem Urlaub mit einiger Erleichterung zum Bahnhof begleitet.

Was eine Oma in so einer Situation denkt, wenn sie im Zug sitzt und nach Hause fährt, dürfte eine Mischung aus Bedauern über das magere Ergebnis ihrer gut gemeinten Erziehungskunst und Erleichterung darüber sein, dass sie jetzt die ganze Erzieherei los ist. Es ist eine andere Generation.

Irgendwie komisch, dass ihre Tochter nicht so denkt wie sie. Sie hat sie doch erzogen, sie hat sie doch angehalten, das und das zu tun und das und das zu lassen. Falsch ist ihre Erziehung nicht, davon ist sie überzeugt, schließlich ist aus ihrer Tochter doch auch etwas Anständiges geworden.

Drückeberger-Omas

Damit kommen wir zu den Drückeberger-Omas. Wenn man glaubt, dass Enkel jeder Oma das helle Entzücken abverlangen, dann mag das stimmen, wenn das Kind in den Windeln im Körbchen liegt und mit den Händchen in der Luft herumfuchtelt, als wolle sie nach der Oma greifen. Oma ist hingerissen. Aber als Babysitter von Kleinkindern, nein danke. Da ist sich die Oma doch zu schade. Noch mal das Ganze? Nicht sehr verlockend. Fahrrad fahren, an der VHS einen Spanischkurs belegen oder etwas an der Uni studieren, das ist auch anstrengend, aber das betrifft nur sie, das nutzt nur ihr, das ist nur etwas für sie selbst. Nicht mehr selbstlos für andere wie bisher. Nein. Jetzt Egoismus pur. Sie hat genug geleistet, genug entbehrt, auf vieles verzichtet. Jetzt ist sie auch mal dran!

Und Opa? Entweder Opa ist noch fit, oder er ist fett. Dann lässt er sich von Oma Gummibärchen und Bütterchen bringen und genießt die Ruhe vor dem Fernseher, während Oma zur Selbstverwirklichung schreitet. Opa ist nicht unbedingt mehr erpicht auf die Störung durch Enkelkinder, jedenfalls nicht, wenn er gerade seine Lieblingssendungen von 18 bis 24 Uhr guckt. Tagsüber ja, da ist das etwas anderes. Erstens ist Oma noch da, die einspringen kann, und zweitens gehen sie ja wieder, die Kinder und die Enkelkinder. Drei Generationen, drei Welten. Merkwürdig nur, dass die Enkel sich manchmal mehr zu ihren Großeltern hingezogen fühlen, als zu ihren Eltern. Vielleicht, weil die Großeltern nicht immer da sind?

Was man nicht hat, will man haben. Was man anfasst, will man behalten. Bei den Immer-weg- oder Selten-da-Omas ist das ähnlich. Oma ist toll, wenn sie nicht arbeiten muss, sondern Geschichten erzählen darf. Oma hat man ganz doll lieb, wenn sie einen herumschwenkt und an sich drückt oder sich lieber einen Muskelkrampf holt, als das schlafende Kind auf ihrer Brust durch schmerzlindernde Haltungsänderungen zu stören. Omas sind Spielwiesen und Ruheinseln.

Die Immer-weg-Omas

Omas (und Opas) werden vermisst, wenn sie nicht da sind. Ganz besonders, wenn sie immer weg sind. Kinder möchten nichts hergeben, weder Spielzeug noch Omas, was nahezu gleichbedeutend ist. Kinder haben Herz. Sie empfinden stärker, weil sie noch nicht wissen. Sie fühlen noch intensiv. Sie sprechen aus, was sie denken. Manche ihrer Worte sind einfach, treffend und rührend. Deshalb sollte man die kindliche Vorstellungskraft nicht überstrapazieren mit Dingen, die sie nicht begreifen können. Ein Beispiel:

Ein kleines Mädchen wird von der Mutter aufgefordert, mit ihr Omas Grab zu besuchen. Das Kind freut sich. Ihre liebe Oma ist schon sehr lange nicht mehr da gewesen. Aber was ein Grab ist, davon hat das Kind keine Ahnung. Es will nur die Oma wiedersehen.

Als Mutter und Tochter vor dem Grab stehen und die Mutter Blumen darauf legt, fragt die Kleine: „Wo ist denn die Omi?" Und die Mama antwortet wahrheitsgemäß: „Die Omi liegt da unten." In dem kleinen Köpfchen arbeitet es fieberhaft. Dann kurz entschlossener Befehl an Mama: „Hol die sofort da raus!"

Töchter-Mütter-Omas

Mütter und Töchter oder Omas und Töchter-Mütter sind ein Kapitel für sich. Die Töchter-Mütter sind manchmal mehr Töchter als Mütter. Sie wissen nicht mehr weiter und laufen zu Mama, also derzeit Oma. Omas hingegen wissen eigentlich immer weiter und laufen nicht zur Tochter-Mutter, zumindest nicht, um sich Rat zu holen, sondern eher, um Ungerades wieder gerade zu rücken oder Unordentliches wieder zu ordnen. Das ist auch ganz in Ordnung und vielleicht auch die Verbindung, die bleibt, wenn sich die Kinder zu eigenständigen Erwachsenen entwickeln und damit die Welt ihrer Eltern verlassen, um ihre eigene Welt zu schaffen. Diese neue Welt der Töchter ist eine aufregend unbekannte Insel. Die alte Welt der Eltern sind das beruhigend bekannte Festland.

Haariges

Ein Haushalt ist mitunter lästig und Haushaltshilfen teuer. So eine Ordnung liebende Oma ist da schon ganz „handy". Allerdings gibt es auch hier Einschränkungen. Alle Ordnung liebenden Omis merket auf! Ordnung ist nicht das halbe Leben. Es ist auch Körperverletzung! Wenn sich die Ordnungsliebe nicht nur auf die Utensilien im Kinderzimmer oder auf die Abwaschberge in der Küche oder im Bad beschränkt, sondern die beaufsichtigten Enkel mit einbezieht, dann kann so eine ordentliche Oma ganz schön resolut werden, um ihre Ordnung herzustellen oder beizubehalten. Tatsachenbericht:

Manitus Erben

Eines Tages kommt der Enkel, sechs Jahre, zur Oma, stolz wie Oskar. Sein Haupt ziert ein Hahnenkamm aus grellen Farben. Spitze Haarspieße versteinert durch beinhartes Gel strecken sich pillegrad zur Decke. Diese einspurige Riesenigelfrisur führt von der Stirn zum Nacken und lässt links und rechts neben der Spur keine weiteren Nebenbuhler in Form von Haaren zu. Ein Prachtexemplar von Frisörkunst. Von Mami gespondort, vom Sohn geliebt. Indianer sind immer „in". Auch bei Omas. Aber so eine Irokesenfrisur gehört zu einem Karnevalskostüm, nicht zum echten Leben. Sieht ja verboten aus!

Oma schnappt sich den Enkel mit der schrillen 100-Euro-Frisur, schleppt den Widerspenstigen mit eiserner Faust in die Brause und befördert das stolze Denkmal des Irokesenkults mit einem entsprechenden Wasserstrahl in den Gulli. Doch damit nicht genug. Oma ist gründlich. Die Schere fördert auch noch die letzten überstehenden Reste der Indianerkreation in die ewigen Jagdgründe. Oma zufrieden. Enkel heult. Mutter klagt! Im Ernst!

Haareschneiden ist Körperverletzung

Die Irokesen-Mutter hat die deutsche Sauberfrau-Oma verklagt – wegen Körperverletzung! Geld futsch, das ist schon ärgerlich. Aber Haare futsch, das ist schlimm, das ist inakzeptabel. Nachwachsen hin oder her. Die Haarfrisur verändert die Persönlichkeit in entscheidendem Maße. Ja, sie formt sogar eine Persönlichkeit. Auch eine Eingebildete! Haareschneiden als Zwangsnormalisierung ist somit ein Frevel, der geahndet werden muss. Erst schleppt die Oma den Enkel in die Brause, dann schleppt die Mutter die Oma vor Gericht. Ein Richter hat's nicht leicht, ist vielleicht selbst Vater oder Opa. Selbstverwirklichung und Fremdverschandelung ist mehr als ein Ärgernis. Es ist ein Konflikt. Ein Fall für den Staatsanwalt. Der Ausgang der

Klage und die zu erwartende Strafe stehen noch aus. Ein Freispruch ist der Schwere des Falles wegen wohl kaum zu erwarten. Wenn Oma Glück hat, bekommt sie Bewährung, sonst eine Geldstrafe und/oder Hausverbot.

Dass Haare schneiden oder hier besser Haare abschneiden eine Körperverletzung ist (oder sein soll), wird auch in folgender wahren Begebenheit angenommen. Auf einer wilden Studentenparty wird ein junger Mann von einer Kommilitonin abgelenkt, während sich eine andere Kommilitonin hinterlistig anschleicht und ihm mit einer scharfen Schere – ratsch – den schönen dünnen Pferdeschwanz abschneidet. Blankes Entsetzen des Gestutzten über diese ruchlose Tat. Er verklagt die Täterin auf Tausend Euro Schadensersatz, denn, so sein Argument, der Zopf sei ein wichtiger Teil seiner Persönlichkeit (gewesen). Der Ausgang des Prozesses ist ungewiss. Er hat noch nicht stattgefunden. Aber er findet statt!

Was lernen Opa und Oma daraus? Wenn man auch mit bester Absicht in wichtige Teile der Persönlichkeit anderer eingreift, tut man gut daran, sich vorher eine Rechtschutzversicherung zuzulegen.

Und wenn man gar ein Frisörgeschäft hat, dann empfiehlt es sich, ein Schild ins Fenster zu hängen mit dem deutlich sichtbaren Hinweis:

Dieser Betrieb ist versichert!
Haareschneiden ist Körperverletzung.
Haarschnitt nur mit Genehmigung der Erziehungsberechtigten.

Erziehungsberechtigt sind die Eltern, nicht die Großeltern, es sei denn, dass diese eine schriftliche Genehmigung wenigstens eines Elternteils vorweisen können, wenn sie die Steppkes zu deren Verschönerungsorgien begleiten.

Tatoos sind Persönlichkeitsmerkmale

Übrigens gilt das auch für Tatoos! Sowohl für das Anbringen als auch für das Entfernen. Da solcher Zierrat ein wichtiger Teil der Persönlichkeit ist, mag eine gewisse Vorsicht durchaus angebracht sein.

Tatoos oder Piercings sind tatsächlich Körperverletzungen, aber heute normal. Sie tun zwar weh, sind aber schick. Nur ein Loch im Ohr zu haben, ist spießig. Eine ganze Reihe von Löchern im Ohr, das ist geil. Echt! Es zieht bewundernde Blicke auf sich, wenn unzählige Metallringelchen die Ohrmuschel umzingeln. Ein oder mehrere Ringe durch die Nasenflügel oder durch die Augenbrauen regen zum Nachdenken über deren Sinn an. Die Plausibilität von Piercings auf der Zunge, im Bauchnabel oder gar im Genitalbereich dürfte allerdings ins unbegreifliche Nirwana des Schönheitswahns entschwinden.

Omas und Opas, insbesondere aber Uromas und Uropas, sollten bei Getatooten oder Gepiercten besser keine Kritik anbringen und schon gar nichts daran ändern wollen.

Wenn Ignorieren schwerfällt, weil man einfach immer hinsehen muss, dann gibt es nur eine Lösung: Rarmachen! Sich dem Sichtbereich dieser Hingucker entziehen. Sich einreihen in die Immer-weg-Omas oder die Gelegentlich-da-Omas oder – und das erfordert enormen Mut – es genauso machen und die Enkel derart verziert überraschen, als lebender Beweis von Anpassungsfähigkeit und Modernität sozusagen!

Heute sind 100-Jährige keine Seltenheit mehr. 70-jährige Omas und Opas haben also noch mindestens 30 Jahre lang Zeit, sich anzupassen – wenn sie wollen.

Möchtegern-Omas

Wollen ist überhaupt ein Zauberwort, das die Oma-Enkel-Beziehung prägt. Wie schon an einigen Beispielen dargelegt, ist das Wollen die Bereitschaft, etwas zu sein, zu werden oder zu tun oder zu lassen. Aber das ist nicht gleichzeitig auch ein Garant für Erfolg. Das Wollen ist eine Absichtserklärung, mehr nicht. Aber ohne eine erklärte Absicht gibt es überhaupt kein Ergebnis.

Da haben wir zum Beispiel die Möchtegern-Omas. Das sind Omas, die sich bei jedem Gang durch die City, bei jedem Spaziergang im Park, in jeder Spielzeugecke eines Kaufhauses, an jedem Oster- oder Weihnachtsfest vorstellen, wie gern sie etwas für ihre Enkel tun würden, wenn sie denn welche hätten. Einkaufen wäre geradezu eine Lust. Spielzeug in Massen, Anziehsachen in Megamengen, Leckerlies in atemberaubender Vielfalt. Und dann das irgendwie beklemmende Bewusstsein, selbst alles zu haben und nichts mehr zu brauchen, außer Enkel natürlich. Ohne Enkel kein Einkaufen, keine Vorstellung von freudiger Überraschung der Kinder für die mitgebrachten Geschenke oder dankbarer Blicke der Eltern für die Entlastung des Haushaltsbudgets.

Die Philosophie des Einkaufens

Einkaufen ist Kommunikation mit aktiver Ausrichtung auf die Zielgruppe, hier die Enkel. Einkaufen dient der Bestätigung des eigenen Nutzens und der Genugtuung, zu wissen, dass man sich das leisten kann. Einkaufen ist Ausdruck der Hoffnung, sich seinen Platz in der neuen Familie zu schaffen und zu erhalten und sich nicht selbst als überflüssig gewordenes Überbleibsel einer vorherigen Familie zu erkennen. Je größer der Einkauf, desto größer der Lohn! Aber Omas und Opas sind bescheiden. Ein Küsschen genügt. Niemand in der Wirtschaft würde so viel tun für so wenig Lohn!

Aber zwischen Großeltern und Enkeln herrschen andere Gesetze und andere Erkenntnisse.

Ins Kaufhaus zu laufen ist allemal besser, als zum Arzt zu rennen. Im Kaufhaus läuft man herum, schwatzt mit den Verkäufern oder anderen Käufern und denkt an die Freuden, die man anderen bereitet. Beim Arzt sitzt man herum, starrt stumm vor sich hin oder in eine Zeitung und überdenkt die eigenen Leiden.

Der Aufwand ist in beiden Fällen gleich, das Ergebnis nicht. Nach Stunden des Einkaufens wird man größer und größer, bis man die Einkaufsberge bei dem schon wartenden Empfangskomitee los wird. Nach Stunden des Wartens im Wartezimmer wird man kleiner und kleiner, bis man endlich sagen darf, wo's piekt. Dann nimmt man die Pille entgegen und schlurft zurück in die Nutzlosigkeit. Da hilft auch keine Pille.

Nein! Das aktive Einkaufen ist viel besser als das passive Einlaufen. Einkaufen dient nicht nur dem notwendigen Selbsterhalt, zum Beispiel fürs Essen, sondern folgt auch einem inneren Bedürfnis. Einkaufen ist ein Urinstinkt aller weiblichen Wesen, ein Ausläufer des früheren Beeren- und Reisigsammelns, eine Überlebensstrategie, eine Versorgungsaufgabe. Aber versorgt ist man ja heute. Man hat alles. Nur keine Enkel, die man versorgen könnte.

Die Kinder lassen sich Zeit. Sie werden älter, aber nicht Eltern. Auch die Mütter und Väter werden älter, aber nicht Großeltern. Es geht nicht richtig weiter.

Irgendwann geht gar nichts mehr. Und das ist genau der Punkt, den die Möchtegern-Omas fürchten. Wenn ich nicht bald Oma werde, werde ich das wohl nie! Eine schreckliche Vorstellung. Fini! Ende der Evolution!

Geduld ist die Schwester der Hoffnung

Aber zum Glück setzt der Vermehrungstrieb doch noch irgendwann ein. Die magische Grenze von 40 Jahren für gesunden Nachwuchs hat sich deutlich nach oben verschoben. Die Möchtegern-Omas haben also noch mit 70 oder 80 Jahren die Chance, Strampelhöschen oder Legosteine zu kaufen oder mit ihren herbeigesehnten Enkeln Eis essen zu gehen.

Und da die wundersame Lebensverlängerung nicht nur für die zeugungsfähigen Eltern gilt, sondern selbstverständlich auch für die Möchtegern-Omas, werden diese ihre Enkel im Falle eines Falles auch noch in die Schule begleiten, beim ersten Liebeskummer trösten oder gar noch Babysitter für deren Kinder werden können.

Uroma zu werden ist ein lohnendes Ziel und dazu noch ein erreichbares! Ist doch eine schöne Aussicht. Das Leben hält noch viele Überraschungen bereit, solange wir leben. Nur nicht gleich aufgeben. Morgen schon kann alles anders sein. Und schöner! Die Hoffnung stirbt zuletzt.

Real existierende Omas

Zurück zu real existierenden Omas. Dass es Omas wie sonst niemand verstehen (sollten), die Kleinen bis zum Mittelalter zu beschäftigen, ohne dafür große Summen auszugeben, macht einen Teil der Faszination Oma aus. Wenn Oma etwas erzählt, hört der Enkel in der Regel aufmerksamer zu als seiner Mutter oder seinem Vater. Warum?

Omas konzentrieren sich auf die Enkel. Die Eltern konzentrieren sich außer auf ihre Ableger auch noch auf vieles andere. Oft reicht die Zeit nicht aus, und die Eltern oder Elternteile sind gezwungen, ihren 24-Stunden-Tag gleichmäßig auf alle Belange zu verteilen, Schlafen inbegriffen. Keine leichte Aufgabe. Und so bekommen die, die eigentlich die meiste Zuwendung brauchen – und das sind nicht die Wäscheberge oder der Kühlschrank! – eben nur den Teil des 24-Stunden-Kuchens mit, der übrig bleibt.

Nicht so bei Omas. Wenn Omas kommen, freuen sie sich auf die Familie, auf ihre Kinder und natürlich auf ihre Enkel. Omas genießen es geradezu, wenn die Kleinen angestürmt kommen und sie mit einem Wortsprudelbericht über alle Geschehnisse des Tages informieren. Omas lassen sich freiwillig und ausdauernd von einem „Omma komma!"-Zeigeziel zum anderen zerren.

Also Omas, seid fit im Kopf und fit zu Fuß. So eine Kreisbahn von Zeigeziel zu Zeigeziel kann der Oma schon mal etwas Kondition abverlangen!

Omas tun deshalb gut daran, wenn sie ein wenig sportlich bleiben und ein gewisses Lauftraining beibehalten, denn die Wege zwischen Schaukelpferd und Stallkaninchen, Keksdose und Malkasten, Kleiderschrank und Fahrrädchen, Puppenwagen und Nachbars neuem Lumpi sind in der Summe gesehen schon beachtliche Distanzen, noch dazu, wenn diese sich aus geraden und geschwungenen Gängen, aus ebenerdigen Fluren und längeren Wendeltreppen zusammensetzen.

Boxenstop

Diese Oma-Rennstrecken lassen sich nur verkürzen, das heißt auf ein Endziel beschränken, indem man die flitzigen Kleinen durch für diese lohnende statische Ziele ablenkt. Beispielsweise mit netten kleinen Spielen, die die Aufmerksamkeit des Kindes fordern und dem Kind auch Spaß machen. Ohne Spaß kein Spiel. Ohne Spiel kein Spaß. Die Eltern der Kleinen denken übrigens auch so.

Spiele im Auto

Es gibt eine ganze Reihe von Spielen, die mittlerweile in Vergessenheit geraten zu sein scheinen. Selbst bei den Kindergärten gibt es da einige Defizite. Es ist an der Zeit, diese vergessenen Spiele wieder zum Leben zu erwecken. Sie bewirken teilweise Wunder oder auch Ruhe, was gleichbedeutend mit Wunder sein kann. Und das Beste: Sie kosten nichts! Eins dieser kostenlosen Spiele, die sich auch für mehrere Kinder, die eigenen oder deren Freunde, eignen, ist das Spiel „Ich sehe was, was Du nicht siehst".

Das ist übrigens ein schönes und beliebtes Spiel, wenn man auf der Fahrt in den Urlaub ist und die Zeit bis zum Ziel noch in weiter Ferne liegt. Das Ich-sehe-was-was-Du-nicht-siehst-Spiel kann auch abgewandelt werden, indem man nach Autokennzeichen „jagd" oder nach Automarken oder Autofarben Ausschau hält. Autos gibt es auf der langen Strecke genug. Und wenn man dann noch nach seltenen Fahrzeugen sucht, dann löst der erste, der „einen roten Käfer" sieht, Triumpfgeheul aus. Liebe Eltern und Großeltern. Nehmt's gelassen. Spaß wird durch Krach erst schön!

Die Entlastung der Eltern durch die Beschäftigung mit den Kindern während der Fahrt ist aber eher Einbildung. Die Eltern bzw. die Mutter halten immer ein wachsames Auge auf die Oma und die Kleinen, falls sie mal eingreifen müssen, versteht sich. Aber als schnelle Eingreiftruppe sind sie weniger gut geeignet. Da ist die Oma schneller. Sie sitzt ja hinten!

Spiele zu Hause

Allerdings, je kleiner die Kinder, desto kürzer die Geduld. Sie bleiben selten länger als fünf Minuten bei einer Sache, und auch das ist schon recht lang. Da muss man schon etwas finden, was die kleinen Unruhegeister fasziniert. Und das ist Unruhe. Mit anderen Worten Bewegung. Noch besser Krach. Hier natürlich nicht im Auto, sondern zu Hause. Mit anderen Worten: Nur keine Langeweile aufkommen lassen. Auch solche Spiele gibt es. Nur ist deren Wirkung nicht als allgemeingültig anzusehen, sondern muss ausprobiert werden. Je mehr solcher Spiele man kennt, desto wirksamer die Trümpfe im Ärmel, die wie Patex wirken und die kleinen Popos auf ihren Stühlen halten. Aber diese Wippsteerts sind selbst für Patex eine Herausforderung! Womit also kann man die Kleinen zumindest am Tisch halten, auch wenn der Popo nicht auf dem Stuhl bleibt oder die Knie auf der Tischplatte erscheinen, um den ganzen Körper näher an das Geschehen in der Mitte des Tisches zu schieben? Normale Tische für Erwachsene sind normal für Große, für Kinder aber mitunter riesig. Die Ärmchen sind einfach zu kurz. Gut, wenn da jemand ist, wie Oma, die als verlängerter Arm fungiert, sodass diese Kletterpartie unterbleiben kann.

Ein beliebtes Spiel ist das Flohspiel. Hat man keins oder ist das nicht mehr vollständig, genügen auch Knöpfe. Die gibt es in jedem Haushalt in allen Formen und Farben. Die kleineren sind die Flöhe, und die größeren benutzt man für den Druck, den man auf die Flöhe ausübt, um sie auf diese Weise zum Wegspringen zu bewegen. Als Teich, in den die Frösche hopsen sollen, dient ein Teller. Je nach Beschaffenheit des Tellers macht der Sprung in den Teller so schön Krach! Ist der Teller gar aus Blech, scheppert es ordentlich, was helles Entzücken der erfolgreichen Flohtreiber hervorruft. Der Tumult aber, der entsteht, wenn die Flöhe den Teller nicht erreichen, sondern ihr Heil in der Flucht auf den Boden oder im Goldfischglas nebenan suchen, kann mitunter den Erfolgstreffer im Tellerteich übertrumpfen!

Wunderbar Krach macht auch das Hütchenspiel. Hier werden kleine Kegel oder Würfel an längeren Bindfäden in der Mitte des Tisches auf ein rundes Holzbrettchen (aus der Küche) gestellt. Man kann die Hütchen am Bindfaden auch gut selbst herstellen. Dazu bohrt man ein Loch in kleine Holzklötzchen oder Kegel und zieht einen Bindfaden durch. Das macht Opa prima, *wenn* er es macht. Den Faden verknotet man dann an einem Ende, um ein Durchrutschen zu verhindern. Schön bunt müssen sie sein, die Klötzchen, damit jeder *sein* Hütchen erkennt. Einer aus der Runde der Mitspieler ist der *Jäger*, der mit einer fallbeilartigen Bewegung des Bechers in seiner Hand möglichst viele der zusammenstehenden Hütchen zu erwischen trachtet. Natürlich reißt jeder sein Hütchen so schnell wie möglich aus der Gefahrenzone heraus. Manche sind nicht schnell genug. Die bleiben dann unter dem Becher hängen. Gefangen! Protest! Triumph! Schadenfreude! Die Geräuschkulisse ist dann der eines Schlachtfeldes nicht unähnlich, nur dass hier nicht geschrieen wird, sondern gelacht. Bei mehreren Kindern genügt schon ein Anstoß, um kreativen Tumult hervorzurufen. Aber wenn man nur ein Enkelchen hat, was dann? Grundsätzlich ist jede Art von Aktion verbunden mit Geräusch ein Spaß- und Muntermacher. Geld braucht man dazu nicht. Nur Fantasie. Und die wächst mit den Aufgaben!

Trommeln

Mit zwei Holzstöckchen (aus dem Blumentopf) oder zwei Holzkochlöffeln (aus der Küchenschublade) oder zwei Essstäbchen (vom China-Mann) – zwei für Omi und zwei für die Patschhändchen – verprügeln beide temperamentvoll ein oder mehrere Gegenstände auf dem Tisch oder auch die Tischkante. Jeder kann das mit einer Behauptung verbinden, die dann richtig oder falsch ist. Beispiel:

Zuerst trommelt man etwas verhaltener los. Dann behauptet jemand etwas (beliebig oder reihum), z.B. „Der Ball ist eckig". Wenn das stimmt, schlägt man auf ein dickes Wasserglas, das für JA steht, oder auf eine Keksdose, die für NEIN steht. Beispiel: „Der Frosch kann schwimmen". Das stimmt. Also schlägt man auf das Wasserglas. „Der Frosch kann fliegen" stimmt nicht. Also schlägt man auf die Keksdose. Das macht nicht nur Spaß, sondern fördert die Konzentration und die Reaktionsgeschwindigkeit. Ein Wasserglas kann dabei schon mal umfallen oder kaputtgehen. Die Tischkante weniger. Geübtere „Trommler" können mit verschiedenen Gegenständen sogar kleine Melodien erzeugen und diese dann raten lassen. Wer sie errät, erhält eine Belohnung. Der Fantasie sind keine Grenzen gesetzt.

Sehr anregend ist auch, wenn man etwas gewinnen kann. Auch das kostet nichts. Dazu füllt man die Richtig- und Falsch-Behälter z.B. mit Bonbons oder Keksen. Hat man richtig reagiert, erhält man ein Bonbon oder einen Keks. Hat man falsch reagiert, muss man ein Bonbon oder einen Keks zurückgeben, also wieder in den Behälter tun. Wer die meisten Bonbons oder Kekse eingeheimst hat, hat gewonnen.

Das Spiel ist zu Ende, wenn einer der Behälter leer ist. Trommeln macht Spaß, kostet fast nichts und Omas leicht geschädigtes Gehör kann dann ja später bei leiser Musik von Tschaikowsky wieder in Normalfunktion gebracht werden.

Vorlesen

Ruhig halten – zumindest eine Zeitlang – kann man auch durch Vorlesen. Omas werden eigentlich immer mit Vorlesen in Verbindung gebracht. Ist schon etwas Wahres dran.

Oma hat ja auch Zeit und kann so schön die Stimme verstellen. Die Kinder wissen immer, wann ein Bär brummt oder eine Maus piept oder eine Schlange zischt. Kinder brauchen nicht ins Bilderbuch zu gucken. Sie sehen die Geschichten auch so. Ihre Vorstellungskraft verleiht den Figuren eine ganz eigene Gestalt. Sie träumen sich hinein ins gehörte Geschehen. Träumen ist der Spaziergang der Seele.

Gutenachtgeschichten vorlesen ist daher immer eine Möglichkeit, die Kleinen nicht nur in den Schlaf zu bringen, sondern sie auch etwas Schönes träumen zu lassen. Natürlich kann man sich auch Gutenachtgeschichten im Fernsehen ansehen, wenn sie nicht zu spät ausgestrahlt werden. Auch das ist gut. Das Sandmännchen wird es auch in hundert Jahren noch geben. Hoffentlich jedenfalls. Gutenachtgeschichten kann man vorlesen oder frei nach Fantasie und Eingebung erzählen. Vorlesen ist fürs Einschlafen sicherer, denn die Geschichte hat ein Ende, das die Kinder kennen, wenn diese die Geschichte mehr als einmal hören.

Beim freien Erzählen ist das Ende der Geschichte variabel. Warum? Weil Opas Gutenachtgeschichten meist spannend sind, spannender als die von Oma. Sie handeln dann von Dschungeln und von Riesenschlangen, von Forschern, die gefressen werden und von Kameraden, die ihren gefressenen Freund aus dem Bauch der Schlange herausschneiden und den Freund in letzter Minute befreien. Die Verschnaufpausen in Opas Erzählkunst werden länger und kommen in immer kürzeren Abständen. „Opa! Erzähl weiter!" Und Opa setzt noch einmal an. „Also, da war noch …". Zum Schluss sind die Enkel hellwach und der Opa ist eingeschlafen.

Während die Erwachsenen ein Buch selten zweimal oder gar mehrmals lesen, ist das bei Kindern ganz anders. Sie können eine Geschichte immer wieder hören. Sie kennen den Text in- und auswendig. Nur kein Wort auslassen, liebe Oma oder Opa, oder gar einen Satz verdrehen oder unvollständig wiedergeben. Das wird sofort geahndet. Für die Kleinen gibt es kurze einprägsame Gedichte, für die etwas Größeren Märchen von Andersen oder den Gebr. Grimm. Auch in fremden Ländern werden Märchen erzählt (Tausend und eine Nacht; Trolle und Feen usw.). Oft sind diese reich und kunstvoll bebildert und damit ein Ohren- und Augenschmaus. Kleiner Tipp: Auf Trödel- und/oder Buchmärkten findet man oft sehr schöne Vorlesebücher auch aus fremden Ländern zum kleinen Preis!

Der Struwwelpeter-Krimi

Vorlesen kann aber auch ein heikles Thema sein. So riskieren manche bekannten Bücher wie zum Beispiel der „Struwwelpeter", in Vergessenheit zu geraten, weil die schrecklichen Strafen für Unarten aus der heutigen Softi-Sicht barbarisch und damit ungeeignet für zarte Kinderseelen sind.

Heute sagen Mütter nicht: „Räum bitte mal Dein Zimmer auf!" Sondern: „Wir müssen mal über Dein Zimmer reden!" Aha, denkt sich da der Knirps. Da brauche ich nur zuzuhören, aber nichts zu tun. Also nickt er gehorsam, was die Mutter zu ihrer Absichtserklärung völlig missversteht. Hätte sie gesagt: „Räum mal Dein Zimmer auf!" dann hätte der Knirps gewusst, dass er etwas tun soll. Heißt zwar nicht, dass er das auch tut. Aber er weiß, dass er etwas tun soll und was er tun soll! Das aber weiß er nur wage, wenn man mal darüber reden will.

Und wie ist das jetzt mit den Grausamkeiten im Struwwelpeter? Ganz einfach. Eine noch klarere Aussage, was passiert, wenn … gibt es nicht. Das Kind weiß ganz genau, was es erwartet, wenn es etwas tut, was es nicht soll, zum Beispiel Nägel kauen oder am Daumen lutschen. Dass dann niemand mit der Schere ins Zimmer stürmt und die Daumen abschneidet, ist nicht entscheidend. Entscheidend ist das Wissen, dass Fehlverhalten böse Folgen haben kann.

Es gibt Kinder, die gucken zur Tür, wenn sie im Begriff sind, den Daumen in den Mund zu stecken und es dann doch besser lassen. Könnte ja sein, dass der mit der Schwere schon hinter der Tür lauert. Besser also lassen. Die Tür bleibt zu. Der Daumen dran. So soll's auch sein!

„Spiel nicht mit dem Feuer!" Paulinchen aber hörte nicht und verbrannte. Diese Geschichte ist ungeheuer plastisch und einprägsam, dass man die Warnung im übertragenen Sinne auch an Erwachsene richtet.

Struwwelpeters Enkel

Also, der Struwwelpeter ist ein Klassiker und damit immer gültig. Alle Unarten gelten früher wie heute und sicher auch noch morgen. Vielleicht ist deshalb noch keiner auf die Idee gekommen, den Struwwelpeter neu oder umzuschreiben. Die Anpassung an moderne Gegebenheiten sowohl in den Unarten als auch in deren Abstellmaßnahmen böte genügend Stoff für diesen Erziehungskrimi. Natürlich müsse sich erst einmal ein Genie trauen, sich an eine solche Aufgabe zu setzen, denn nur Genies können Geniales noch toppen.

Heute hat man Fernsehen, früher nicht. Heute hat man Handys (findet man sogar schon bei Schulkindern der unteren Klassen!), früher nicht. Heute trägt man noch mit drei und vier Jahren Pampers, früher gab es nur Windeln und keine wasserdichten Güllehüllen. Die früheren Windeln waren Moltontücher, die ausgekocht werden mussten. Waschen war auch nicht so einfach wie heute und somit zeitaufwändig. Kein Wunder also, dass die Mütter damals geradezu erpicht drauf waren, ihre Brut sauber zu kriegen, und das so früh wie möglich. Heute sieht man das nicht mehr so eng. Erst wenn das Stinkefitzi anfängt, penetrant zu müffeln, wird eingegriffen. Die Größe des Haufens zeugt von der Länge der Produktions- und der Verweilzeit. Mief sammeln ist angesagt. Die Pampers halten das locker aus! Die Oma nicht.

Struwwelpeter-Mode

Während die Kleiderordnung der menschlichen Frischlinge noch dem Diktat der Mutter oder Eltern unterliegt, steigt der Wunsch nach Selbstverpackung mit zunehmendem Alter, insbesondere der Mädchen, was zuweilen groteske Züge annehmen kann. Verkleidungssucht und Verschandelungslust ob mit oder ohne Körperverletzung sind Unarten, die nicht sein müssen, weil sie nicht zu sein brauchen. Auch Schuhe mit Plateauabsätzen sind zu nichts nutze, es sei

denn, man will aus dem Dachrinnel trinken oder schlicht den Über-
blick behalten, wenn man etwas zu kurz geraten ist. Die Kette von
Unarten der Moderne ergäbe genügend Stoff für einen zweiten
Struwwelpeter heutiger Prägung. Irgendwann wird er wohl kommen,
dieser Nachfahre des bekannten Verhaltensforschers. Zum Downloa-
den vielleicht, denn heute hat ja fast jedes Kind einen Fernseher im
Kinderzimmer oder am Bett. Ob diese allerdings Lehren für sich
daraus ziehen, wie seinerzeit von Good Old Struwwelpeter beabsichtigt, bleibt abzuwarten. Aber einen Versuch wäre es allemal Wert.

Es gibt noch andere Unarten. Essen wegwerfen zum Beispiel
(beim Überschreiten des Mindesthaltbarkeitsdatums, am Ende des
Verkaufstages, wo die lecker belegten Brötchen aus den Verkaufsvit-
rinen in den Abfall wandern, etc.). Früher hätten sie dafür Schläge
bekommen. Die Kriegsgeneration isst heute noch alles auf und lässt
nichts übrig, so sehr hat sich der Hunger ins Gedächtnis gebrannt.
Dazu ein Beispiel aus der Nachkriegszeit. Ein Enkel erinnert sich:

Die Über-Oma

„Meine Oma war eine Über-Oma. Sie konnte aus Mehl Suppe
machen, aus Eicheln Brei und aus Sauerampfer Salat. Sie war erfinderisch, durchblickend und eine Meisterin im Finden von Notlösun-
gen. Als die Russen kamen, malte sie uns Kinder rot an und steckte
uns ins Bett, damit die Russen dachten, wir hätten Scharlach. Vor
Scharlach hatten die Russen mächtig Bammel und ließen uns in Ruhe.

Nie hat sie Hilfe verweigert, aber sie ließ auch so gut wie nichts
durchgehen. Je nach Schwere des Vergehens (aus ihrer Sicht) wurde
dieses mit einer kurzen schmerzhaften oder symbolisch fühlbaren
„Kopfnuss" geahndet. Das aber fanden wir gerecht. Oma würde nie
etwas Ungerechtes tun.

Einmal hatte unser Dackel „Seppel" in dieser Hungerzeit ein Huhn unseres Nachbarn erwischt. Leider trennte Huhn und Hund ein Zaun. Doch Seppel ließ nicht locker. Mit allen möglichen Verrenkungen versuchte er, das tote Huhn durch die Latten des Zauns zu ziehen. Aber das Huhn war zu dick.

Seppel ließ nicht ab und knurrte und zerrte und zog und bellte, bis das Huhn nach und nach von seinen Federn entblößt wurde. Wir Kinder feuerten unseren emsigen Dackel dabei natürlich nach Kräften an: „Seppel, ziiiiieh, Seppel, ziiiieh!" Bis Oma kam.

Sie trennte den Seppel von seinem Opfer und verpasste uns eine symbolische sanfte Kopfnuss. „Schämt Euch! Das Huhn gehört dem Nachbarn!" Die Tränen in ihren Augenwinkeln interpretierten wir als Trauer über das verendete Federvieh. Oma aber wusste sehr wohl, dass wir Hunger hatten und sie uns nichts zu essen geben konnte. Sie ging zum Nachbarn, nahm das zerrupfte Gickerl mit und entschuldigte sich für uns. Der Nachbar aber schenkte das Huhn der Oma für uns Kinder, und das, obwohl er selbst auch Hunger hatte." Charakterstärke kann man nicht lernen, wenn man nicht weiß, was das ist. Und das weiß man erst, wenn man es vorgelebt bekommt.

Suppenkaspers Magerküche

„Immer alles aufessen" war ein Gebot des Überlebens. Es war ohnehin nie viel da. Essen wegzuwerfen galt buchstäblich als Todsünde. „Mit dem Essen spielt man nicht!" ist auch so eine in eine Belehrung umfunktionierte Erkenntnis aus der Zeit, als Essen knapp war und Hunger an der Tagesordnung.

Heute hungert niemand mehr, und verhungert schon gar nicht. Man ist eher zu dick. Wie also weg mit dem Speck auf Brot und Hüfte? Kann man aus der damaligen Hungerzeit Lehren ziehen und ein wirklich wirksames Schlankheitsmittel davon ableiten? Vielleicht mit Omas „Magerküche" von damals? Molesuppe gefällig? Kennt diese säuerliche Suppe eigentlich noch jemand? Molke steht heute als Getränk in den Kühlregalen der Supermärkte.

Warum die Überlebensrezepte von damals nicht mal in das Unterrichtsfach „Ernährung" einbringen? Die Schüler könnten herrlich experimentieren (und nicht mit dem Essen spielen!), könnten lernen, Spaß dabei haben und würden davon auch bestimmt nicht dick. Dass das sogar ein Gebot der Stunde ist und ganz und gar nicht abwegig, beweist eine Studie, die das Gesundheitsministerium 2009 in Auftrag gegeben hat. Demnach sind 60-70% der Kinder zu dick!

Spielen und Spielzeug

Experimentierfreude ist das Ergebnis von Fantasie. Diese Fantasie gilt es anzuregen. Omas haben da mehr Erfahrung als Mütter – normalerweise jedenfalls. Mussten sie sich doch früher aktiv beschäftigen und wurden nicht passiv beschäftigt wie heute. Fernsehen gab es ja nicht. Dafür gab es Bücher und Großeltern, die den Jungs und Mädchen etwas zeigen und beibringen konnten. Und das waren ganz alltägliche Dinge aus natürlichen Materialien und Stoffen, fast überall zu finden oder für ganz kleines Geld zu erwerben. Stöckchenschnitzen war bei Spaziergängen beliebt. Möglichst Haselnuss, weil das leicht von der Hand ging und so schöne Muster ergab. Heute schnitzt man kaum noch Stöckchen, weil man die nicht mehr braucht oder weil sie für das moderne Wandern, das Nordic Walking, ungeeignet sind. Sind sie zwar nicht, wenn man noch eine Schlaufe anbringt, aber die Lauftechnik schreibt nun mal eine Ausführungstechnik vor, die man nicht ignorieren kann, wenn man nicht als Außenseiter oder Technikmuffel betrachtet werden will.

Mit Klötzchen spielen ist ein Zimmersport. Mit Bauklötzen spielt man auch heute noch. Bauklötze bilden das Fundament zahlreicher stabiler und wackeliger Konstruktionen. Und wie man das

Wackelige entwackelt, beschäftigt dann die Tüftler etliche Zeit. Auf diese Weise lernen sie im Kleinen, was sie später im Großen tatsächlich brauchen könnten.

Heute wird dieses manuelle Bauen mehr durch virtuelles Bauen ersetzt, wenn bunte Klötzchen in bestimmte Spalten fallen oder übersprungen werden müssen. Wir bewegen am Bildschirm fliegende Spinnenmenschen, herumwankende Roboter oder hetzen Lichtschwerter fuchtelnde Außerirdische aufeinander. Das ist spannend, aber nicht wirklich von praktischem Nutzen. Kluge Omas und Opas prüfen deshalb die Fantasiefiguren auf realitätsnahe Verwertbarkeit und führen so von der Theorie in die Praxis. Das ist nicht einfach. Denn die meisten solcher lebendig gewordenen Blechmonster sind in kriegerische Handlungen verwickelt. Der Frieden gibt als spannende Handlung nicht viel her. Aber nur der Frieden sorgt für Leben und Leben lassen, nicht der Krieg.

Krieg ist kein Spiel

Kriegsspielzeug aller Art gehört somit in die tiefste Versenkung. Das können Oma und Opa in Erinnerung an die Kriegszeit besonders gut rüberbringen. Auch Wasser aus einer Spielzeugpistole ist keineswegs lustig. Es verschleiert die Realität, verharmlost die Situation. Kinder erkennen in der Spritzpistole keine Bedrohung, keine Gefahr, oder etwas, das Schmerzen bereitet oder zum Tode führt. Der Tod ist noch nicht vorstellbar. Wenn ein Kind Vaters Pistole findet (wie in Amerika geschehen), kann es sein, dass es zum Spaß sein Geschwisterchen erschießt. Nur so. Es wollte doch nur spielen!

Also, liebe Omas und Opas, bitte kein Kriegsspielzeug, keine Wasserpistolen, keine Maschinengewehre, die mit Wattekugeln schießen. Bei Zuwiderhandlung bitte strengster Verweis mit absolutem Liebesentzug. Werdet zum Struwwelpeter von heute! Sagt es drastisch, klar und unmissverständlich! Weist die Richtung!

Moderne Zeiten

Zurück zum meist friedlichen Alltag. Man sieht schon, Omas haben es nicht leicht. Opas auch nicht. Die Weisheit der Alten mischt sich mit der Pfiffigkeit der Jungen. Opa muss sich gefallen lassen, dass sein Enkel ihn milde lächelnd oder auch unerbittlich diktatorisch in die Handhabung von Computern einweist. Und Oma wird von ihrer Enkelin aufgeklärt, dass man über die DNA jeden Menschen erkennen kann. Und wenn Oma dann fragt, was heißt denn DNA? Dann antwortet die Kleine mit großen Kulleraugen doch tatsächlich ohne zu stottern: Desoxyribonukleinsäure. Oma ist beeindruckt. Opa ist stolz. Ganz klar, die Kleine hat das Zeug zu Höherem. Ist ja auch seine Enkelin!

Was machen denn nun die Omas und Opas, deren direkte Linie mangels eigener oder nicht zeugungswilliger Nachkommen ungewollt zu enden scheint? Ein guter Rat wurde bereits genannt. Leih Dir einen Enkel! Und wie? Also Oma, jetzt aber bitteschön. Wozu haben wir Internet? Es gibt immer mehr „Leihomadienste" manchmal mit recht witzigen Namen.[5] Statt Philosophie auf der Uni zu studieren doch vielleicht lieber einen Kurs an der Volkshochschule belegen oder sich am „Intergenerativen Miteinander"[6] beteiligen, wie es die Demographiebeauftragte der Stadt Langenfeld im Hinblick auf den demographischen Wandel anstrebt?

Surfen

In der Volkshochschule, kurz VHS, lernt man surfen – sprich: ssörffn, mit scharfem ss und ö wie öffnen. Das ist abgeleitet vom Wellenreiten auf Hawaii, was man dort „surfen" nennt.

---

[5] OMA REN(n)T-Leihomaservice
[6] Infos im Rathaus der Stadt Langenfeld/Rhld. (Stand 2011)

Hier bedeutet das, dass man so lange im Informationsmeer des Internets herumschwimmt, bis man das Objekt seiner Begierde gefunden hat oder aufgibt.

Wenn Sie aber nicht wollen, dass Sie selbst das Objekt der Begierde von Internet-Haien werden wollen, ist Vorsicht geboten. Eine professionelle Hilfe in Form von Unterricht an einer Computerschule oder ein Schnellkurs beim Enkel der Nachbarin ist da schon angebracht. Nicht für die Schule, für das Leben lernen wir! Und Leben kann heute erfreulich lang sein. Spaß an der Freud, wie man im Rheinland sagt, verhindert das Altwerden, denn:

Du hörst nicht auf zu lachen, weil Du älter wirst, sondern Du wirst älter, weil Du aufhörst zu lachen. (Anonym).

Also, die erfreuliche Aussicht, dass man länger lebt als seine eigene Oma, lässt eine angehende Oma doch erkennen, dass die Vorbereitung aufs Oma-Dasein so etwas ist wie die Vorbereitung auf das Lebensabitur. Auch hier gibt es Klassenbeste, stille Leider, Ulknudeln oder Stänkerer. Nur eben alles um ein Menschenalter versetzt.

Stänker-Omas und Nörgel-Opas

Stänker-Omas sind eher selten. Nörgel-Opas dagegen gibt es häufiger. Sie treffen sich regelmäßig zum gemeinsamen Nörgeln am Stammtisch oder im Kegelklub. Sie finden an allem und jedem etwas auszusetzen, fühlen sich benachteiligt, missachtet oder verkannt und zementieren den Frust des einsamen Genies durch Kollektivgemotze mit Gleichfrustrierten.

Und weil man so schön über die Fehler anderer herziehen kann, was die eigenen Fehler minimiert oder nicht mehr wahrnehmbar macht, sucht man begierig nach selbigen und übersieht, dass es auch viele gute und schöne Dinge gibt, wie zum Beispiel quirlige Enkel.

Nörgel-Reparaturdienst

Die Unfehlbarkeit der Kleinen im Beurteilen der Großen drückt sich dann auch entsprechend klar aus: „Opa ist doof!". So ein Opa ist doof, keine Frage, aber er muss es nicht bleiben. Einen Nörgel-Opa-Reparaturdienst könnten familienfriedens-freundliche Töchter oder Schwiegersöhne übernehmen, indem sie Nörgel-Opa in den Mittelpunkt des Geschehens stellen, beispielsweise bei einer fröhlichen Kaffeetafel – ohne Krümel oder Kleckerkuchen, denn der würde Nörgel-Opas Kritiksucht wieder entfachen. Lassen sie ihn erzählen. Jetzt kann Opa reden. Und er wird es auch tun. Erst zögernd, dann schneller, je mehr ihm einfällt.

Ermüdet der Nörgel-Opa, wird er durch Fragen reanimiert, und das solange, bis der Kuchen aufgegessen oder der Kaffee kalt ist. Nörgel-Opas erzählen zu lassen, ist eine Möglichkeit, kein universelles Anti-Nörgel-Rezept. Aber probieren kann man das ja mal. „Erzähl mal was von früher, Opa!"

Lebensinstruktoren

Überhaupt, es gibt eigentlich keine universell gültigen Verhaltensrezepte, bestenfalls Empfehlungen. Aus Fehlern lernen wir. Also auch aus Versuch und Irrtum. Aber das kann dauern! Im schlimmsten Fall bis der Verhaltensnehmer selbst wieder zu Verhaltensgeber wird. Deshalb sind Lebensinstruktoren die bessere, weil schnellere Wahl.

Lebensinstruktoren sind zum Beispiel Eltern und Lehrer. Sie geben Anweisungen für das Leben und dessen Gestaltung. Die Ziele sind breit gefächert und werden durch das Bildungsniveau der Eltern beeinflusst sowie durch gute Lehrer, welche Defizite ausgleichen und Talente fördern sollen.

Verhalten lernt man am besten durch eigenes Vorleben. Höflichkeit, Pünktlichkeit, Ausdauer und Zielstrebigkeit sind die Grundbausteine der Zukunft. Diese Grundbausteine der Zukunft müssen gelehrt, gelernt und zu eigen gemacht werden. Sie entstehen nicht von selbst. Sie entstehen nur, wenn sie vorgelebt und nachgeahmt werden. Wer selbst nicht höflich, pünktlich, ausdauernd oder zielstrebig ist, kann das auch nicht vermitteln. Wer unmusikalisch ist, muss sich nicht als Musiklehrer verdingen. Es genügt, dass er einen Musiklehrer kennt oder beschaffen und bezahlen kann. Auch hier sind Omas im Vorteil. Sie kosten nichts. Die meisten spielen Klavier oder ein anderes Instrument, und das in echt, nicht vom Band!

Es gibt eine alte Weisheit in Form einer Melodie, die da heißt: „Wo man singt, da lass Dich ruhig nieder. Böse Menschen haben keine Lieder!" Oder, wie es der weltberühmte Geiger Lord Yehudi Menuhin einmal ausdrückte: „Singen ist die eigentliche Muttersprache des Menschen". Wer aber kennt heute noch Volkslieder oder Wanderlieder? Bestenfalls kommt einem die Melodie bekannt vor. Manche erinnern sich noch an den Text der ersten Strophe, bei der zweiten gibt es schon Lücken. Heute wandert man ja auch noch, vielleicht mit der Klasse. Warum also nicht „Im Frühtau zu Berge" schmettern und zügig voranschreiten? Würde man vielleicht auch gern, aber wie geht der Text noch mal?

Sing-Omas

Der Gedanke einer „Oma on demand" ist verlockend, setzt aber zwei Dinge voraus: Einmal muss der Rufende wissen, wann und wo er sich die Oma leihen kann, und zum anderen muss die Gerufene auch wissen, wer sie ruft und wofür. Eine „Oma auf Abruf" ist ja keine fliegende kinderpflegende Kochputzfrau, sondern ein Mensch mit einem großen Herzen und viel Liebe, die sie gern an die Kinder weitergeben würde, die sich genau nach dieser Oma-Liebe sehnen. Nicht jeder Enkel hat eine Oma und nicht jede Oma einen Enkel, oder nicht in greifbarer Nähe. Was also liegt näher, als beide zusammenzubringen.

Die Erkenntnis, dass die Generationen zusammengehören, ist nicht neu. Nur die Umsetzung ist noch nicht weit über die Testphase hinausgekommen. Ein Mehrgenerationenhaus ist ein guter Ansatz, aber nur eine Möglichkeit von vielen. Behördliche Stellen mühen sich, dem demografischen Wandel Rechnung zu tragen, indem sie den Begriff „Familie" neu definieren als eine „Einheit vom Kind bis zum Hochbetagten".[7] Kirchliche Einrichtungen bieten Begegnungsstätten an und Anlaufstellen für junge und alte Menschen, um vielleicht gemeinsam eine Art Familie zu bilden, die aus vielerlei Gründen nicht oder nicht mehr besteht. Hier kann man sich eine Oma leihen, nicht als Putzfrau oder Babysitter, sondern als Ansprechpartner und Spielgefährte für das Kind.

Solche Leih-Omas sind meist ehrenamtlich tätig und sich dieses ehrenvollen Amtes auch bewusst. Ihr Lohn ist die Zuneigung und das Wissen, dass auch für sie jemand da sein wird, wenn sie selbst einmal Hilfe brauchen. Zum Schutz der Kinder sind für Leih-Omas und Leih-Opas bestimmte Auflagen[8] zu erfüllen, aber die sich leicht zu erfüllen. Die Leih-Omas in ihrer Urform werden ergänzt durch Abruf-Omas mit ganz besonderen Fähigkeiten.

Fragen Sie die Sing-Omas und Sing-Opas. Gibt es nicht? Doch gibt es! Sogar organisiert![9] Und das in Deutschland, nicht in Amerika! Sie gehen in die Kindergärten und bringen den Kleinen, vom Kräher bis zum Stimmbruchler, schöne alte Lieder bei, die alle Älteren kennen. Das macht Spaß, und zwar allen. Omas und Opas haben

---

[7] Demographie in Langenfeld, Gesamtkonzept der Stadt Langenfeld, Teil 1
[8] Erweitertes Führungszeugnis und Haftpflichtversicherung
[9] www.canto-del-mondo.de

etwas, mit dem sie sich beschäftigen können, um ihre grauen Zellen in Schwung zu halten, nämlich Liedertexte zu lernen, Melodien herauszusuchen und vielleicht sogar instrumental zu begleiten.

Der Banjo-Opa und die Geigen-Oma sind nicht nur nett anzusehen, sondern auch gut anzuhören. Sie bringen den Kleinen bei, wie schön Musik sein kann. Vielleicht wird dabei ein kleines Genie entdeckt, das sonst unentdeckt bleiben würde. Vielleicht erkennt so ein Pimpf dabei den Unterschied zwischen Krach und Ton, zwischen Geräusch und Melodie. Die Kleinen lernen schnell. Sie merken sich Texte und Melodien viel besser als Erwachsene. Das spornt die Opas und Omas an. Die Sing-Omas und Sing-Opas finden auch untereinander neue reizvolle Aufgaben im fantasievollen und garantiert ungefährlichen Umgang mit der 3. Generation. Die Devise heißt: Weg mit der Langeweile! Musik verbindet. Dazu später noch mehr.

Singen ist die Muttersprache des Menschen[10]

Also, statt auf der Uni Philosophie zu studieren, lieber ein Instrument lernen? Aber ja doch! Und wenn man unmusikalisch ist? Dann sollte man schnellstens prüfen, ob das nicht nur Einbildung ist. Auch ein Opernsänger fällt nicht vom Himmel, sondern wird stimmlich ausgebildet, obwohl er bereits eine schöne Stimme hat. Auch das absolute Gehör (das auf Anhieb den A-Ton trifft) hat nicht jeder. Was soll's. Perfektion ist nicht gefragt, sondern Spaß am Lernen und Ausprobieren und am Entwickeln der eigenen Kräfte. Pädagogik heißt: Immer wieder sagen. Das gilt auch für die Musik.

Immer wieder vorsingen, immer wieder nachsingen. Das geht viel einfacher, als man denkt. Die Kleinen wollen ja nachahmen. Sie imitieren die Erwachsenen, sind quasi das Echo ihrer Umgebung. Sie sind perfekte Imitatoren. Selbst Mimik und Gestik stimmen, wenn

---

[10] Lord Yehudi Menuhin, weltberühmter Geigenvirtuose

Der Vater im Himmel

Im Kindergarten werden zu Weihnachten Weihnachtslieder geübt. Das Lied „Ihr Kinderlein kommet" enthält die Textzeile: „Der Vater im Himmel viel Freude uns macht!" Die Mutter holt das Kind ab. Das Kind ist schweigsam. Die Mutter blickt etwas besorgt auf die Kleine und will ein Gespräch in Gang bringen. „Was habt Ihr denn heute so gemacht?" Die Kleine antwortet nicht. Die Mutter startet einen zweiten Versuch. „Ihr habt doch sicher gesungen." Und dann singt sie das „Ihr Kinderlein kommet"-Lied. Die Kleine hört zu, hebt den Kopf, sieht zum Himmel hinauf und fragt nach einer kleinen Pause: „Mama, der Vater im Himmel … Da oben?? … der Pappi???!!"

Der Freiballon

Oma geht mit dem Enkel spazieren. Da sehen sie einen wunderschönen Freiballon am Himmel schweben. Oma verfolgt ihn mit einer gewissen Sehnsucht im Blick. Schließlich fragt sie den Kleinen, aber eigentlich mehr sich selbst: „Wollen wir da auch mal mitfliegen?" Der Kleine guckt kurz hoch, überlegt eine Weile und antwortet dann: „Ja, schon, aber wie kommen wir denn da rauf?"

Der Frosch im Hals

Klein-Bianca sitzt mit Oma auf dem Rücksitz. Sie fahren schon eine ganze Weile. Oma bekommt einen trockenen Hals und ihre Stimme wird krächzig. „Ich glaube, ich habe einen Frosch im Hals." Bianca guckt irritiert auf Omas Hals. Oma ist in Erklärungsnot. „Das sagt man so, wenn man einen rauen Hals hat und die Worte nicht mehr so richtig rausbekommt." Klein-Bianca gefällt der Frosch als reales Wesen besser, allerdings weniger, dass der in Omas Hals sitzt. „Kriegt man den wieder raus?" „Ja", beruhigt Oma, „Den kriegt man wieder raus durch Zähneputzen und Gurgeln oder durch ein Lutschbonbon." Klein-Bianca starrt immer noch auf den Hals der Oma, so als wolle sie den Frosch dahinter ausmachen. Sie sieht sicherlich einen kleinen grünen Frosch im Gurgelwasser herumplanschen. Dann kramt sie in ihrem Kindertäschchen herum und fördert ein Gummibärchen zutage, ein grünes natürlich. „Hier, das ist lecker. Kommt der Frosch jetzt raus?" „Bestimmt!" „Und wo springt der dann hin?"

Die Kindersicherung

Die Eltern fahren über die Autobahn und halten an einer Raststätte. Oma sitzt neben der Enkelin. Sie kann nicht aussteigen, weil die Kindersicherung eingeschaltet ist. Sie muss warten, bis die Tür von außen geöffnet wird. Die Enkelin ist stolz auf ihr Wissen und erklärt: „Die Tür ist zu, damit Du nicht rausfällst beim Fahren. Denn dann kommt ein Auto und fährt Dich platt."

Die Rabenmutter

Im Kinderzimmer ist wieder einmal Chaos. Eigentlich ist das der Normalzustand und Ordnung nur eine Momentaufnahme direkt nach der Aufräumstrapaze von Mama und Oma.

Eine der vielen Babypuppen ist die Lieblingspuppe der Enkelin. Sie kann sie anziehen und ausziehen, sogar wickeln! Mit drei Jahren hat man ja schließlich so seine Erfahrungen.

Eines Tages kriegt das Menschlein aus unerfindlichen Gründen einen Tobsuchtsanfall und schmeißt die Puppe wütend in die Ecke. Oma sieht das. „Aber Kind, so geht man doch nicht mit kleinen Babys um." Darauf erklärt die 3-jährige Rabenmutter ungerührt: „Die ist doch bloß aus Plastik!"

Der Kochtopf

Die Mutter erklärt beim Spaghettikochen, dass man heiße Töpfe nicht anfassen soll, denn sie könnten umfallen und Verbrühungen verursachen. Diese können sehr schmerzhaft und gefährlich sein.

Ihr kleiner Sohn bekommt Besuch. Auf dem Herd steht das Essen bereit, um ausgeteilt zu werden. Der Knirps nähert sich dem Herd und stellt sich auf die Zehenspitzen. Er will erst das Geheimnis des Topfinhalts ergründen, um danach zu entscheiden, ob er Hunger hat oder nicht. Als er aber nach dem Deckel greift, zieht ihn der andere Knirps energisch beiseite und erklärt: „Bleib von! Geehse tot!"

Die Entchen

Entchen sind beliebte Tiere. Sie sind so lustig und lassen sich füttern. „Entchen gucken" ist ein Zauberwort, das auch zu längeren Spaziergängen animiert, Hauptsache, es sind Entchen da, einzeln, mehrere oder ganz viele.

Im Kindergarten lernen sie ein typisches Kinderlied „Alle meine Entchen". Ein hübsches Lied, die Melodie geht ins Ohr.

Aber mit dem Inhalt ist so ein kleiner Logiker nicht einverstanden. „Köpfchen in das Wasser und Schwänzchen in die Höh'", das geht gar nicht! Da schluckt man ja Wasser. Besser umgekehrt. Folglich wird der Text einfach umgemodelt: Schwänzchen in das Wasser, Köpfchen in die Höh'!

Für den kleinen Logiker ist das okay, aber für die Entchen durchaus ein Problem. Erst wenn genügend Entchen beobachtet werden, die alle die Köpfchen ins Wasser stecken und nicht ertrinken, wird der kleine Logiker die umgekehrte Realität akzeptieren.

Die Hexe

Zum Schluss noch ein Beispiel, wie man sich als im Oma-Alter befindlicher, also lebenserfahrener Mensch verhalten kann. Ein kleines Mädchen fährt mit ihrer Mutter eine kurze Strecke im Zug. Der Gang ist voller Leute. Die Kleine steht direkt vor einer sehr hässlichen alten Frau mit Kopftuch, Hakennase und Warzen im Gesicht. Fasziniert starrt die Kleine auf diese Person, dann hält sie es nicht mehr aus und fragt: „Bist Du die Hexe?" Die so Angeredete bleibt ganz ruhig. Sie sieht in die neugierigen Kinderaugen und lächelt freundlich: „Nein, mein Kind, ich sehe nur so aus!"

Das Kampf-Gen

Zurück zur Oma-/Opa-Vielfalt. Vielfalt ist nicht nur bei Blumen und Tieren angesagt, sondern auch bei Menschen. Je vielfältiger das Leben um unsere Kleinen herum ist, desto vielfältiger die Eindrücke, desto vielfältiger die Kombinationsmöglichkeiten und desto aufregender die Entdeckung, dass scheinbar Gegensätzliches durchaus harmoniert. Wachsen Hund und Katze gemeinsam auf, herrscht Frieden. Wenn nicht, herrscht Zoff. Wachsen Jungen und Mädchen gemeinsam auf, kann das zwar friedlich verlaufen, aber auch nicht.

Wissenschaftliche Untersuchungen[12] haben ergeben, dass Aggressivität nicht durch tätliche Angriffe oder durch verbale Attacken hervorgerufen wird, denn Aggressivität ist angeboren! Haben wir also alle ein Kampfgen in uns? Auch Mutter Theresa oder Albert Schweitzer oder Hermann Gmeiner? Wenn ja, muss es doch etwas geben, das diese Kampflust unterdrückt oder auslöscht. Das zu erforschen wäre in der Tat eine Aufgabe von großer Tragweite. Selbst Sandkastenrocker verpassen ihrem Spielkameraden ein Hörnchen,

---

[12] Die angeborene Aggressivität, eindrucksvoll dokumentiert im Neandertal-Museum.

nehmen ihm ohne zu fragen das Eimerchen weg und quittieren dessen Geheul ohne Gegenwehr mit Ignoranz oder Siegerpose.

Liebe Omas und Opas! So etwas regelt sich nicht von selbst! Hier ist Eingreifen notwendig! Wenn man jetzt nicht den Unterschied zwischen mein und dein klar macht, dann darf man sich später nicht wundern, wenn das Wegnehmen, im Volksmund „Klauen", zur Bagatelle oder zum Kavaliersdelikt wird nach dem Motto: Ist nicht schlimm. Macht doch jeder. Beim damaligen „Kohlenklau"[13] wusste man, dass man klaute, also etwas Unrechtes tat. Heute klaut man auch, nur ohne Skrupel, bloß weil Oma oder Opa dem Sandkastenrocker nicht rechtzeitig angewiesen hat, das Eimerchen seinem heulenden Besitzer zurückzugeben, weil das Eimerchen nun mal dem Heuler gehört und nicht dem Klauer.

Heute ist Klauen so etwas wie Alltagssport. Gibt die Verkäuferin versehentlich ein 20-Cent-Stück zurück, statt eines 10-Cent-Stücks, dann behält man das zuviel ausgezahlte Geld. Soll die doch aufpassen! Dass einem der Betrag nicht gehört, kommt einem gar nicht in den Sinn. Und dass die arme Verkäuferin ein Manko in der Kasse hat, was für eine Kassiererin eine Katastrophe ist, darauf kommt man auch nicht, oder verdrängt den Gedanken. Man behält das Eimerchen und geht in Siegerpose!

Respekt

Das Respektieren von Besitz ist nicht angeboren, es wird anerzogen! Respekt muss erklärt und begründet werden. Aber nicht nur das. Respekt muss auch geübt und kontrolliert werden. Manchem fehlen einfach die Worte. Sie können keine Erklärung geben. Ist auch schwierig, heute zumindest. Wie soll man einem Halbwüchsigen

---

[13] Der „Kohlenklau" stand für die illegale Beschaffung von dringend benötigtem Brennmaterial für Heizen und Kochen im 2. Weltkrieg.

auch erklären, dass er seinen Sitzplatz freiwillig einer älteren Person überlassen soll. Wieso? Er war doch zuerst da. Außerdem hat er seine Fahrkarte bezahlt, damit also ein Recht auf einen Sitzplatz. Und warum verzichten für jemand, den er überhaupt nicht kennt? Bloß, weil der älter ist? Ab wann ist jemand überhaupt älter? Eine heute sehr berechtigte Frage. Wer sagt's ihm? Wer sagt's ihm vor allen Dingen so, dass er danach aufsteht und einer alten Dame oder einem gebrechlichen Herrn ganz selbstverständlich seinen Platz anbietet?

Kung-Fu-Oma

Die Älteren werden immer jünger und fiter! Das ist eine Tatsache. Da hatten doch zwei junge Männer einer alten Dame (80 Jahre laut NRZ-Bericht) die Handtasche entrissen und sich geweigert, ihr wenigstens die Schlüssel herauszugeben. Als die alte Dame stattdessen noch mit „Alte Schlampe" betitelt wurde, rastete diese aus und trat dem einen der beiden gezielt in dessen Herrlichkeit. Dieser fiel schreiend zu Boden und ließ die Tasche fallen. Blitzschnell ergriff die Oma ihre Handtasche und verpasste damit dem zweiten Bengel einen Satz heiße Ohren. Der war über die Kung-Fu-Oma so erschrocken, dass er Kumpel und Beute im Stich ließ und Reißaus nahm. Gut gemacht, Oma! Respekt!

Respekt kann man auf solch eine drastische Weise auch lernen. Nur wie viele von solchen drastischen Fällen muss es geben, um eine ganze Ich-ich-Generation umzukrempeln und zu einer Wir-wir-Generation zu machen und damit eine Win-Win-Situation zu erreichen?

Strenge muss sein. Keilerei nicht. So ganz verpönen sollte man drastische Maßnahmen ihrer Klarheit wegen aber auch nicht. Oma und Opa sind geeignete Mittelsmänner zwischen Holzhammer und Samthandschuhen. Sie werden selten handgreiflich, greifen aber durch. Was Mütter und Väter oft als rohe Gewalt ansehen, betrachten Omas und Opas eher als geeignete Erziehungsmaßnahme.

Das Kind macht mit zwei Jahren in den Topf und nicht mit vier Jahren noch in die Windeln! Also, Topf her, Kind drauf. Basta. Das herzzerreißende Protestgeschrei des auf den Topf Gezwungenen macht bald der Tränen versiegenden Erkenntnis Platz, dass Pippi im Pott besser ist als Pippi im Bett. Eine echte Alternative also, noch dazu, wenn der so erreichte Erfolg mit freudigem Beifallklatschen honoriert wird, zuerst von Oma und Opa, natürlich, und dann von allen anderen, die von diesem Erfolgserlebnis in Kenntnis gesetzt werden. Erfolg macht süchtig!

Faustregel

Die süßen kleinen Enkelchen werden ja mal groß, um nicht zu sagen, richtig groß – größer als Oma! Die Oma sieht das zwar auch, aber manchmal auf ganz eigene Art. „Du wächst mir zwar über den Kopf, aber nicht über die Faust!"

Richtlinien

Erziehung ist eine Grundvoraussetzung zur Lebenstüchtigkeit. Ein Bäumchen, das nicht durch Stützen und Schädlingsbekämpfung zu einem stolz aufgerichteten Baum wird, wächst nur irgendwie und manchmal nicht immer so, dass es anderen Schutz und Schatten bietet. Der Baum wird krumm, für andere zum Hindernis und verliert selbst an Halt. Das zu verhindern, ist eine Aufgabe der Erzieher.

Aber auch Erzieher brauchen Richtlinien. Und zwar ganz klare. Keine Wischi-Waschi-Theorien, keine schwammigen Multifunktionsauslegungen, sondern begründete Verhaltensanweisungen. Die kann man entweder lernen oder nachlesen.

Die 10 Gebote

Nehmen wir einmal die 10 Gebote. Das sind klare Anweisungen „Du sollst nicht!" inklusive Konsequenz bei Nichtbefolgung „damit ...". Nur, die 10 Gebote kennt heute keiner mehr oder nicht mehr komplett. Ist ja auch kein Wunder. Religion ist kein Pflichtfach. Die ganze Rechtsprechung basiert zwar auf der christlichen Lehre – mit „h" nicht mit „e" – aber die 10 Gebote sind trotzdem lesenswert. Wo stehen die noch mal?[14] Die arme Kirche, evangelisch wie katholisch, hier steht sie und kann nicht anders, Gott helfe ihr. Sie zieht Massen in ihren Bann – siehe Kirchentage oder Papstwahl. Aber bieten diese auch die Grundlage, die christliche Lehre zu verinnerlichen und letztlich auch außerhalb solcher Events zu leben?

Die christliche Lehre ist für normale Sterbliche viel zu schwer. Christen brauchen Charakter, Widerstandskraft und Durchhaltevermögen. Das lernt man, das ist nicht angeboren! Und wie lernt man das? Und wann? Oder durch wen?

Die Kirchenväter fallen als Lehrmeister aus, weil ihre Autorität zu schwach ist oder die Andersdenker zu stark, um Religion als Pflichtfach durchzusetzen. Mit dem Islam als Schulfach zum Beispiel gibt es weniger Probleme. Der Islam baut Moscheen. Man wird sich dran gewöhnen, heißt es. Man baut ja auch Synagogen, an die man sich gewöhnt hat. Aber gewöhnen wir uns im christlichen Abendland auch an christliche Kirchen, die zu ganz und gar weltlichen Amüsierbetrieben, sprich Kneipen, umfunktioniert werden? Gibt es nicht? Doch. Gibt es!

„Don Camillo" ist nicht etwa ein temperamentvoller Gottesmann, sondern eine Gaststätte[15], in der sogar teilweise noch das Kirchenmobiliar steht. Der Pfarrer sieht's offenbar mit Grausen, aber

---

[14] 2. Buch Mose, Vers 20.

[15] in Willingen und anderswo

mit Demut. „Dein Wille geschehe, oh Herr! Wenn Du willst, dass man Dir zuprostet, statt Dich anzubeten, dann wirst Du dir schon etwas dabei gedacht haben. Sonst hättest Du das doch nicht zugelassen!" Wenn die Kirche ihre Kirchen verkaufen muss, gibt das zu denken, erst recht, wenn eine völlig neue Verwendung gefunden wird. Eine Kirche als Kneipe ist doch originell. Wenigstens schenkt man dort noch Klosterbier aus. Und der Pfarrer ist ja auch noch da für seine Schäfchen, nur eben jetzt als Kellner. Die Schäfchen finden das gut. Endlich beweist die Kirche mal Volksnähe. Gut, das ist sarkastisch. Aber beginnen wir nicht schon, die wirklich Gläubigen zu belächeln?

Der liebe Gott hat Oma zu sich gerufen. Klein-Paula will sich damit nicht abfinden. „Oma hat immer gesagt: Der liebe Gott kann alles. Dann kann er doch auch machen, dass Omi wiederkommt!"

Brückenbauer

Omas und Opas! Erkennt Euren Wert! Ihr seid Brückenbauer, füllt die Leere. Ihr seid Lückenfüller, keine Lückenbüßer! Das Defizit an Wertvorstellungen beseitigt ihr durch natürliche Autorität, durch bewusste Strenge, durch beharrliches Immer-wieder-Sagen und Immer-wieder-Zeigen und Immer-wieder-Erklären und Immer-wieder-Tun und zwischendurch jede Menge Knuddelei. Das braucht Zeit. Und Zeit haben Omas und Opas viel mehr als andere. Zeit wird hier nicht vergeudet und schon gar nicht geopfert. Sie wird sinnvoll investiert, und das in eine Zukunft, an der auch die Omas und Opas selbst noch teilhaben werden. Omas und Opas denken mehr darüber nach, was sie der Jugend überlassen, was sie ihr hinterlassen oder aufbürden, als umgekehrt. Denken die Jugendlichen nicht mehr? Doch, an Spaß! Für die Alten zu sorgen macht keinen Spaß. Nur wenn Oma und Opa aufpassen und sich rechtzeitig einbringen, wird es den Jungen Spaß machen, den Alten eine Freude zu bereiten oder sich gar für sie verantwortlich zu fühlen und sich für sie einzusetzen oder ihnen ihren Platz anzubieten. Es gibt einen Spruch, den jeder, egal in welchem Alter, beherzigen sollte:

Ehret die Alten, denn Ihr seid, wie sie waren,
und Ihr werdet sein, wie sie sind.

Ehre! Ja, es gibt sie noch. Nur, nachdem man diesen Begriff in der Vergangenheit überstrapaziert hat, ist dieser neu zu definieren. Ehre den Alten gegenüber ist die im eigenen Verhalten ausgedrückte Dankbarkeit für Leistungen, deren Wert man erst später durch die eigene Erfahrung erkennt. Bis dahin muss sie gelehrt und gelernt werden, das heißt, es muss die Erkenntnis vermittelt werden, dass scheinbar Alltägliches, scheinbar Normales keineswegs selbstverständlich ist. Und wer könnte das besser als Oma und Opa?

Nachholbedarf

Angehende Omas haben anders als real existierende Großmütter noch Nachholbedarf an sympathiekonformen und zukunftsorientierten Verhaltensweisen.

Dabei ist es eigentlich verwunderlich, dass es keinen Lehrfilm oder keinen VHS-Kurs gibt zu einem Thema wie „Umgang mit Enkeln und anderen Naturkatastrophen" (frei nach einem Filmtitel). Vermutlich, weil es dann zwei Kursrichtungen geben müsste, einmal für die Enkel, die noch keine Naturkatastrophen sind, sondern noch süß und formbar, und für solche, die es bereits zu einer naturkatastrophalen Meisterschaft gebracht haben. Man kann das wissenschaftlich sehen[16] oder sich auf eigene Ärgernisse oder Verwunderungen oder Bewunderungen beziehen.

---

[16] „Warum unsere Kinder Tyrannen werden" von Michael Winterhoff

Wunschtraum

Der innere Wunsch nach dem Ungewöhnlichen, nach dem Herausragen aus der Masse, nach dem Besonderen, nach Bewundertwerden oder nach Reichtum wird mangels Fähigkeit, Ausbildung oder Ungelegenheit selten Realität. Je mehr man sich seiner Durchschnittlichkeit bewusst wird, desto intensiver klebt der Forscherblick an allen Handlungen der Sprösslinge auf der Suche nach dem verkappten Genie. Der Wunsch, was man selbst nicht geschafft hat, in seinem Nachwuchs wiederzufinden, treibt manchmal groteske Blüten und das Pflegepersonal wie den Pflegling an den Rand des Wahnsinns.

Formt das Kind aus Papier ein Röhrchen und pustet hinein, bekommt es sofort eine Flöte. Haut es mit dem Stöckchen ein Steinchen in die Gegend, bekommt es einen Hockeyschläger oder je nach Elternhaus ein Anfängergolfset. Spielt es mit Autos, sieht man den künftigen Rennfahrer, und zieht sich ein Kind zurück und liest lieber intensiv Bücher, statt zu chatten, ist das ein besorgniserregender Fall für den Psychiater.

Bleibt auf dem Teppich, Leute. Ein Genie – falls ein solches unter uns weilen oder entstehen sollte – bahnt sich seinen Weg. Allerdings muss man ihm auch Wege öffnen und ebnen, das heißt, auf die Sprünge helfen. Je jünger die Genies, desto höher ihre Sprunghaftigkeit und desto schlechter die Erkennbarkeit ihrer besonderen Veranlagungen oder Begabungen. Singt es gern und bewegt es sich im Takt beim Hören von Musik, kann man versuchen, verschiedene Töne zu erzeugen, indem man unterschiedlich große Gläser mit einem Holzstöckchen anschlägt. Die nächste Steigerung wären Glöckchen aus Metall oder besser noch ein Xylophon (aus Holz bitte!). Einfach spielen lassen und mitspielen, mitsingen, mitlachen. Das macht allen Beteiligten Spaß und entwickelt ein Gefühl für Klang und Rhythmus. Der Erkenntniskreisel dreht sich damit schneller und schneller, bis er anhaltend, dauerhaft und melodiös brummt.

MoMo

Ein interessantes Vorhaben in diesem Zusammenhang ist die Absicht einer Musikschule (in Monheim am Rhein), ein Kinderorchester an Grundschulen zu gründen. Ein großartiges Vorhaben, wenn es gelingen sollte, und es sieht ganz danach aus. Das Modell dazu nennt sich MoMo (Monheimer Modell) und bezeichnet ein Musikförderprojekt,[17] das besagt, dass an jeder Grundschule ein Kinderorchester vorhanden sein soll. Wen das interessiert, kann sich die neuesten Daten dazu aus dem Internet holen. Siehe Fußnote.

Das Ziel ist, den Musikunterricht der Musikschule mit dem ersten Schuljahr zu verzahnen und alle Grundschulkinder zu erreichen. Im September 2010 wurde in einem Feldversuch an Grundschulen entsprechendes Unterrichtsmaterial ausprobiert, so wurde jedenfalls berichtet.

Bei MoMo, der „Musikschule für alle", arbeitet die Musikschule mit allen heimischen Grundschulen zusammen. Durch MoMo erhalten alle Kinder einen Gratisunterricht in ihrer Grundschule mit dem Schwerpunkt „Instrumente". MoMo bezieht Förderschulen wie die Leo-Lionni Schule mit ein. Die Kosten für die Langenfelder Leo-Lionni-Schüler trägt die Stadt. Für alle Kinder ist zu hoffen, dass MoMo ein voller Erfolg wird und viele Nachahmer findet – und wo erforderlich und möglich auch Sponsoren oder Unterstützer oder engagierte Befürworter wie Omas und Opas, denen es Freude machen würde, mit den Kindern zu musizieren und MoMo zu einer Bereicherung in ihrem Leben und in dem der Kinder werden zu lassen. Wenn MoMo ein Erfolg wird, und daran besteht eigentlich wenig Zweifel, dann werden womöglich auch hier qualifizierte Kräfte knapp, sodass man vielleicht gern auf ehemalige Musiklehrer oder Großeltern mit musikalischer Ausbildung oder Ambition zurückgreift. Ehrenamtlichkeit ist Ehrensache.

---

[17] www.monheim.de/kultur/musikschule

Erziehung durch Musik

Es gibt noch eine andere Bestrebung der Musikerziehung, die die Journalistin Ursula Posny in einem Zeitungsbericht erläuterte. Demnach startet ein Pilotprojekt[18] in Düsseldorf unter Federführung des Jugendamtes, das für die Eltern kostenlos ist und bisher von Sponsoren finanziert wird. Hier geht man davon aus, dass alle Kinder musikalisch sind, aber keinen Spaß am Musizieren finden oder den Spaß daran verloren haben. Der Grund liegt oft in einem harten Drill oder in einer fantasielosen Förderung, was schon so manches Talent im Keim erstickt hat. Fünf ganz besonderen Kitas der Stadt passen auf, dass das nicht mehr geschieht. Mit einer Vielzahl an kleineren und größeren Instrumenten und einem Musikpädagogen als Honorarkraft dazu soll die Freude an Musik geweckt und gefördert werden, zusätzlich unterstützt durch den Besuch von „richtigen" Musikern.

Musikkindergarten

Das Ziel ist nicht die Musikerziehung oder der Instrumenten-Unterricht, sondern die „Erziehung durch Musik". Ein großes Vorbild dafür ist der von Daniel Barenboim 2005 gegründete und bisher einzige Musikkindergarten in Berlin. Dort liegen in jedem Raum Instrumente griffbereit im Regal. Das Spielzeug mit Löchern, Klappen und Saiten darf auch aufgeschraubt und auseinandergenommen werden. Man kann auch Instrumente „erfinden". So wird eine Papprolle zur Trompete oder ein bespannter kleiner Holzbogen zum Zupfinstrument. Der Dirigent Barenboim[19] fordert sogar: „Musik muss wie das Atmen wieder eine natürliche Lebensäußerung sein."

---

[18] ab August 2010

[19] Am 30.10.2010 wurde Daniel Barenboim mit dem Preis des westfälischen Friedens ausgezeichnet.

Kitas und Jugendämter

Studien haben längst erkannt, dass der Umgang mit Klängen, Tönen und Rhythmen nicht nur die musikalische Seite der Kinder, sondern auch das logische Denken und sogar die mathematischen Fähigkeiten fördert. Musik sensibilisiert die Wahrnehmung, die Feinmotorik und das Gehör. Sie beeinflusst das soziale Verhalten und baut Aggressionen ab. In den Kitas lenkt jeweils ein Musikpädagoge die Neugier und Entdeckerfreude in die richtigen Bahnen. Das erfordert die ständige Anwesenheit einer bezahlten Fachkraft. Die Kosten sind hoch und nur durch Sponsoren zu decken. Tonhalle, Oper, Jugendmusikschule und Jugendamt bilden mit dem Sponsor ein Netzwerk, in dem die Kinder auch professionelle Musiker erleben sollen. So finden die Kleinen echte Vorbilder und die Vorbilder junge Zuhörer, vielleicht darunter die Symphoniker von morgen.

Um auch Kindergärten unabhängig vom sozialen Gefüge mit Musikinstrumenten auszustatten und geeignetes Lehrpersonal zur Verfügung zu stellen, bedarf es weiterer Anstrengungen und der finanziellen Unterstützung durch große Firmen oder Konzerne. Angestrebt werden Musikkindergärten in allen Stadtbezirken, die Vertragspartner der Stadt werden und als Anreiz eine Art „Kulturführerschein" zum Ziel haben. Man kann im Interesse aller nur hoffen, dass dieses Vorhaben gelingt und in der ganzen Bundesrepublik Nachahmer findet.

Malen

Natürlich gibt es noch andere förderungswürdige künstlerische Tätigkeiten, deren Talent oder Begabung erkannt und herausgearbeitet werden sollte. Ein Maltalent wird erkannt, wenn man an seinen Kreationen auch ohne erkennbare Gegenständlichkeit Gefallen findet, allein durch die Art der Farb- und Formgebung. Manche Fingerfarbenbilder sind wahre Hingucker an Farbenfreude und Kombinationsgabe und werden als Geburtstagsgeschenke von den Beschenkten liebevoll aufbewahrt. Deswegen ist das aber noch nicht der Frühwarnhinweis auf ein angehendes Genie. Eltern und Großeltern finden solche Gemälde fast immer einmalig, sind also nicht unbedingt ein Erkennungsmaßstab für Genialität, wohl aber ein eifriger Förderer der Mal- und Schaffensfreude.

Das Chaos aus aufgeweichten Farben, verkleckerten Mischversuchen und schwer zu entfernenden Kreativitätsspuren nehmen Großeltern gelassen in Kauf. Sie setzen einem aufblühenden Genie keine Saubermannsgrenzen. Die Freude am Schaffen wird nicht gebremst. Die strahlenden kleinen Künstler mit ihren fantasievollen Werken lassen die nachfolgenden Reinigungsorgien für Oma geradezu nichtig erscheinen. Wozu gibt es Reinigungsmittel und notfalls Opa?!

Erkennen und fördern von Hochbegabten

„Entwicklungsschnelle" Kinder, wie sich die Kinderärzte ausdrücken, wird es immer geben. Unterforderte Kinder werden von den Erziehern oft als „Wahrscheinlich hochbegabt" angesehen. Um das „wahrscheinlich" in ein sicheres Erkennen umzuwandeln, hat sich beispielsweise die Stadt Düsseldorf um die Begabtenförderung in sofern verdient gemacht, als sie ihre Pädagogen im Erkennen von Talenten ausbildet. Somit werden Begabungen nicht nur erkannt, sondern auch über entsprechende Kitas (Kindertagesstätten) gefördert.[20] Ob nicht auch Opas und Omas darin ausgebildet werden könnten – zumal diese ja ehrenamtlich oder für geringes Entgelt arbeiten können und wollen – wäre einer Nachfrage bzw. einer Überlegung wert. Und wenn man stolze Oma eines begabten Enkels ist, und wissen will, wie man denn Begabungen nicht nur erkennt, sondern auch

---

[20] Competence Center Begabtenförderung (CCB), Düsseldorf

fördert, dann kann man sogar ein Diplom machen, sofern man zugelassen wird.

Noch immer gibt es Grenzen, die ein verstaubtes „Altersdenken" setzt. Damit wird behauptet, dass sich ab einem gewissen Alter eine Förderung „nicht mehr lohnt", wohl weil die verbleibende Lebenszeit nicht mehr genügend Raum für die praktische Nutzung des Gelernten lässt. Wann ist endlisch Schluss mit dieser diskriminierenden Verallgemeinerung? Durchgefütterte Alte?! Von wegen! Sie sind Wirtschaftsfaktoren! Sie zahlen nämlich für so eine Ausbildung, und zum Zahlen sind sie doch wohl nie zu alt! – Also, weiter zum Thema „Diplom". Wer weiß schon, wenn er nicht gerade Lehrer ist oder war, dass man ein sogenanntes ECHA-Diplom[21] machen kann?

ECHA Diplom

ECHA steht für „European Council for High Ability" und hat zum Ziel, den Unterricht für Hochbegabte nach Maß zu gestalten, damit die unterforderten Kinder sich nicht langweilen, aufmüpfig werden, den Unterricht stören, zum Nervtöter mutieren und als Schreckenskind mit entsprechender Ablehnung durch ihre Umgebung oder gar Förderer (Lehrer) letztlich ihrer eigenen Weiterentwicklung im Wege stehen. Mit diesem Lehrgang von immerhin etwa 500 Stunden erwirbt man sogar einen klangvollen beruflichen Titel, nämlich den des „Specialist in Gifted Education". Einen entsprechenden deutschen Titel gibt es nicht. Vielleicht „Fachmann für Begabtenförderung" als Vorschlag.

Das klingt nicht nur gut, sondern rechtfertigt auch eine angemessene Bezahlung für so manche Oma oder Leih-Oma, die für ihr wertvolles Wissen auch Anerkennung in Form eines Honorars erwarten darf oder dürfen sollte. Leistung ohne Ansehen der Person? Nein.

---

[21] www.icbf.de/echa.html

Hier ist die Leistung untrennbar mit der Person verbunden, die Vorbild und Orientierungspunkt sein muss. Aber Leistung ohne Ansehen des Alters? Ja! Das Ehrenamt bleibt ja erhalten, denn ohne Freiwillige sind viele Projekte schlicht nicht durchführbar.

Potenzielle Erzieher auf Abruf

Es gibt viele Möchtegern-Omas. Warum diese also nicht zu Kann-auch-Omas umschulen? Es fehlen doch Erzieher. Hier wäre ein großes Potential! Ein Vorteil und eine Möglichkeit für den flexiblen, d.h. stunden- oder halbtagsweisen Einsatz von Omas (und auch Opas): eine schöne Aufgabe, keine Einsamkeit, Gedanken- und Erfahrungsaustausch mit Gleichaltrigen und Gleichgesinnten und letzten Endes ein Zubrot, das mancher schmalen Rentenkasse gut tun würde und das vielleicht auch für ein kleines persönliches Extra reicht. Sinn macht es auf jeden Fall, wenn man gute Leute sucht und diese auch in Rentnern findet, die diese Aufgabe freiwillig und gern übernehmen würden, wenn man sie ihnen denn anvertraute.

Vielleicht denken die zuständigen Stellen in der Regierung mal darüber nach und „bestrafen" die Rentner nicht mit Steuerabzügen, wenn diese sich etwas dazu verdienen wollen und sollen, denn ihr Verdienst für die Allgemeinheit ist weit höher zu bewerten als das in Rede stehende Honorar. Es gibt eine versteckte oder auch offene Angst vor der Einsamkeit.

Laut einer repräsentativen Umfrage der Apotheken-Umschau aus dem Jahre 2010 ist die Furcht, ohne Freunde und Familie einsam zu werden, keine Tatsache allein für älter werdende Menschen, sondern in Deutschland auch schon bei den Jugendlichen zwischen 14 und 19 vorhanden. Und diese Angst steigt ständig weiter an, konkret von 2008 bis 2010 um 10%! Dazu wäre es vielleicht angebracht, folgende Tatsachen zu berücksichtigen:

Tagesmütter und Tagesgroßmütter

Es wird Pflegepersonal benötigt nicht nur in der Altenbetreuung, sondern vor allem auch in der Kleinkinderbetreuung. So werden dringend Tagesmütter gesucht. Die Betreuung durch Tagesmütter (Tagesväter, Tageseltern) findet im Haushalt der Tagesmutter statt oder im Haushalt des Erziehungsberechtigten. Die Pflegedauer ist abhängig vom Bedürfnis der Eltern. Die Anzahl der betreuten Kinder im Hause der Tagesmutter oder Tagesgroßmutter ist begrenzt. Mehr als fünf Kinder sollte sie nicht betreuen. Tagesmütter brauchen nicht nur Nerven, sondern auch eine Ausbildung, mit der sie sich dann in der Praxis die soziale Kompetenz erwerben, auf jeden Fall aber ein erweitertes polizeiliches Führungszeugnis!

Ziel bis 2013 ist nicht nur die Verbesserung der Qualifizierung von Tagesmüttern, sondern auch die Bereitstellung eines Betreuungsplatzes für jedes dritte Kind in NRW. Ab 2013 haben nämlich alle Kinder, die älter sind als ein Jahr, einen Rechtsanspruch auf einen Platz! Derzeit (2010) gibt es landesweit (NRW) 16.000 Betreuungsplätze. Das ist nicht genug. Die Landesregierung will deshalb die Kinderbetreuung durch Tagesmütter deutlich stärken, nicht nur mengenmäßig, sondern auch qualitativ. Und das muss sie auch. Und zwar hurtig. Die Qualifizierung über einen Zertifikatslehrgang[22] für Tagesmütter und -väter dauert eine gewisse Zeit und kostet auch etwas. Manchmal werden diese Kosten von der Stadt übernommen, die solche Stellen besetzen möchte.

Vielleicht sollte man auch einmal eine Umfrage unter den möglichen Tagesgroßmüttern, Großvätern oder Tagesgroßeltern starten, in wieweit deren Bereitschaft zum Engagement überhaupt gegeben ist und unter welchen Bedingungen. Danach kann man Jung und Alt oder besser ausgedrückt Unerfahrene und Erfahrene zusammenbringen. Das Miteinander zählt.

---

[22] Info auch über www.efa-duesseldorf oder über die VHS

Für den Beruf des Erziehers oder der Erzieherin gibt es seit 2004 sogar eine akademische Ausbildung, die an verschiedenen Hochschulen angeboten wird. Die Namen der Studiengänge sind unterschiedlich und sollen in einer Konferenz der Jugendminister vereinheitlicht werden.

In einer Beschreibung des Batchelor Studiums in Köln (Batchelor ist ein Begriff, der den meisten Großeltern, aber auch vielen Eltern nichts sagt) heißt es zum Ausbildungsziel:

Ausbildungsziel

Umfassende Kompetenzen für die Wahrnehmung und pädagogische Unterstützung kindlicher (Selbst-) Bildungs- und Entwicklungsprozesse sowie für Elternbildung".

Module des Studiums in Freiburg sind „Grundlagen kindlicher Welt- und Selbstkonstruktion", „Entwicklungs- und Lernpsychologie", „Spielpädagogik" und „Sprachdiagnose" oder „Förderung bei Entwicklungsstörungen".

Studiendauer: sieben bis acht Semester.

Voraussetzung: Abitur, Fachhochschulreife oder unter bestimmten Voraussetzungen eine Zugangsprüfung.

Ist ja alles schön und gut, aber warum das nicht auch in komprimierter Form für engagierte Großeltern, falls diese das möchten.

Erfahrene Omis gehen das praktischer an. Ihnen sind solche akademischen Bezeichnungen nicht unbedingt geläufig. Ihr Verhalten wird gesteuert und dominiert von ihrem Wunsch nach Liebe und Zuneigung durch die betreuten Kinder. Hier könnte die Praxis der Lebenserfahrenen die Theorie der Lehrinstitute auf hervorragende Weise ergänzen.

Fazit

Mit anderen Worten, das, was theoretisch gelehrt wird, wird durch gestandene Praktiker beurteilt und für gut befunden und unterstützt oder für nicht gut befunden und durch eine praktischere Lösung ersetzt! Zitat einer Ausbilderin aus Moers:

„Grundsätzlich meine ich, dass zu einer leiblichen Oma bisher keine Ausbildung erforderlich gewesen ist. Warum sollte eine an Enkelkindern interessierte Dame eine pädagogische Ausbildung absolvieren? Für Eltern gibt es bislang auch noch keinen Führerschein oder einen Eltern-TÜV. Traditionell sind die Pädagogen ebenfalls nicht immer die besten Eltern gewesen, wie bei Wilhelm Busch nachzulesen ist. Für gute Eltern kommen bestimmte Eigenschaften wie die richtige Mischung aus Fürsorglichkeit, Verständnis, Toleranz und das Setzen von Regeln oder Grenzen in Betracht, während bei den Großeltern, auch den Leih-Omas, neben der Erziehung der Kinder vor allem größere Gelassenheit, mehr Verständnis, Hilfen in Auseinandersetzungen mit den Eltern und das Erfüllen von manchen Extrawünschen im Vordergrund stehen." Dem ist nichts hinzuzufügen. Oder doch?

Erwachsensein auf Probe

Vielleicht sollte man hier kurz einmal auf den untauglichen und missglückten RTL-Versuch „Erwachsen auf Probe" eingehen, in dem 17- und 18-Jährige den Umgang mit Babies ausprobieren sollten. Zum Glück waren die Babies nur Puppen, wobei man möglichst praxisnah sogar Schreipuppen ins Spiel brachte, um die nervliche Belastung zu testen. Diese Sendung zielte auf ein Millionenpublikum ab. Die pädagogische Nützlichkeit oder Notwendigkeit war hier weniger wichtig als die Einschaltquote. Diese Sendung hielt sich nicht lange.

Ähnlich ging es mit der Serie der „Super-Nanny", einem Kindermädchen für schlimme Fälle in zerrütteten Familien oder asozialen Verhältnissen. Ob das Wirken dieser Super-Nanny von den einschlägigen Pädagogenkreisen gutgeheißen oder zerrissen wurde, ist weniger wichtig als die Tatsache, dass diese Szenen durchaus der Realität entsprachen und dass diese nicht selten beim Betrachter größtes Unbehagen auslösten oder gar Gänsehaut verursachten, wenn man sich vorstellte, dass man selbst einmal mit so einer Situation in Berührung kommen könnte, zum Beispiel durch eine missglückte Verbindung der eigenen Kinder mit ungeeigneten, fiesen oder abhandengekommenen Lebenspartnern und entsprechend verzogenen Bälgern, die sich allen Regeln widersetzen, welche die Voraussetzung für ein friedliches Zusammenleben bilden. Hier ist die Oma gefordert, aber nicht selten auch überfordert.

Schrei nicht, wenn Du kannst

An dieser Stelle passt es vielleicht, auf einen Umstand hinzuweisen, der keine tätliche Tat beinhaltet, sondern eine stimmliche. Die Stimme kann schneidend sein und verletzen oder Angst einflößen. Eine reale Begebenheit soll das verdeutlichen. Ein junges Paar gerät mitten auf der Straße in Streit. Die junge Frau hält einen Kinderwagen fest. Neben ihr ein junger Mann in schlacksiger Kleidung, Baseballkappe über die Augen gezogen, mit aggressiver, leicht vorgebeugter Haltung. Er reagiert heftig auf etwas, was die junge Frau sagt. Seine Stimme wird lauter, er hebt die Arme, dann schreit er los, laut, unbeherrscht, bedrohlich. Die junge Frau antwortet nicht oder sagt etwas nur ganz leise. Das stachelt den Keifenden wohl noch mehr an. Er brüllt schließlich so laut, dass man ihn noch zwei Straßen weiter hört. Das Baby fängt an zu weinen. Das ist ihm egal. Er fährt fort, unflätige Ausdrücke zu benutzen und Frau und Kind zusammenzuschreien, bis es einer Passantin zu dumm wird und sie ihn auffordert, sich zu mäßigen. Der aber giftet: „Das geht Sie nichts an. Halten Sie sich da raus."

Aber die Passantin lässt sich nicht einschüchtern. „Sie brüllen so laut, dass man sich gar nicht heraushalten kann. Ich fühle mich hochgradig belästigt. Sie sind doch nicht alleine hier. Es gibt auch noch andere Leute, auf die Sie Rücksicht nehmen sollten." Geholfen hat das nur für einen Augenblick. Die junge Frau mit dem Kinderwagen setzt sich in Bewegung. Er hinterher. Wieder fängt er an zu schreien und zu gestikulieren, sodass die Passantin ernsthafte Bedenken bekommt, er könne der Frau oder dem Kind etwas antun. Also geht sie hinterher. Der Kerl beschimpft die beiden weiter mit großer Lautstärke. Die Welt um ihn herum existiert nicht. Schließlich biegt er in eine Seitenstraße ein und läuft einfach davon, während die junge Frau geradeaus weitergeht und den Kinderwagen mit dem weinenden Kind vor sich herschiebt. Die Passantin sieht ihr noch eine Weile nach. Die junge Frau und das Kind tun ihr leid. Als sie sieht, dass keine unmittelbare Gefahr mehr besteht, dreht sie um.

Erst jetzt kommt ihr der Gedanke, sich zu fragen, was sie denn im Ernstfall getan hätte, wenn dieser rabiate primitive Kerl tatsächlich auf die Frau und das Kind losgegangen wäre. Zum Glück brauchte sie sich die Antwort nicht mehr zu geben, aber sie wusste, dass sie irgendetwas getan hätte. Was in aller Welt hatte die Passantin bloß bewegt, diesem penetrant schreienden Kerl und der jungen Frau mit dem kleinen Kind nachzugehen? Das kann wohl bloß eine besorgte Mutter erklären oder eine Oma.

Streiten und sich anschreien wirkt verheerend auf Kinder, insbesondere auf kleine Kinder. Sie verspüren Angst, sind hilflos ausgeliefert. Babies schreien, wenn sie Angst haben oder Schmerzen empfinden.

So klein sie auch sind, sie empfinden Geschrei auch von anderen als Schmerz, dem sie nicht ausweichen können. Das erzeugt ein

Gefühl der Hilflosigkeit und Angst. Was soll aus so einem Kind wohl werden? Jetzt weint es noch, später brüllt es vielleicht und schlägt zu. Ist Aggressivität wirklich angeboren? Oder nur vorgelebt?

Großeltern sind große Eltern

Kinder werden immer erst mit Eltern oder Elternteilen in Verbindung gebracht. Das ist richtig, oder besser gesagt, nicht ganz richtig. Neben den Eltern gibt es auch Paten, Erzieher, Betreuer und andere Personen, die sich beruflich oder privat mit den Kindern beschäftigen und deren Entwicklung beeinflussen. Die Großeltern sind die Eltern der Eltern, nur um eine Generation voraus. Sie mischen die Erfahrungen und Erkenntnisse ihrer Generation mit den Gegebenheiten von heute und wirken damit ausgleichend und beruhigend. Der Begriff Großeltern bezeichnet also große Eltern, in die man Hoffnungen und Erwartungen setzt, sofern man noch große Eltern hat. Und das kann heute erfreulich lang sein.

Wenn die Kinder erst einmal Eltern geworden sind, betrachten sie ihre Eltern mit ganz anderen Augen. Sie erkennen sich in ihnen wieder, sie begreifen, was diese für sie getan haben, als sie klein waren. Aber so muss es wohl gewesen sein, früher, als die heutigen Eltern so klein waren wie ihre eigenen Kinder heute. Klammheimlich oder ganz offen bringen sie dann ihren Dank und/oder ihre Bewunderung zum Ausdruck – einmal im Jahr, zum Muttertag nämlich, denn der Muttertag schließt alle Mütter ein, auch die Mütter der Mütter und die Mütter der Mütter der Mütter!

Dann malen die kleinen Kinder Bildchen oder basteln etwas, und die großen Kinder setzen einen Muttertagsgruß in die Zeitung, die die Muttertagsmutter dann am Frühstückstisch überraschen soll, wie zum Beispiel die folgende, die am 8. Mai 2011 unter vielen anderen Muttertagsgrüßen in einer Tageszeitung stand:

„Herzlichen Dank an unsere liebe Mama und Oma. Während uns im Stehen die Augen zufallen, singst Du mit unseren zahnenden Zwillingen immer noch Backe-Backe-Kuchen. Dabei baust Du gleichzeitig einen Lego-Turm mit unserem Töpfchen-Verweigerer. Du bist einfach einmalig. Weiter so!"

Die Durchschnittsoma ist laut Statistik heute 52 Jahre alt, das ist doch gewiss kein Alter, in dem man sich schon auf Wolke 7 vorbereitet! Es gibt noch viele Lego-Türmchen zu bauen!

Durchschnittsalter

Interessant zu lesen ist, wie alt deutsche Großeltern bei ihrem ersten Enkelkind sind, nämlich zwischen 50 und 60 Jahre gleich 45,6%, zwischen 40 bis 50 Jahre 36% und vor dem 40. Geburtstag 2.9%. Das Durchschnittsalter in Deutschland beträgt 42,5 Jahre.[23] Die deutsche Bevölkerung ist damit die älteste in der EU. Aber auch die Weiseste?

Der jüngste Familienreport (2010), den 14 unabhängige Experten der derzeitigen Familienministerin übergeben haben, besagt, dass Großeltern in Deutschland im Vergleich zu Europa die meiste Zeit mit der Betreuung ihrer Enkel verbringen! Von wegen gebrechlich, schrullig, nicht belastbar!

Die neue Familienministerin hat ja schließlich jetzt auch eine Familie und damit auch eine Oma und einen Opa. Mal sehen, was sie aus der Forderung macht, ältere Mitbürger künftig nicht mehr nur als graue Masse zu betrachten, die Kosten und Probleme verursacht, sondern auch als Menschen, die Fähigkeiten besitzen, die genutzt werden könnten und sollten.

---

[23] Quelle: Eurostat

Profi-Eltern

Es werden auch Profi-Eltern gesucht. Profi-Eltern sind Familien oder Paare, die bereit sind, Kinder in ihrem Haus aufzunehmen und ihnen ein neues Zuhause zu geben, also nicht stunden- und tageweise, sondern für eine geraume Zeit, meist ein paar Jahre, in denen dem Kind das Gefühl für ein neues Zuhause vermittelt werden kann. Wenn so ein kleines Kind dann in einer Familie aufwächst, betrachtet es die dort bereits vorhandenen Geschwister als seine großen Schwestern oder Brüder und umgekehrt. Das ist ein wichtiger sozialer Kontakt, der bis in die Zukunft reicht. Das evangelische Kinder- und Jugendhaus in Bochum definiert deshalb die Voraussetzung für Profi-Eltern mit pädagogischer Ausbildung, kindgerechtes und stabiles Umfeld. Ob das auch für homosexuelle Paare und Regenbogenfamilien gilt?

Homosexuelle Eltern

Eine Adoption durch homosexuelle Paare ist sehr wohl möglich, wenngleich auch selten. Erstaunlicher Grund: Es gibt zehnmal mehr adoptionswillige Paare als Kinder, die Adoptiveltern suchen. Homosexuelle Paare können in Deutschland eine eingetragene Partnerschaft eingehen, die der Ehe zwischen Mann und Frau rechtlich allerdings nicht gleichgestellt ist. Grundlage ist das Lebenspartnerschaftsgesetz, das die rot-grüne Bundesregierung im Jahr 2001 verabschiedet hat. Weltweit gesehen, hat Argentinien als erstes lateinamerikanisches Land die Homosexuellenehe eingeführt. In neun weiteren Ländern gilt sie bereits auf dem gesamten Staatsgebiet.

Immer mehr Männer und Frauen bekennen sich zu ihren Neigungen. Diese werden nicht mehr schamhaft verschwiegen, sondern hemmungslos öffentlich bekannt gegeben, wie die Überreichung eines Verdienstordens für den tierischen Ernst. Gegen eine direkte Vermehrung hat die Natur allerdings einen Riegel vorgeschoben.

Das heißt aber nicht, dass sie ohne Familie, das heißt, ohne Kinder sein und bleiben wollen. Bei Frauen kommt dieser Nestbautrieb stärker vor als bei Männern, wobei man bei dem Begriff von Mann und Frau bei Schwulen und Lesben schon mal ins Schleudern kommen kann.

Also merket auf, Ihr seufzenden Eltern, auch gleichgeschlechtliche Paare können unter gewissen Umständen Kinder haben, wenn der Adoption zugestimmt wird.

Ein Lichtblick also in Glühwürmchenformat für Mütter, die glauben, aufgrund der Eigenart ihrer Sprösslinge nie Oma werden zu können! Nur nicht aufhören. Die Hoffnung stirbt zuletzt!

Im Juli 2009 gab Justizministerin Brigitte Zypries eine Adoptionsstudie in Auftrag, die herausfinden sollte, ob das klassische Elternpaar, bestehend aus Mutter und Vater, ersetzt werden kann durch zwei Mütter oder zwei Väter. Theoretisch ja, praktisch nein, denn das Kind kann dann keine „komplementären Elternteile" erleben, wie das eigentlich beabsichtigt war.

Natürlich kann man Verantwortung auf verschiedene Weise übernehmen. Aber dann könnte das doch auch zum Beispiel eine stabile Dreierbeziehung oder eine stabile Wohngemeinschaft.

Die Erfahrung aus Alltag und Geschichte allerdings zeigt, dass die klassische Familie eine ganz besondere Verantwortungsgemeinschaft ist. Aber auch die klassische Familie ist stark im Wandel begriffen. Die alten Muster sind aufgeweicht. Die stabile Bindung durch die Ehe wird ersetzt durch eine labile Beziehung, die zwar auch dauern kann, aber die aufgrund ihrer Zerbrechlichkeit irgendwie nichts Halbes und nichts Ganzes darstellt. Auch wenn die Oma zu diesen „unordentlichen Verhältnissen" nichts sagt oder zu sagen wagt, beglückt ist sie darüber bestimmt nicht.

Profi-Großeltern

Zieht man, solange man noch kann, die Möglichkeit in Betracht, früher in Rente zu gehen sowie die Fitness der „Alten" im Allgemeinen, dann sollte man langsam, aber sicher neben den Profi-Eltern auch die Profi-Großeltern ins Kalkül ziehen. Die, die wollen, natürlich, nicht die, die das entrüstet von sich weisen. In dem schlimmen Fall der verhungerten 3-jährigen Sarah, der durch die Presse ging, haben die Großeltern nach den Angaben des zuständigen Jugendamtes überlegt, das Sorgerecht für den 4-jährigen Bruder zu beantragen. Also, wenn das Sorgerecht auf die willigen Großeltern übergehen kann, dann dürfte das wohl weit besser sein, als so ein Kind in ein Heim zu geben. Natürlich sollte auch das Kind gefragt werden, falls es nicht zu klein dazu ist. Aber dann auch so, dass es nicht vor lauter Angst etwas Falsches sagt. Es hat einen anderen Fall gegeben, in dem das Jugendamt ein kleines Mädchen abholen wollte, das sich aber so sehr an ihre Oma geklammert hat, dass die Frau vom Jugendamt das Kind mit Gewalt entfernen musste und auch wollte. Nur dem Umstand, dass ein Kameramann dabei war, der diese herzzerreißende Szene mit ansehen musste und gefilmt hat, war es zu verdanken, dass das Kind schließlich da bleiben durfte, wo es bleiben wollte und damit auch, wo es hingehörte, bei ihrer Oma. Ob das später noch ein Nachspiel hatte, ist nicht bekannt.

Kinderheime

Bekannt ist allerdings, dass es selbst in Kinderheimen unter christlicher Führung, im vorliegenden Fall durch Nonnen, zu Demütigungen und Schlägen der ihnen anvertrauten Kinder gekommen ist. Ähnliche Berichte kamen von staatlichen Erziehungsheimen aus den 50er und 60er Jahren. Die Berichte sind glaubhaft. So etwas kann man sich nicht ausdenken.

Die beabsichtigte christliche Erziehung wurde durch völlig un-christliche Handlungen zunichtegemacht. Es wurde sogar berichtet, dass es zu Selbstmorden unter den Heimkindern gekommen sein soll. Auch das ist glaubhaft, wenn auch schwer zu begreifen.

In einem wahren Fall hatten die Eltern eines sehr krank gewese-nen Kindes, das in Folge der langen schweren Krankheit mit dem Lernen nicht auf gleicher Ebene wie seine Altersgenossen stehen konnte, das Kind voller Überzeugung in eine bekannte Klosterschule gegeben, dass hier eine Gott gefällige, liebevolle und geduldige Be-treuung gegeben sei.

Es war nicht leicht gewesen, einen Platz in diesem Kloster zu bekommen, und es ist den Eltern des Kindes auch nicht leicht gefal-len, die hohen Kosten dafür aufzubringen. Sie glaubten, das Beste für ihr Kind getan zu haben.

Umso entsetzter waren sie, als sie eines Tages einen Brief von ihrem Kind erhielten, in dem stand: „Wenn Ihr mich nicht sofort hier rausholt, springe ich aus dem Fenster!"[24] Die geschockten Eltern holten ihr Kind sofort ab und retteten ihm damit vermutlich das Le-ben.

Erst viel später erfuhr die Öffentlichkeit von solchen unglaubli-chen Vorgängen und von den seelischen Schäden, die ein solches Martyrium bei den Kindern, also den jetzigen Erwachsenen hinter-lassen hat. Vielleicht sind diese armen Kinder heute selbst Großel-tern.

Großeltern sind keine Heiligen, aber sie sind trotzdem die bes-ten Betreuer der Welt, gleich nach den liebevollen Eltern. Den glei-chen Stellenwert haben Profi-Eltern und Profi-Großeltern mit Herz.

---

[24] Das Kind ist der Autorin bekannt.

Lohn für Unbezahlbares

Es gibt zwei Arten von potentiellen Profi-Betreuern, solche, die sich langweilen und sich irgendwo sinnvoll einbringen wollen, und solche, die sich etwas dazu verdienen wollen oder auch müssen. Beide Motive sind gleich stark. Die Tarife[25] liegen für Erzieher im ersten Berufsjahr zwischen 2040 Euro bei einer an einer Fachschule ausgebildeten Fachkraft und 2140 Euro bei einer an einer Hochschule ausgebildeten Fachkraft. Der Fachkräftemangel hier ist offensichtlich und begründet sich auch in der Tatsache, dass zum Beispiel in den ostdeutschen Kitas nach der Wende viel Personal eingespart wurde und meist nur die älteren Kolleginnen bleiben konnten, die jetzt in Rente gehen.

„Erzieherinnen werden bald händeringend gesucht werden!" prophezeit Norbert Hocke, Hauptvorstand der Gewerkschaft Erziehung und Wissenschaft in Frankfurt/Main.

Der Idealfall wäre eine überschaubare Ermittlung des Bedarfs und der Bedarfsdeckung, zum Beispiel durch dafür geeignete Personen, Arbeitslose inbegriffen, die ja ohnehin dann auf ihre Aufgaben noch einmal neu vorbereitet würden. Warum werden Strukturanalysen, die die altersmäßige Zusammensetzung der Bevölkerung einer Stadt oder eines Landkreises zeigen, nicht durch hilfreiche Zusatzangaben wie kaufmännische oder technische oder pflegerische Ausbildung ergänzt? Das Alter allein ist doch heute gar nicht mehr aussagefähig genug. Statt wertvolles Wissen ins Ausland zu verlieren, könnte der Staat oder das Land oder die Stadt oder der Landkreis die äußerst nützliche Tätigkeit der Weitergabe von Erfahrungen im Inland angemessen honorieren, statt diese Wissensträger ins Ausland gehen zu lassen, um dort ehrenamtlich an Schulen zu unterrichten und ihre Kenntnisse an dortige Betriebe weiterzugeben. Wissen Sie eigentlich, wie viele das sind? Eine Menge!

---

[25] Aktuelle Zahlen müssen erfragt werden.

Experten

2009 haben sich laut Zeitungsbericht über 8100 Senioren bei einer Senior Expert Service Organisation gemeldet, die Rentner ins Ausland vermittelt.[26] Diese Rentner suchen lediglich nach einer Aufgabe bzw. nach einer für sie befriedigenden Tätigkeit, da sie sich mit dem Eintritt ins Rentenalter langweilen und sich noch fit für anspruchsvolle Aufgaben fühlen. Die anderen suchen nach etwas mehr Lebensqualität, die sie auf diese Weise gleich doppelt erfahren, einmal durch die Einkommensverbesserung und zum anderen durch den so lebenserhaltenden sozialen Kontakt. Das ist gut für den Leistungserbringer und für den, für den diese Leistung erbracht wird. Viele Lücken könnten so durch bereitwillige Omas und Opas gefüllt werden, wenn diese animiert und motiviert und letztlich auch unterstützt würden, den Kindern und Jugendlichen im eigenen Land eine Perspektive zu geben.

Am 19.10.2009 wurde in einem Bericht der NRZ gemeldet, dass laut Verdi im Kreis Mettmann fast 5100 Senioren Geld hinzu verdienen müssen, weil die Altersrente nicht ausreicht. Die Rentner in Minijobs hatten nach den Zahlen der Bundesagentur für Arbeit um knapp 50% zugenommen. Ganz abgesehen davon, dass auch diese 400-Euro-Jobs nicht einfach zu finden sind, hätten auch Witwen eine Chance, ihre zu kleine Rente aufzubessern.

Sind arme Omas schlechte Omas?

Sind arme Mütter schlechte Mütter? Sind arme Omas schlechte Omas? In der heutigen Zeit, wo das Materielle das Ideelle zu überwuchern droht, mag der Gedanke „Ich kann dem Kind nichts bieten" der Grund für Zurückhaltung sein. Dabei bieten gerade arme Omas etwas ganz Besonderes, nämlich sich selbst. Diese Form des Ein-

---

[26] www.ses-bonn.de/senior-experten

bringens vermittelt Gefühle, die das zum Ausdruck bringen, was man Liebe nennt und das Sozialverhalten begreifbar machen.

Hier liegt ein riesiges Potenzial, das genutzt werden könnte, wenn Familien- und Arbeitsministerium zusammenarbeiten würden. Vielleicht kommt das ja noch, wenn erst einmal einer den Finger auf diese Wunde gelegt hat, ohne gleich verteufelt oder weggeschlossen zu werden! Gut für Kinder, die sich ohnehin manchmal mehr zu Betreuerinnen im Oma-Alter hingezogen fühlen als zu Jüngeren oder zu ganz jungen Berufsanfängern, die zwar viel theoretisches Wissen und beruflichen Elan mitbringen, die aber noch am Anfang ihres Berufslebens stehen und damit über noch nicht genügend Erfahrung verfügen können.

Neben dem natürlichen Geschick im Umgang mit kleinen Menschen bedarf es allerdings noch der Einbeziehung der Moderne, also der Umgang mit den Kommunikationsmöglichkeiten von heute. Sie soll das persönliche Gespräch zwischen Oma und Enkel nicht stören oder gar ersetzen. Manchem fällt das leicht, anderen nicht. Hat man aber erst einmal die Scheu vor dem Unbekannten verloren und fängt an durchzublicken, dann eröffnen sich ganz neue Welten. Die anfängliche Ablehnung macht der Erkenntnis Platz, dass das Mischen der alten Erfahrungen mit den neuen Gegebenheiten zu frappierenden Ergebnissen führen kann – sehr zur Freude der Enkel.

Oma modern

Ein schönes Beispiel dazu ist „Oma Christel".[27] Als ihr Mann sich einen Computer kaufte, wollte sie auch damit umgehen können. Nachdem sie aus dem Kampf mit der Maus siegreich hervorgegangen war, gewann sie mehr und mehr Routine und damit Spaß und Können im Umgang mit der modernen Informationstechnologie.

---

[27] Bericht in einer Schülerzeitung

Heute chattet sie im Internet, kommuniziert mit der Enkeltochter über Bild-Telefonie und bearbeitet digitale Fotos. Sie wäre eine Bereicherung für jeden Schulunterricht. Tolle Oma. Enkel und Oma kommunizieren jetzt auf einer Ebene. Das fördert den gegenseitigen Respekt.

Oma mobil

Die Zusammenarbeit von Schule, Vorschule und Eltern ist unabdingbar. Einer allein kann das nicht. Wenn sich Oma um den Nachwuchs auf professionelle Weise kümmert, also von der naturbelassenen Oma zur berufsmäßigen Erzieherin umfunktioniert wird, dann ist das Omasein ein Vollzeit-Job. Dieser verlangt Mobilität. Hin- und Hertransport zwischen Einsatzort (Schwimmstadion, Musikschule, Sportstätte etc.) und Zuhause ohne Führerschein geht nicht. Wenn Opa aber nicht zustimmt, weil Oma mehr Zeit mit dem Enkel verbringt als mit ihm, er also nicht mehr in Vollzeit betüddelt wird, dann ist das ein Problem. Nicht nur für Oma und Opa, sondern auch für das angehende Genie. Denn Miesepeter-Opas und Versorgungshetze-Omas sind der Harmonie heischenden Förderung des Nachwuchses abträglich. Meistens findet sich aber eine Lösung und sei es nur die Abfindung des Vernachlässigten mit der gegebenen Situation, weil er darin vielleicht auch einen gewissen friedensbringenden Sinn erkennt.

Es gibt Omas, die hatten noch nie einen Führerschein. Und es gibt welche, die machen ihren Führerschein noch mit 70 und geben ihn dann wieder ab mit 100, ungern natürlich. Die Autos werden ja immer kleiner und handlicher, meist haben sie Automatik. Nur noch bremsen und Gas geben. Einparken von selbst auf Knopfdruck und Rückwärtssetzen mit Pieptonsteuerung. Oma blickt durch, egal ob mit Gleitsichtbrille oder Kontaktlinsen. Führerschein mit 70? Warum nicht? Wo liegt das Problem? Nur Millionäre gehen zu Fuß.

Oma zu Fuß

Eine besondere Spezies von Großmutter ist die Fußgeh-Oma. Diese sind besonders dann gefragt, wenn es Orte gibt, an denen man zu Fuß gehen und überall stehen bleiben muss – beim Gassigehen mit dem Hund oder beim Besuch im Zoo zum Beispiel. Aber selbst hier hat man dem Müßiggang (ein mittlerweile vergessenes Wort) Tribut gezollt, indem man niedliche Eisenbahnen, stoische Ponys oder praktische Bollerwagen gegen Entgelt für mögliche Schlappmacher – sprich Enkel – anbietet.

Ein Besuch im Zoo oder auch in einem Erlebnispark ist nicht nur unterhaltsam und lehrreich, sondern auch ein Super-Fitnesstraining, bei dem man die Gangart und die Unterbrechungen selbst bestimmen kann – Eis holen, Pippi machen, Spielwiese heimsuchen usw. Die teilweise kilometerlangen Strecken durch Gehege, Dschungellandschaften und Andenkenläden sorgen für den Ausgleich an Bewegung des sonst eher bewegungslosen Daseins. Zoogehen ist auch viel besser, als Gassistehen oder das Abhalten von Strampelmaratonsitzungen im Finess-Studio.

Nordic Walking ist da schon besser. Viel besser. Der Umgang mit den Gehkrücken ist nicht nur ein gutes Training für später, wenn die Kraft nur noch für Slow Motion reicht, sondern ein interessanter Aspekt auch für Enkel. Wieso? Enkel machen immer alles gern nach.

Wenn Oma zügig voranschreitet und sich mit den Wunderstöcken Schritt für Schritt vorwärts schubst, dann ist das für die kleinen Nachahmer so etwas wie Sackhüpfen ohne Sack. Nur dass die kleinen Gefolgsleute den Weg vom Ziel noch nicht so recht unterscheiden können.

Hier kommen Omis und Opis ganz groß raus. Sie erzählen beim Wandern spannende Geschichten. Sie machen ein Loch in einer Baumwurzel zu einem Zwergenhaus, verwandeln ein Stöckchen in einen karoverzierten Zauberstab, bauen in den Wanderpausen aus

Steinen kleine Staus an Bächen oder basteln Mini-Wasserräder oder Flösse aus herumliegenden Ästchen.

Mitnahme-Tipps für Opis: Taschenmesser und Bindfaden. Tipps für Omi: Kekse und Pflaster. Beschäftigung allein ist nicht das Gebot der Oma-Enkel-Kombistunde, sondern eine sinnvolle Beschäftigung.

Oma real

Dauerparken der Kinder vor dem Fernseher, damit die Eltern einer Beschäftigung nachgehen oder eine Verschnaufpause einlegen können, ist verständlich, aber auf Dauer keine sinnvolle Beschäftigung für das Kind auf dem Weg zum Erwachsenwerden.

Oder was sollen Kinder für ihr späteres Leben aus Monstern und Bedrohungen mit viel Angst- und Wehgeschrei lernen?! Vielleicht sind das diejenigen, die sich im Supermarkt auf den Boden werfen und schreien, weil sie sich vielleicht in diesem Labyrinth aus vielen Menschen, riesigen Regalen und schweren Einkaufswagen eingekesselt und bedroht fühlen?

Auch überzeichnete Figuren mit Quellköpfen, Zwergenwuchskörpern und Glubschaugen sind als Vorbilder nicht gerade Highlights. Aber sie werden geliebt. Warum, weiß eigentlich keiner so recht. Vielleicht, weil sie so sein dürfen, wie sie sind? Fehlerhaft, ängstlich, bunt und laut.

Geschwister als Regulativ, die sich gegenseitig geradebiegen und in die Schranken verweisen, sind ja heute mehr als rar, von wenigen Ausnahmen abgesehen.

Nicht jeder kann sich selbst beschäftigen. Ein Spielkamerad ist da schon besser. Aber mit wem spielen? Ganz einfach: mit Oma. Oma ist real.

Die Enkel-Hierarchie

Omas haben eigentlich immer Zeit, wenn sie nicht gerade auf dem Selbstverwirklichungstrip sind und damit für die Welt aller Großen und Kleinen verloren. Der Gegenpart oder besser die Ergänzung zur Oma ist also der Enkel.

Enkel sind aber genauso vielfältig wie ihre Omas. Zunächst mal süß und klein, dann bockig und 3-Käse hoch, später I-Dötzchen und ab dann entweder ein Prachtmensch oder missraten. Daraus folgt:

Stufe 1 – Babys

Es gibt Mikro-Enkel. Das sind die Winzlinge, die entweder schlafen oder strampeln oder herzzerreißend heulen oder oma-dahinschmelzend lächeln können.

Stufe 2 – Krabbelkinder

Daraus werden dann die Mini-Enkel. Das sind die Krabbeltierchen, die auf ihrer Erkundungstour eine Spur der Verwüstung hinterlassen, mehr ein Problem für die Mammi als für die Ommi.

Stufe 3 – Kindergartenkinder

Danach kommen die Kita-Enkel, welche die Kindertagesstätten lebhaft durch unerschöpflich kombinationsfreudige Kreativität unterstützt durch Knete, Klebstoff, Buntpapier, Speisereste oder Kleiderwirrwar, auf eindrucksvolle Weise mitgestalten.

Die Kitas schließen meist schon nachmittags, weil da wohl die Schmerzgrenze des Erziehungspersonals erreicht ist.

Stufe 4 – Schulkinder

Der Schul-Enkel ist das Ergebnis der elterlichen und vorschulischen Mischung aus Schmusekurs und Strenge, aus interner Erfahrung aus der Familie und externer Ergänzung durch die Erzieher in den Kitas. Wenn die Enkel den ersten Bildungsweg einschlagen und den hübschen Titel „I-Dötzchen" tragen, dann steigen auch die Anforderungen an Eltern und Großeltern.

Wer muss lernen – Oma oder Enkel?

Hilfe bei den Schularbeiten – bei manchen abgeschafft, da man das in der Schule erledigt – ist eine zweischneidige Sache. Die Großeltern rechnen meist anders als die Enkel. Das Ergebnis ist zwar gleich, aber der Rechenweg ist anders.

Erschwerend kommt hinzu, dass die Unterrichtspläne in den verschiedenen Bundesländern nicht einheitlich sind. Schulbuchaustausch ist also nicht unbedingt hilfreich. Hilfreich wäre, wenn man einen Lehrer in der Nähe hätte, den man fragen könnte. Aber die sind entweder nicht da oder zu beschäftigt. Hilfe oder Nachhilfe ist also nicht einfach.

Fremdsprachen

Auch ist Hilfe in einer Fremdsprache nicht immer möglich. Die Großeltern können eher Latein als Englisch. Und die Eltern können oft gar keine Fremdsprache mehr, denn die Schulenglischreste sind längst abhandengekommen.

Englisch ist auch nicht Englisch. Es gibt ein amerikanisches Englisch und ein britisches Englisch und in Deutschland gibt es auch noch das Denglisch. Englisch ist zwar eine bevorzugte Fremdsprache, da sie in den meisten Ländern verstanden wird. Aber hier ist das oft eine Mischung aus amerikanischem und britischem Englisch, was man vor allem an der Aussprache erkennt. Die Anforderungen an die Sprachkenntnisse werden aber größer. Längst ist Englisch nicht mehr die allein seligmachende Weltsprache.

Sprachen im Lehrplan

An den Schulen in Nordrhein-Westfalen gelten jetzt neue Lehrpläne für den Fremdsprachenunterricht – und das in acht (!) zusätzlichen Fächern. Diese Zusatzsprachen sind Chinesisch, Griechisch, Italienisch, Japanisch, Niederländisch, Portugiesisch, Russisch und Spanisch. Das wurde mit den Kultusministern nach den Bildungsstandards festgelegt. Insgesamt werden fünfzehn (15!) Fremdsprachen gelehrt. Gut für Kommunikation und Business.

Dass hier Engpässe auftreten, ist fast abzusehen. Aber vielleicht bietet sich auch hier eine Chance für Senioren, um dieses Wort auch einmal zu benutzen, die zwar keine Lehrer sind, aber durchaus Sprachkenntnisse vermitteln könnten, wenn man sie mit entsprechender Unterrichtsliteratur versorgt und in Kursen zu Fragen der Grammatik und des Wie-erkläre-ich-was unterrichtet.

Es geht aber auch einfacher. Eine Oma erinnerte sich an ihren Französischunterricht. Ihre damalige Lehrerin liebte Reime, weil sich Reime gut merken lassen. Einer dieser Sprüche war:

> Voulez-vous mit mir promener
> dans la rue de Pappelallee?
> Non, Monsieur, das kann nicht être,
> mein Papá sitzt am fenêtre.

Heute hätte der junge Mann wohl kein Problem mehr mit dem Spaziergang, denn heute guckt kein Vater mehr aus dem Fenster, und selbst wenn, wäre das der Tochter wohl egal.

Die Zeiten wandeln sich. Die Sprache auch. Sprachen lernt man auch leichter, wenn man fremdsprachliche Lieder singt. Das geht sogar sehr gut. Die Melodien zu „Sur le pont d'Avignon" oder „How much is that dog in the window" kennt fast jeder.

Viele singen Texte, ohne sie zu verstehen, rein phonetisch also. Das gilt auch für Schlagersänger. Sie hören sich das einfach ab. Aber mit einer Erklärung, was der Text bedeutet, und instrumentaler Begleitung wird das Ganze ein Spaß. Aber noch sind wir nicht soweit. Bis es soweit ist, kann sich jeder, der will, entsprechend vorbereiten, das heißt Texte beschaffen und singen üben. Siehe auch „Sing-Omas".

Andere Fächer

Erdkunde ist weniger problematisch, da sich die Erde nur sehr langsam verändert und man deshalb den Atlas zu Hilfe nehmen oder Google Earth bemühen kann. Auf der Erde herumzugoogeln ist spannend. Da lernen auch die Omis und Opis noch gern – womöglich von den Kindern oder gar von ihren pfiffigen Enkeln! „Guck mal, Omi, Mama und Papa sind daaaa!" Der kleine Zeigefinger piekt auf einen Punkt in der Landschaft. Und wenn man mit Mama und Papa dann noch gleichzeitig telefoniert, ja dann fühlt man sich wie ein Adler, der über der Welt schwebt und sein Ziel erspäht, mit dem er auch noch sprechen kann. Ein tolles Erlebnis. Erdkunde wird dadurch greif- und begreifbar.

Lern-Omas und Lern-Paten

Also, die Schulfächer sollte man sich besser ansehen, bevor man hilfreich eingreifen möchte. Oder sich bei den Lernpaten Rat und Hilfe holen, unter denen sich ja oft ehemalige Lehrer befinden. Es gibt mittlerweile eine Initiative, die Schülern hilft, die mit sich und den Schulnoten Schwierigkeiten haben, so z.B. (Zitat) Zappelphilippe, Klassenclowns oder die ewigen Schweiger. Nicht immer kann der Lehrer helfen. Die „Lernpaten" schon. Die Lernpatengruppe besteht hauptsächlich aus Pensionären.[28]

Ehrenamt

Ehrenamtlichkeit ist Ehrensache! Aber vielleicht ändert sich das ja eines Tages, wenn man zu der Überzeugung gelangt, dass eine gute Arbeit auch honoriert werden sollte, und zwar nicht nur mit einem Dankeschön. Hilfe ist wertvoll.

Es geht bei den Lernpaten weniger um das Pauken von Lehrstoff, sondern vielmehr um die Stärkung der Persönlichkeit der Kinder. Man geht auf das Kind ein, macht es aufgeschlossener und regt es zu eigenem Tun an. Von der Persönlichkeitsbildung – so die Idee – profitieren auch die schulischen Leistungen.

Es gibt bereits Schulen, die auffällige Schüler an die Lernpaten weitervermitteln. Bei den Schulen mit Ganztagsunterricht werden sogar „Lernpaten"-Stunden in den Unterrichtsplan eingebaut! Das Angebot reicht bis zur Klasse 6 und soll vor allen Dingen solchen Jungen und Mädchen helfen, deren Eltern sich keine Nachhilfe leisten können. Lernpaten sind kostenlos – noch. Der Bedarf wird steigen.

Ein Lernpate zu werden ist eine riesige Chance für Omas (und Opas), die nach ihrem Beruf noch etwas Sinnvolles tun möchten.

„Oma on demand" wäre das richtige Neudeutsch in unserer Gesellschaft, in der die Kleinen schon ab drei Jahren Englisch lernen (sollen). Denglisch ist ja heute leider schon die allgemeine Umgangssprache.

---

[28] www.lernpaten-hilden.de

Kinder gibt es nicht mehr, es gibt nur noch Kids. Eine Leistung ist heute eine Performance (sprich: pörfoomänz mit Betonung auf foo), also ist man auch nicht mehr leistungsfähig, sondern performant. Besonderheiten versteht man eher, wenn man diese mit Highlights bezeichnet. Und unterhalten tut sich auch keiner mehr, man kommuniziert oder chattet ...

Virtuelle Freundschaften

Der Umgang und die Beherrschung von Computer und Internet, die als zukunftsentscheidendes Wissen über eine amerikanische Kette an Knirpse vermarktet wird, birgt eine Gefahr, die eine Computerhörigkeit vernebelt: Sie macht süchtig. Und nicht nur das. Sie macht einsam. Viele Kinder spielen nicht mehr mit anderen Kindern. Sie sitzen zu Hause vor dem Fernseher oder vor dem Computer.

„Meine Freunde treffe ich alle im Chat!" „Mein virtuelles Leben gefällt mir besser als mein richtiges Leben." „Ich bin den ganzen Tag online."

Viele Kinder haben im Internet eine eigene Seite in Netzwerken wie MySpace oder SchülerVZ. Sie treffen dort andere Kinder, tauschen Bilder oder kurze Nachrichten aus. Nicht immer läuft dort alles so, wie es soll. So beschimpfen oder hänseln sich die Kinder. Es passiert aber auch noch anderes, was für Kinder nicht gut ist. So geben sich manchmal Erwachsene für Kinder aus. Die Kinder denken dann, dass sie sich mit Kindern unterhalten und bauen Vertrauen auf. Es ist wichtig, dass die Kinder das wissen, denn wer Kinder so täuscht, hat nichts Gutes im Sinn.

Der Schutz der Kinder im Internet sollte verstärkt werden. Am besten ist jedoch eine Aufklärung in den Schulen durch offizielle Stellen wie beispielsweise der Polizei oder durch Eltern und Großeltern oder Lehrer.

Avatar

Wie schwierig es ist, Kinder vom Internet, insbesondere von Onlinespielen abzuhalten, erklärt die Tatsache, dass es nicht nur Suchthilfen gibt, die über Unis und Ärzte vermittelt werden, sondern auch über das Internet selbst.

Laut einem Bericht der NRZ vom Juni 2010 gibt es einen „Internetfriedhof für virtuelle Figuren". Die ersten „Gräber" sollen eingerichtet sein. Das bundesweit einmalige Projekt der Stadt Frankfurt soll Computerspielsüchtigen helfen, sich von ihrem künstlichen Charakter, dem sogenannten „Avatar" zu verabschieden. In den Fantasiewelten kämpfen Monster, Magier und Krieger mit anderen Gestalten. Mit zunehmender Spielsucht verlieren Verabredungen mit Freunden an Bedeutung. Der Süchtige soll seinen „Avatar" beerdigen, wenn er eingesehen hat, dass diese Computerspiele wie Rauchen sind. Man kennt die Gefahr und tut es trotzdem." Das Projekt ist eine Zusammenarbeit von Gesundheitsdezernat, Drogenreferat und Studenten der Academy of Visual Arts.

PC so wichtig wie TV?

Einer Studie zufolge haben 95% (von 10.000 Befragten) einen Laptop zu Hause und jeder Dritte sogar ein eigenes Gerät im Kinderzimmer.[29]

Interessant in diesem Zusammenhang ist, dass ein Hartz-IV-Empfänger keinen Anspruch auf Übernahme der Kosten für die Erstanschaffung eines PCs hat. Ein Personalcomputer gehört nicht zur Erstausstattung einer Wohnung; ein Haushalt lasse sich problemlos auch ohne einen PC führen.[30]

---

[29] NRZ Bericht 2009
[30] Az: L6 AS 297/10 B)

Ist das nun Weitblick, Kurzsicht oder Geiz?! Natürlich kann man Essenkochen, Bettenmachen oder Einkaufen auch ohne Computer erledigen. Aber beim Einkaufen kann man über das Internet, wenn man Glück hat, ganz große Dinge zu ganz kleinen Preisen ersteigern – und umgekehrt, wie folgende wahre Geschichte beweist.

Da hatte doch so ein kleiner Pfiffikus am Computer herumgespielt, mit seinem Fingerchen hierhin und dorthin getippt und schließlich die Enter-Taste erwischt. Damit hatte er eine Bestellung aufgegeben. Die Mutter fiel aus allen Wolken, als ein paar Tage später ein Lastwagen vorfuhr und einen Bagger ablud. Nur dem entsetzten Gesichtsausdruck der Mutter und der absolut glaubwürdigen Versicherung, dass für ihr kleines Häuschen kein Bagger gebraucht würde, war es zu verdanken, dass der Auftrag storniert und der Bagger wieder mitgenommen wurde. Seitdem steht der Computer unter Verschluss und der Sohnemann unter verschärfter Aufsicht.

Seh(n)süchtig

Es ist nicht nur die Suche nach Informationen im Internet, zum Beispiel für Aufgabenlösungen bei den Schularbeiten. Meist sind es Computerspiele. Und das stundenlang. Wenn er oder sie gar nicht mehr aufhören kann, besteht dann Suchtgefahr?[31] Es gibt ja auch Erwachsene, die ihre ganze Freizeit vor dem Fernseher verbringen und die sonst nichts mehr interessiert.

Die Kreativität der Kinder schrumpft mit der Dauer der virtuellen Sitzung. Gespräche finden so nicht mehr statt. Die Sprache verkümmert. Wortreiche Erklärungen oder das mühselige Lernen der Rechtschreibung und das oft noch mühsamere Lesen werden ersetzt durch Bildchen (Symbole, abstrahierte Männchen oder tierähnliche Scheusslinge) mit der löblichen Absicht, die Merkfähigkeit des Kin-

---

[31] www.klinik.uni-mainz.de/verhaltensucht

des zu unterstützen. Motto: Man merkt sich besser, was man sieht, als was man liest. Klar doch. Man liest ja auch nicht mehr. Bestenfalls noch Sprechblasen. Und darin steht auch nicht immer reines Hochdeutsch! In der Tat erkennt man die Klotüren für Männlein und Weiblein eindeutig eher am Piktogramm, als an der Beschriftung. Gut für internationalen Publikumsverkehr.

Piktogramme

In Japan werden aus diesem Grunde Schulbücher übersäht mit Bildchen. Solche Lesebücher zum Ansehen[32] werden heute in Japan als besonders pädagogisch und lernfördernd betrachtet und dementsprechend gestaltet. Folgerichtig mündet das in einer computergesteuerten Wissensvermittlung an den Schulen, selbstverständlich oder vorsichtshalber gleich mit Bildchen auch für die Lehrer!!![33] Man wird sich daran gewöhnen wie an die Symbole auf den Handys.

Verhindern, dass die Kinder verlernen, miteinander zu sprechen, und dass sie nicht mehr lesen, sondern nur noch Bildchen interpretieren können, kann nur jemand, der mit diesen gefährdeten Kindern etwas unternimmt und das möglichst außerhalb der vier Wände, in denen man ohnehin allzu oft und viel zu lange sitzt.

Da Vater und Mutter aber häufig keine Zeit haben oder überhaupt nicht zu Hause sind, wäre das eine feine Aufgabe für alle, die ein Herz haben für Kinder. Und das müssen nicht unbedingt nur die leiblichen Omis und Opis sein, die das ganz nebenbei auch noch ehrenamtlich tun, sondern auch professionelle Betreuer. Dass diese ganz schön gefordert sind, merkt man erst, wenn man deren Arbeit zwangsweise übernehmen muss, weil der Kindergarten geschlossen bleibt oder bestreikt wird.

---

[32] Japanese Visual Instructions – Winners of Japan Manual Award 2007
[33] www.scoyo.de

Beständigkeit

Diskontinuität, also das Unbeständige, das ewig Wechselnde, das immer wieder Andere, das macht zu schaffen. Das immer Gleiche ist ein Orientierungspunkt, ein Wiedererkennungseffekt, eine Art Geländer, an dem man sich den Berg hinauf in die Zukunft hangelt. Aber wenn das Geländer wackelt, Lücken aufweist und keinen sicheren Halt mehr bietet, dann ist ein solches Zuhause kein Ausgangspunkt für eine gesunde Entwicklung, sondern eine Brutstätte für Fehlentwicklungen.

Wenn man bedenkt, dass man solche traumatisierten Kinder zu ihren Eltern zurückschicken will oder muss, weil kein Geld mehr da ist, dann sagt einem doch jeder gesunde Menschenverstand, dass man ja nur einen Krieg weniger zu unterstützen oder unnötige Millionenprojekte zurückzustellen oder ganz zu streichen brauchte, und schon wäre für weit Wichtigeres Geld da, nämlich die Investition in eine menschenwürdige und lebenswerte Zukunft. Mit anderen Worten: Wenn traumatisierte Kinder aus problematischen Familien herausgeholt und nach einiger Zeit von den Pflegefamilien wieder dorthin zurückgebracht werden müssen, nur weil das Geld für die Pflegeeltern fehlt, dann riskiert man die gesamte Investition in diese Kinder. Das kann es doch nicht sein.

Pflegefamilien brauchen manchmal Jahre, um ein traumatisiertes Kind wieder zu einem unbelasteten Kind zu machen. Und Kinder brauchen Jahre, um das Vergangene zu vergessen, die Gegenwart zu akzeptieren und damit die Zukunft zu bejahen und positiv mitzugestalten. Wenn Großmütter oder Großeltern die Betreuung übernehmen, sofern sie das noch können und wollen, dann ist ihnen das hoch anzurechnen – buchstäblich – denn Oma ist und bleibt immer präsent, bis sie eines Tages selbst abberufen wird.

Auch die Leih-Omas, die in intakte Familien kommen, gehen eine Beziehung zu den Kindern und den Eltern oder Elternteilen ein.

Das ist auch erwünscht. Je kleiner die Kinder, desto intensiver ist diese Beziehung. Sind die Kinder älter, sehen sie in ihrer Leih-Oma eher eine große Freundin, die die Langeweile verscheucht und auch einmal ein Kümmerchen vertreibt. Ein schönes Gefühl für die Leih-Oma wie für jede Oma.

Gemeinschaft „Grün-Gold"

Man sagt so schön, Ehrenämtler seien nicht zu bezahlen. Damit meint man keineswegs, dass sie zu teuer wären, sondern dass ihre Bezahlung – meist nur eine Aufwandsentschädigung – in keinem Verhältnis zum Nutzeffekt ihres Einsatzes steht. Aber wenn man das schon einsieht, warum sorgt man – in diesem Fall die entsprechenden Stellen in der Regierung – nicht für volle Kassen und macht das, was jede Hausfrau tun würde, nämlich etwas zurückstellen oder streichen, was Geld kostet, um dieses Geld zu sammeln und für das bereitzuhalten, was notwendig oder vordringlich ist? Ganz einfach. Weil hier – in der Regierung – keine Hausfrauen am Werke sind, sondern eine Ansammlung von Vertretern jeweils eigener Interessen, die nicht miteinander harmonieren: Die Brücke muss her! Was kümmert mich das Kulturerbe? Der alte Bahnhof muss weg! Was kümmert mich der Denkmalschutz?

Solche Beispiele kann man beliebig fortsetzen. Würde der oberste Entscheider wie eine Hausfrau handeln, dann würde er zuerst in sein Portemonnaie sehen und dann entscheiden, was Priorität 1 hat. Aber wenn es eben nicht nur einen Entscheider gibt, sondern deren ganz viele, dann gibt es eben ganz viele Interessen mit ganz vielen Priorität 1 Wichtigkeiten, was zwangläufig zu einer Kettenkollision führt, die letztlich mehr kostet als nutzt. Ein Kriegseinsatz weniger, ein Prestigeobjekt weniger und dieses Geld in die von verantwortungsvollen Großmüttern in die *Grün-Gold*-Kasse legen, das wäre eine Lösung. Damit brauchte man nicht händeringend nach Freiwilligen und Ehrenämtlern zu suchen, sondern könnte diese hochmotivierten und engagierten Menschen für ihren Einsatz auch wirklich belohnen – aus der Grün-Gold-Kasse nämlich. Warum Grün-Gold? Weil *Grün* für die Hoffnung steht, Hilfe leisten und empfangen zu können, und *Gold* für das Herz aus Gold, ohne das es einfach nicht geht.

Der Bund der Steuerzahler weist jährlich eine Unsumme nach, die verschwendet wird. Diese Summe allein würde ausreichen, um mehr Betreuer auszubilden und zu bezahlen, die sich um Kinder und Jugendliche verdient machen. Turngeräte, Musikinstrumente, Bücher, Ausflüge, Besuche von Bildungsstätten, Zoos und vieles Andere bis hin zu Bastelstuben. Ja, sogar Lehrwerkstätten und andere Einrichtungen könnten aus diesem Topf bezahlt werden.

Aber es gibt so einen Auffangtopf für unnötige Verschwendung zugunsten nötiger Maßnahmen nicht – oder *noch* nicht? Gäbe es Strafen für Verschwendung, dann wäre der Grün-Gold-Fördertopf eine echte Auffangschale, um die Strafe für Verschwendung in eine Belohnung für Zuwendung umzuwandeln. Es müssten keine wichtigen Dinge liegen bleiben, nur *weil kein Geld da ist*, während für Dinge, die die wenigsten von uns brauchen oder wollen jede Menge Geld da zu sein scheint oder geliehen werden kann (siehe Schuldenuhr).

Nicht nur die Schaffung einer solchen Grün-Gold-Gemeinschaft wäre eine große Aufgabe, sondern auch deren Verwaltung. Einer allein kann das nicht, aber eine Person an der Spitze, die mit *einer* Stimme für alle und an alle spricht, sollte es schon sein. Diese Person muss frei sein vom Verdacht der persönlichen Bereicherung, sie darf nicht beeinflussbar sein und sie muss ausreichend Erfahrung haben im Umgang mit Einzelpersonen und Medien. Irgendwo gibt es diese Art große Mutter fürs Volk. Wer sucht, der findet. Vielleicht Frau Käßmann?!

Mama ist Teil von Oma

Oma ist konstant. Oma ist Oma. Oma bleibt Oma. Oma ist bekannt. Oma ist ein Fels in der Brandung. Oma erteilt Verweise. Oma bietet Schutz. Oma lacht gern. Oma schimpft auch mal. Oma ist wie Mama. Oma ist ja die Mama der Mama. Aber sie ist nicht die Mama. Oma ist anders, mal ein Bisschen, mal ganz viel. Das hat Vorteile.

„Wenn Mama und Papa Nein sagen, gehe ich zu Oma und Opa!"[34] Natürlich sehen Mamas und Papas ihre Autorität damit untergraben. Aber keine Angst, Omas und Opas wissen das und werden die Autorität nicht untergraben. Sie kennen ihre Pappenheimer und fragen sicherheitshalber nach, was Mama und Papa dazu sagen würden oder gesagt haben. Lügner werden erkannt, spätestens beim nächsten Gespräch mit den Eltern!

Wem gehört der Enkel?

Es gibt eine seltsame Scheu unter den Eltern, ihre Kinder den Großeltern anzuvertrauen. Auch das sollten vor allem angehende Omas wissen. Angehende Omas freuen sich auf das Enkelchen und sind ganz begierig, ihre brachliegenden Muttergefühle noch einmal spüren zu dürfen. Wenn der ersehnte Enkel dann endlich da ist und der liebenden Oma vorenthalten oder nur aus der Ferne gezeigt wird, dann spürt die Oma einen Stich im Herzen, dessen Schmerz das Bewusstwerden des Vorbeiseins ausdrückt. Oma ist Oma, nicht Mutter.

Kinder gehören zur Mutter, nicht zur Oma, vor allem, wenn die Kinder noch ganz klein sind. Der Beschützerinstinkt der Mutter ist stärker als der Vorzeigestolz. Muss wohl auch so sein. Aber manche frischgebackene Oma hat damit eben ein Problem. Probleme werden durch zu große Erwartungshaltungen hervorgerufen.

---

[34] Aufschrift auf einem T-Shirt

Das gilt nicht nur für die erste Begegnung mit dem Nachwuchs, sondern auch und ganz besonders für dessen Weiterentwicklung und Zukunft. Erwartungen sind im Grunde Forderungen aufgrund von Folgerichtigkeit oder Logik. Wenn etwas immer so war, wird es auch weiter so sein, oder so sollte es sein. Das wäre logisch. Ist es aber nicht. Die Realität ist nicht logisch.

Erwartungen

Mit wenigen Ausnahmen fordern Omas im Stillen die Fortsetzung des Bisherigen oder die Entwicklung zum Besseren. Was man weiß, beruhigt. Was man nicht weiß, beunruhigt. Die Frage: „Was soll bloß mal aus Dir werden?!" ist eine echte Besorgnis, die ausdrückt, dass die theoretischen Möglichkeiten und praktischen Erfahrungen unvereinbar zu sein scheinen. Beispiele:

Theoretisch ist es gut, wenn der Enkel Flugzeugführer werden will, praktisch jedoch nicht, denn er bekommt schon auf dem 10 Meter Brett Höhenangst. Theoretisch ist es gut, wenn der Enkel U-Boot Kommandant werden will, praktisch aber nicht, denn er bekommt im Fahrstuhl schon Clausphobie. Theoretisch ist es auch gut, wenn der Enkel Banker werden will, praktisch aber auch, denn wenn er an der Spitze steht, wird er für seine Fehler nicht bestraft, sondern belohnt.

Man unterscheidet ganz allgemein zwischen erfüllten Erwartungen, fast erfüllten Erwartungen, nicht erfüllten Erwartungen und übertroffenen Erwartungen. Beispiele:

Erfüllte Erwartungen: Der Großvater war Busfahrer, der Vater ist Busfahrer, der Sohn wird Busfahrer. Fast erfüllte Erwartungen: Der Großvater war Busfahrer, der Vater ist Busfahrer und der Sohn wird Lokomotivführer. Nicht erfüllte Erwartungen: Der Großvater war Busfahrer, der Vater ist Busfahrer und der Sohn wird Bodybuilder. Übertroffene Erwartungen: Der Großvater war Busfahrer, der Vater ist Busfahrer und der Sohn wird Konstrukteur bei MAN.

Es ist nicht immer leicht einzusehen, dass sich das vermutete Genie als Normalmensch entpuppt. Wir sind fast alle Normalmenschen und nichts Außergewöhnliches. Wären wir alle außergewöhnlich, wäre das ja schon wieder normal.

Was tun?

Also, wie können wir die Geschicke zum Positiven lenken? Wir, das sind all diejenigen, die ein Alter erreicht haben, in dem man über Sinn und Unsinn von Unternehmungen in der noch verbleibenden Zeit nachdenkt. Kann ich noch etwas zustande bringen? Muss ich überhaupt noch etwas zustande bringen? Die Frage beantwortet ein Blick auf die Familie, über den Zaun des Nachbarn, in den Spiegel oder in die Zeitung.

Natürlich ist das restliche Dasein vor dem Fernseher mit seiner passiven Teilnahme am Weltgeschehen ein bequemer Gleitsitz ins Jenseits. Irgendwann fällt man eben vom Hocker. Manchmal wird das nicht mal bemerkt. Bleibt also nur die Aktivität. Nur ist gut!

Aktivitäten zu entwickeln ist etwa so wie Tauziehen zwischen Möchtegern und Traumichnicht.

Fahrrad fahren ist gesund, aber der Wille zur Gesunderhaltung oder zum Fitmachen per Fahrrad stößt auf Hindernisse wie Kurven, Steigungen, Autos oder Kopfsteinpflaster. Fällt der Erstversuch auf glatter Straße geradeaus noch recht vielversprechend aus, bereitet ein zu zügiges Einbiegen in eine Schotterstraße durch Bauer Harms Maisfelder dem Erfolgsbegehren ein jähes Ende. Bei Beulen im Fahrrad und Schrammen an Oma ist Oma nicht Fit-In, sondern Fit-Out. Gar nicht gut für Enkel!

Schwimmen

Schwimmen ist da viel besser. Badetuch, Schwimmanzug, Seife, Kamm und Sonnencreme in flotter Badetasche begleiten den Weg ins Fitmacher-Schwimmbad in 30 km Entfernung. Schon sehr bald merkt Oma, dass das Badetuch auf der Wiese der Kuscheldecke auf dem Sofa nicht eben gleichkommt. Auch das Aufstehen aus der unbequem harten Liegeposition erweist sich eher als Slow Motion-Kontrastprogramm im Vergleich zur Springauffederung der jungen Leute nebenan. Ist man wirklich schon so elefantig? Das Wasser verringert das gefühlte Gewicht um etliche Kilos, packt diese aber gnadenlos wieder drauf, wenn man dem Nass entsteigt.

Oma reißt sich zusammen, zeigt Haltung, schreitet zum Badetuch zurück, während die Jungen an ihr vorbeirennen. Oma ist traurig. Sie blickt zur Rutsche hinüber. Muss Spaß machen. Aber Oma ersetzt den Wunsch des Hinaufkletterns durch die unbewiesene Feststellung, dass die Treppe für sie zu steil, zu hoch und zu glatt und die Rutschbahn zu eng ist. Außerdem, wie sieht das denn aus, eine Oma zwischen all den jungen Hüpfern? Wie eine Rumkugel zwischen Smarties! Oma geht und träumt von einem Fitnessprogramm, das sie vom Liegestuhl im Garten, vom Sofa im Wohnzimmer oder vom Sitz ihres Autos aus durchführen kann. Darin sind sich im Übrigen Oma und Opa einig. Seitdem gibt es Jogging für Sofafans – mit Erfolg!

Jogging im Sitzen

Gehirn-Jogging ist eine der vielen Sofa-Trainingsmöglichkeiten. Die Sportgeräte sind hierbei ein Kugelschreiber de luxe und ein Bleistift mit Radierspitze. Modernere Omis pieksen mit einem Plastikstäbchen auf einem Spielkonsölchen herum und quittieren ihre Erfolgserlebnisse mit spitzen Entzückensquietschern. Ein lustiger, aber einsamer Sport. Nichts für Enkel. Nur für Omis.

Ein guter Rat für alle Omis, die sich auf das Oma-Dasein so ernsthaft vorbereiten wie ein Musterschüler aufs Abitur. Folgendes sei gesagt: Unter den vielen Omis gibt es ganz viele Naturtalente. Sie brauchen Omisein nicht zu lernen. Sie brauchen nur so zu reagieren, dass die Äuglein der Enkelchen immer strahlen, wenn Sie die Oma sehen. Eltern werden respektiert. Großeltern werden geliebt. Das große Geheimnis, warum das so ist, ist gar keins. Oma ist nicht immer da. Wenn sie da ist, ist sie anders als alles, was sonst da ist. Außerdem ist das eine Frage der Knuddeleinheiten. Und die gibt Oma reichlich.

Irgendwann ist auch das Knuddelalter vorbei. Das merkt man deutlich, wenn das Küsschen auf die Wange mit einer energischen Bewegung „abgewischt" wird. Ab dann tun Omas und Opas gut daran, den Spontan-Schmatz aus der Knuddelorgie zu entfernen. Die Zeit kommt schneller als gedacht und gewünscht. Ab dann werden die Gunstbezeugungen nicht mehr durch Herumklettern auf der Oma mit unkontrollierten Irgendwohin-Knutschern ausgedrückt, sondern durch Aufmerksamkeit per Distanz.

Aufmerksamkeit

„Die Omi hat keinen Kuchen mehr!" bedeutet, dass das Enkelchen trotz intensiver Beschäftigung mit dem eigenen Kuchenteller das Wohl der Oma stets im Auge behält. Mamas Wohl auch, aber weniger, denn die sorgt schon selbst für sich. Aber Oma nimmt sich nie etwas unaufgefordert oder ungefragt. Und manchmal ist alles schon aufgegessen und Oma hat nichts mehr mitbekommen. Enkelchen schon. Also schiebt es seinen restlichen Süßmatsch zu Oma. „Hier, Oma, ist für Dich!" Auch wenn der Süßmatsch inzwischen ungenießbar geworden sein sollte, so ist er doch ein Stück praktizierter Liebe für die beste Oma der Welt. Die beste Oma der Welt zu werden, ist so etwas wie „Deutschland sucht die Super-Oma".

Deutschland sucht die Super-Oma

Warum es so eine Sendung immer noch nicht gibt, ist nicht nachvollziehbar. Die Einschaltquoten wären vermutlich gigantisch! Sind die Superstar-Sucher durch die vielen Wiederholungen eigentlich immun geworden gegen ein mindestens ebenso großes, wenn nicht größeres Erfolgspotential neuerer Zeit? Erkennen Sie den Wert der Oma-Generation als Nutz- und Spaßfaktor nicht? Haben die keine Omas?! Oder machen die nichts her?

Zugegeben, Omas sind auch problematisch, passen sie doch so wenig in die Jugendwahnschublade, der ganze Industrien damit beschäftigt, das unaufhaltsame Älterwerden aufzuhalten. In vielen Köpfen lebt immer noch das Bild der Bilderbuch-Oma, im Sessel sitzend, Strickzeug in der Hand, Brille auf der Nase, Knoten im Haar und Füße in Flachtretern. Einzige Tätigkeit der Bilderbuch-Oma scheint Kochen und Märchen erzählen zu sein. Doch die Oma-Evolution ist weitergegangen und noch längst nicht am Ende. Die heutigen Omas können das, was die alten Oma-Bilder ausmacht, zwar auch noch (mit Ausnahme von Kochen vielleicht), sind aber inzwischen zu einer ganz neuen Spezies herangereift. Sehen wir das doch mal von der aufregenden Seite:

Oma im Ferrari mit Strickzeug auf dem Rücksitz für Opas Socken, denn er besteht auf Selbstgestricktem. Nur 100% Baumwolle. Kein Gemisch. Farbe schwarz oder grau. Passt zu Opa, aber nicht zum Ferrari. Trotzdem.

Oma im Haifischanzug mit eingearbeitetem Herztablettentäschchen und Notrufhalsband im Schwimmstadion. Oma mit iPhone auf Kaffeefahrt nach Ungarn. Oma mit AOK-Antrieb und iPad im Supermarkt. Oma mit Navi in der Hand durch den Großstadtdschungel. Oma mit Gleitbrille und eingebautem Rückspiegel zur Kontrolle des Folgeverkehrs oder zur unauffälligen Beobachtung von attraktiven Opas auf ihrer Fährte.

Omas repräsentieren eine unerschöpfliche Fülle von variablen Standards. Und sie sind perfekte Tarnungsexperten. Müssen sie auch sein, manchmal ist das nötig.

Geht eine Oma aufs Amt, wird sie zur grauen Maus, deren mitleiderregender Anblick Fürsorgegefühle auslösen soll. Das ist der Genehmigung ihres Antrags durchaus dienlich.

Geht sie aber zu einem Rendezvous, schlüpft Oma in ein ihre Weiblichkeit unterstreichendes Kleid (nicht in einen Hosenanzug!) und vernebelt dem neuen Opa das Hirn mit Charme und Channel Nr. 5. Opa kennt die Tricks zwar schon, aber er genießt sie. Er fühlt sich umgarnt und begehrt. Das schmeichelt. Nichts ist unwiderstehlicher als Charme und ein hinreißendes Lächeln. Oma kennt sich aus. Schließlich wäre sie sonst wohl kaum Oma geworden.

Alte Oma, neuer Opa

Und was passiert mit dem Enkel, wenn sich die muntere, aber einsame Oma einen neuen Opa anlacht? Lacht der Enkel da auch? Grundsätzlich darf davon ausgegangen werden, dass Enkel eher eine neue Oma akzeptieren als eine neue Mutter und wohl auch eher einen neuen Opa als einen neuen Vater. Aber bewiesen ist das nicht. Offenbar hat sich hierüber noch niemand Gedanken gemacht. Jedenfalls sind Statistiken dazu nicht auffindbar. Dagegen gibt es eine Unmenge an Statistiken, die keine Menschenseele interessieren. Eine Langzeitstudie des Bio-Instituts in Weißnichtwo hat beispielsweise Folgendes ergeben:

- Die Punkte auf den Fliegenpilzen sind kein Indiz für deren Giftgehalt.
- Die Barthaare der Bergziegen sind in den letzten 10 Jahren um 3 mm gewachsen.

Der Einfluss eines Wechsels von Oma und Opa auf die Enkel bleibt also unbewiesen. Die Oma – bekannt, geliebt, gefürchtet – verändert sich in den Augen der Enkel ja nur unwesentlich, oder die äußeren Veränderungen werden weniger gewichtet. „Oma riecht nach Blumen und hat ganz harte Haare!" Die Frisur sitzt! Schwerer wiegt das neue Oma-Opa-Duo dadurch, dass die Oma weniger Zeit hat als sonst oder zu anderen Zeiten präsent ist wie sonst und nicht mehr so ausschließlich und immer da ist wie sonst. Oder dass die Oma den Opa fernhält und gleich selbst mit wegbleibt, weil dieser plötzlich mehr mit den Enkeln spielt als mit der Oma. Wie auch immer. Statistische Erhebungen über Heiratswilligkeit und Heiratsfähigkeit oder gar erfolgte Verehelichungen im Goldzeitalter fehlen. Ist wohl bevölkerungspolitisch nicht relevant, aber interessant allemal.

Omas Oma

Es drängt sich die Frage auf, welchen Einfluss die Oma der Oma auf die Oma hat. Die Oma der Oma ist natürlich längst im Himmel. Aber ihr Bild, ihr Verhalten, ihre Liebe, ihre Strenge, sind unvergessen und damit ein unauslöslicher Prägefaktor für das eigene Verhalten. Ein Beispiel:

Der Zwiebelzopf

Wie war das noch mit Omas Speisekammer? Als es die praktischen Kühlschränke noch nicht gab, hatte man kühle Speisekammern, kleine Räume also, in denen man allerlei Lebensmittel aufbewahrte, unter anderem auch Zwiebeln. Diese hingen in Form eines Zopfes von der Decke, und wenn Oma eine Zwiebel brauchte, dann zog sie sich eine vom untersten Ende des Zopfes ab.

Die besagte Oma hatte zwei Enkel, die ihre Oma zwar heiß und innig liebten, aber gelegentlich auch herrlich Unfug mit ihr treiben konnten. So beobachteten sie die Oma von dieser unbemerkt eine Zeitlang, und als diese sich wieder einmal eine Zwiebel holte, banden sie klammheimlich wieder eine neue Zwiebel dran. Auf diese Weise wurde der Zopf nie kürzer. Nach der dritten oder vierten Zwiebel blieb Oma sinnend stehen und stellte fest: „Ob dan Zwiebelzopp, da liegt Gottes Segen drob!"

Es war eigentlich mehr der Segen der Enkel. Aber letztlich ist das Einerlei, denn Enkel sind ein Segen Gottes. Heute gibt es solche „netten" Scherze nicht mehr. Nicht, weil es keine Speisekammern im alten Sinne mehr gibt, sondern es gibt solche Enkel nicht mehr, jedenfalls ist niemand bekannt, der sich Scherze ausdenkt, bei denen das Opfer eher den Nutzen als den Schaden hat. Vielleicht fehlt dafür die Kombination aus Liebe und Respekt.

Alte Wertvorstellungen

Sich von alten Wertvorstellungen zu trennen, ist nahezu unmöglich, wenn keine neuen da sind, die zu akzeptieren es sich lohnt. Auf der Suche nach Kompromissen aus den eigenen Wertvorstellungen und denen der Folgegenerationen wird eine Oma nicht immer fündig. Und selbst der Pfarrer ist hier nicht unbedingt hilfreich, denn der fragt den lieben Gott am Kreuz, aber der liebe Gott lässt den Kopf hängen. Nach 2000 Jahren kann man sich wirklich nicht mehr an alles erinnern. Nur dass da irgendetwas war, was mit der heutigen Zeit nicht mehr so recht harmoniert, das spürt auch er. Also senkt er den Kopf und leidet. Und der Pfarrer leidet auch und befragt die Bibel.

Die Bibel ist ein Tatsachenbericht auf Speichermedien der Urzeit. Aber was da steht, kann der Rat suchenden Oma nicht immer vermittelt werden, oder nicht alles auf einmal, bestenfalls hintereinander mit gehörigem Abstand dazwischen. Ein Beispiel:

Nächstenliebe

Oma begreift, dass man seinen Nächsten lieben soll wie sich selbst. Also strickt sie dem Enkel einen tollen Norwegerpulli. Aber der Enkel will lieber ein Sweatshirt mit Indiana Jones-Motiv. Oma begreift, dass man Auge um Auge, Zahn um Zahn umsetzen kann, aber sie tut das nur widerwillig und in abgeschwächter Form, eben so, dass sie die Gebote des Herrn gerade noch so befolgt. Statt Auge um Auge gibt es eine Backpfeife, und statt Zahn um Zahn einen Lolli zum Zähneselberausbeißen.

Kurz, die Oma von heute befindet sich in einer verwirrenden Vielfalt von Strömungen und Richtungen, Geschehnissen und Entwicklungen, Tradition und Moderne, Bekanntem und Unbekanntem, Erfreulichem und Angsteinflößendem, technischer Unbedarftheit und informelle Überfrachtung.

Gott und Götter

Oma braucht einen Navigator, eine Art Wünschelrute, keinen Heilsprediger. Richtige Wünschelruten gibt es nicht. Falsche Heilsprediger dagegen in Massen.

Es ist unglaublich, wie gestandene Leute, erwachsene studierte Leute, solchen meist selbsternannten Sektenführern nachlaufen. Sie lassen ihre Familien im Stich, sie sprechen Worte in einer Sprache, die keiner mehr versteht, sie glauben an die Wiedergeburt durch bunte Pillen und anderen Hokuspokus, und das allen Ernstes bis zum kollektiven Selbstmord aus Überzeugung, damit sie in den Guru-Himmel kommen, natürlich nicht, ohne vorher dem Guru auf Erden sicherheitshalber ein kleineres oder größeres Vermögen zu hinterlassen, damit das auch klappt mit dem Himmel oder was immer damit gemeint ist.

Das kann Omas weniger passieren. Dafür sind sie zu praktisch und zu erfahren. Aber jungen, möglicherweise frustrierten Müttern, also ihren eigenen Töchtern, kann das sehr wohl passieren. Dann ist erhöhte Wachsamkeit geboten. Nicht selten wird die Familie nicht verlassen, aber umgemodelt zu Heilsjüngern, die das Heil stets suchen und nie finden. Aus dieser Suche nach Richtwerten können sich Fehlverhalten entwickeln, die unabsehbare Folgen haben. Nur Omas und Opas merken, dass etwas nicht stimmt, wenn sie sich die Empfangsantenne für Strömungen bewahrt haben. Ihre Empfangsantennen sind Augen und Ohren. Sie haben ein gewisses Gespür oder moderner ausgedrückt, ein Spurassistent, der Warnsignale abgibt, wenn etwas vom rechten Wege abweicht.

Sekten

So hat sich ein wahrer Fall ereignet, vermutlich einer von vielen Ähnlichen, in der sich eine Ehefrau durch die ständige Abwesenheit ihres Ehemannes (Auslandsberichterstatter) so allein gefühlt hat, dass sie sich einer solchen Sekte angeschlossen und das Vorstadium des Fliegens (!) erreicht hat. Dabei ist fast das gesamte Geld der Familie draufgegangen. Und als ihr Mann dann nach Hause kam, war er ihr so fremd, wie sie ihm, denn die Sprache, die sie sprach, war ihm unverständlich. Wenn er hörte, dass „irgendwo ein Knopf drauf muss", konnte er damit nichts anfangen, und wenn sie in der Sauna saß und mit Tablettenunterstützung die Geburt nachempfinden musste, um rein zu werden (von was?), dann hielt er die Tabletten für Bauchkrämpfe auslösend und die Reinigung für puren Unsinn. Wovon sollte sie sich auch reinigen? Sie war die Reinlichkeit in Person.

Kurz, die gesamte Kommunikation brach zusammen. Er ergriff die Flucht. Sie blieb. Sie konnte auch gar nicht anders. Er auch nicht. Er reiste weiter, aber ab jetzt immer mit großer innerer Unruhe. Der Anwalt konnte auch nichts mehr retten. Alle Appelle an beide, doch allein schon wegen der gemeinsamen süßen Kinder wieder zusammenzufinden, war zum Scheitern verurteilt. Wie sollte das auch geschehen? Sie aus der Sekte heraus und wieder hinein in die Einsamkeit, der sie gerade entflohen war? Kinder sind gut, aber doch kein Ersatz für Erwachsene. Er in die Sekte hinein? Er, der als Weltmann ein Heidengeld ausgeben sollte für Tabletten, die bei Frauen Bauchkrämpfe verursachten und bei Männern Halluzinationen hervorriefen? Und die Kinder? Sie sahen ängstlich von einem zum anderen und mussten geschehen lassen, was sich da anbahnte. Niemand hatte sie gefragt. Sie hätten es auch nicht verstanden. Was sie wohl verstanden hatten, war, dass sie nur noch eine Mama haben würden und vielleicht noch eine Oma.

Es ist völlig klar, dass eine Oma hier wohl übermenschliche Kräfte haben müsste, wenn sie hier rettend einspringen wollte. Sie hätte ständig mit dem Hass gegen die Auswirkungen von außen zu kämpfen, müsste ständig etwas zu erklären versuchen, was sie selbst nicht verstehen konnte, um seelischen Schaden abzuwenden.

Heute sind Trennungen aus weit geringeren Gründen „normal". „Normal" ist heute auch die Ehelosigkeit – wohlgemerkt, nicht die der Priester, sondern die der zeugungsfähigen und zeugungsemsigen Lebensabschnittsgefährten. Aber ehrlich, normal ist das nicht.

Patchworkfamilien

Omas von sogenannten Patchwork-Familien sind zu bedauern. (Patchwork kommt aus dem Englischen und bezeichnet ein Ganzes, die sich aus vielen Einzelteilen zusammensetzt, ein Flickenteppich zum Beispiel). Sie können sich nicht auf einen Enkel konzentrieren oder auf zwei, wie im Normalfall, sondern womöglich auf vier oder fünf oder noch mehr, und das nicht allmählich mit deren Wachstum, sondern plötzlich mit deren Erscheinen, zum Beispiel, wenn jemand Kinder mitbringt und zu jemandem zieht, der Kinder hat und dann mit diesem noch mehr Kinder zeugt. Und wenn sie dann endlich weiß, wer wer ist und von wem, dann geht die Familie vielleicht wieder auseinander und setzt sich neu zusammen. Also fängt die Oma wieder von vorne an, oder gibt auf. Letzteres ist wahrscheinlicher.

Patchworkfamilien, die auseinandergebrochen sind und sich wieder neu zusammengesetzt haben kommen häufig zu dem Schluss, am Ende ihrer Tage doch lieber zusammenbleiben zu möchten, obwohl sie gar nicht miteinander verwandt ist. Das hat auch die Friedhofskultur verändert.

Die Nachfrage von Patchworkmitgliedern nach Wahlgräbern steigt. Bei Wahlgräbern hat man die Wahl zu bestimmen, wer darin beigesetzt werden soll, wo die Grabstätte liegt und wie sie gestaltet wird.

Es gibt auch Grabpatenschaften. Hier kümmert sich der Pate zu Lebzeiten um die Erhaltung der Grabstätte und lässt sich dann auch in diesem Grab bestatten. An und in einem solchen Familiengrab kommen die Familien wieder zusammen. Vor allem dieser Aspekt bringt beispielsweise Patchworkfamilien zu der Überlegung, sich gemeinsam in einer Familiengrabstätte bestatten zu lassen.

Die Friedhofsszene ist in Bewegung geraten. So bieten Bestatter „Patchwork-Treffen" an, Friedhofsbetreiber richten „Trauercafés" ein, und die Aussteller der Bundesgartenschau 2011 in Koblenz machen eine Ausstellung zum Thema „Neue Lebenswelten" extra für Patchworkfamilien, Großfamilien und Mehrgenerationenfamilien. Sie bieten eine Chance, das Streugut der Familien zu sammeln und an einem Ort zu vereinen.

Was im Leben nicht gelungen ist, kann so im Tode noch gelingen. Hat man den Kontakt verloren, hier kann man ihn wiederfinden. Etwas spät vielleicht, aber dennoch.

Eine Oma – viele Omas

Es ist anzunehmen, dass eine solche zusammengewürfelte Familie mit oder ohne Trauschein mehrere Omas hat. Das macht die Sache nicht leichter, wenn sich diese vielen Omas nicht ernsthaft zusammensetzen und gemeinsam beratschlagen, wer wie und was in und für die Familie tun kann oder auch nicht. Die Enkel finden das meist „cool", denn je mehr Omas, desto höher der Verwöhneffekt.

Erst dann, wenn die Omas sich verstehen, das heißt, die gegebene Situation akzeptieren und Teil dieser Akzeptanz werden, erst dann kann man ohne gegenseitige Eifersüchteleien Teil der Familie bleiben, per Distanz versteht sich, nicht im gleichen Hause. Das wäre früher gegangen. Heute geht das nicht mehr. Früher war man eine Familie von Anfang an, vom Baby bis zur Uroma und alle lebten wie selbstverständlich zusammen. Heute muss man sich ständig selbst verwirklichen, was mangels genauer Definition von Selbstverwirklichung in der Unvereinbarkeit des eigenen Wunsches mit denen der anderen mündet.

Und ein Mehrfamilienhaus? Theoretisch gut. Praktisch aber noch nicht lange genug erprobt. Die wenigen Erfahrungswerte reichen nicht aus. Wenn es Edel-Omas gibt, also Omas für viele Enkel, die das auch sein wollen, dann wäre es interessant zu erfahren, ob und wie diese das allein oder im Kollektiv bewältigen.

Wenn sechs Kinder drei Omas und drei Opas haben oder noch wilder zusammengesetzt sind, dann kann man mit Fug und Recht von einem Krisenmanagement sprechen. Entweder man balgt sich um die Enkel, was man nicht will oder man geht erhobenen Hauptes voller Selbstwertgefühl auf die zweite Existenzebene über, was man eigentlich auch nicht will. Das wäre beispielsweise ein einsames Landhaus. Dort kann man dann Rosen züchten, oder, wenn es sich um besonders positiv denkende Edel-Omas handelt, auch Blaubeeren, Erdbeeren oder Kirschen, falls die Enkel doch mal zu Besuch kommen. Was nicht gegessen wird, wird eingeweckt oder als selbstgemachte Marmelade anstelle von Blumen verschenkt. Es gibt Leute, die lieber Marmelade haben wollen als Blumen.

Abspalten und loslassen

Wenn man es so recht bedenkt, hat man als Oma manchmal das Gefühl, etwas gehegt und gepflegt zu haben, was letztlich nach Unabhängigkeit strebt und damit etwas ganz Anderes, um nicht zu sagen Fremdes oder Befremdliches wird. Weg vom Zuhause, hinein ins eigene, nicht feindliche Leben. Wieso wollen wir das eigentlich nicht wahrhaben? In der Natur sorgen die Mütter, egal ob Fuchs, Löwe oder Adler, doch auch nur so lange für ihre Jungen, bis sie groß genug sind, um sich selbst zu versorgen. Oft sehen sie sich danach nie mehr wieder, und die Tiermütter finden das vollkommen in Ordnung. Nur wir Menschen finden das nicht.

Es gibt nicht nur Mütter, die nicht loslassen können, sondern auch Omas. Sie fühlen sich immer irgendwie mitverantwortlich, wollen immer mit dabei sein, mitgestalten, mitreden, mitbestimmen. Liebe Omas und Opas erinnert Euch daran, dass Ihr früher selbst nicht ständig unter Aufsicht sein wolltet, als der erste Freund auftauchte, als die eigenen Argumente schwerer wogen als die von Vater und Mutter. Es wurde und wird sogar geheiratet gegen den Willen der Eltern. Irgendwann, auch wenn das andere vielleicht nicht wahrhaben wollen, ist man erwachsen und will und muss sich freistrampeln und möchte selbst entscheiden. Die Besorgnis der bereits Erfahrenen wird deshalb oft als Einmischung empfunden oder gar als übertrieben und nicht relevant.

Omas tun gut daran, wenn sie die Balance halten können zwischen Begegnung und Bereitschaft. Das klingt einfach, ist es aber nicht. Ein Zuviel des Guten sowohl bei Besuchen als auch bei Anrufen kann als aufdringlich oder lästig oder je nach Anlass oder Inhalt als Einmischung in Dinge empfunden werden, die auch Oma und Opa nichts angehen. Keiner Oma dürfte klar gemacht werden können, dass sie ihr Kind und dessen Familie nichts mehr angeht, nur weil die neue Familie jetzt nicht mehr die eigene ist, sondern eine ganz neue, selbstständige, abgeschlossene Einheit, die sich manchmal das Recht nimmt, sich buchstäblich einigeln zu dürfen. Sie möchte keine Einmischung, auch keine noch so gut gemeinte. Trost und Hilfe von Oma und Opa sind willkommen, wenn man sie rufen kann und darf, aber nicht, wenn man sie aufgedrängt bekommt. Hier Balance zu halten heißt loslassen oder entlassen des bisher Beschützten in dessen eigene Welt. Enkel sind nur über die Eltern erreichbar, es sei denn, es gäbe keine Eltern. Behörden sind mitunter noch strenger.

Kinderschutzbund

Im eigenen Lande haben wir es jedoch auch nicht immer mit Idealsituationen zu tun. Einige Auswüchse wurden schon zu Anfang angedeutet. Aber Tatsache ist, dass es keinen Kinderschutzbund gäbe, wenn er nicht notwendig wäre. Natürlich gibt es Jugendämter, deren Aufgabe es ist, Kinder und Jugendliche nicht verwahrlosen zu lassen oder Missbrauch und Schaden zu verhindern. Aber es fehlt an Personal in Zahl und Qualität, um diesen dringenden Bedarf zu decken. Wir haben für alles mögliche Geld, sogar viel Geld für Notstandsgebiete auf der anderen Seite des Erdballs, aber für die Bedürftigen vor Ort reicht es nicht.

So befürchtete das Jugendamt[35] in Duisburg, dass man den Schutz von Kindern in sozial problematischen Familien nicht mehr gewährleisten könne, wenn man die dringend benötigten zusätzlichen Stellen im allgemeinen sozialen Dienst nicht genehmigt bekommen

---

[35] 2009

würden. Zu hoffen ist, dass sich sein Problem inzwischen gelöst oder zumindest gemildert hat. Dieses Problem haben andere Jugendämter vermutlich auch.

Wussten Sie, dass Kinder aus Problemfamilien, die in Pflegefamilien untergebracht werden, wieder in ihre Problemfamilien zurückgeschickt werden sollen, nicht, weil damit der Grundsatz der Rückführung in die Familie erfüllt wird, sondern weil schlicht kein Geld da ist? Traumatisierte Kinder zurück in eine Umgebung, aus denen sie erst herausgeholt werden mussten, obwohl sich diese Umgebung wohl kaum geändert haben dürfte? Wie auch? Für verwahrloste Eltern kann man nicht mehr viel tun. Für verwahrloste Kinder hingegen schon. Ein Zurück dieser Kinder in die Verwahrlosung würde bedeuten, dass alle bisherigen Bemühungen und Investitionen umsonst gewesen wären. Und das nur, weil für so wichtige Dinge kein Geld (mehr) da ist?

Irgendetwas stimmt nicht mit der Geldzuteilung oder Geldverteilung in unserem Land oder mit der Gewichtung der Bedürftigkeit hier und anderswo. Wenn man auf der einen Seite im Inland spart wie verrückt und auf der anderen Seite im Ausland ausgibt wie verrückt, dann fragt man sich, ob die Schwächsten, nämlich Kinder, die nicht laut genug „Hier!" gerufen haben, als es etwas zu verteilen gab. Kinder schreien nur, wenn sie können, und sie rufen nur, wenn sie jemand kennen, der dann auch kommt. Nicht jeder hat eine Oma, die hört und kommt.

Omas Mutterinstinkt

Jeder normal empfindenden Oma blutet das Herz, wenn sie hören, lesen oder gar selbst erfahren muss, was man mit solchen hilflosen Würmchen alles anstellt. Und das nicht etwa von Fremden, nein, von der eigenen Familie und am schlimmsten, von den eigenen Eltern oder einem Elternteil oder einem nahen Verwandten. Da wird ein Baby geschlagen, weil es noch nicht sitzen kann und immer umfällt. Die Eltern amüsieren sich über das Leiden des kleinen Kindes und filmen es sogar dabei, setzen es immer wieder hin, und immer wieder fällt es um und wird beschimpft und geschlagen (Pressebericht!).

Wo ist denn die Oma? Wo ist überhaupt irgendwer, der das Weinen hört oder andere Zeichen von Misshandlung erkennt? Fragt keiner, warum das Kind stundenlang weint oder ob man irgendwie helfen könnte? Was sind das überhaupt für Leute, die sich an solchen hilflosen kleinen Wesen vergreifen? Im Gefängnis werden Kinderschänder oder Kindermörder als Abschaum betrachtet – von den Mitgefangenen wohlgemerkt, nicht von den Wärtern. Und hier bei uns, in der Freiheit, werden sie ignoriert oder geduldet, oder einfach nicht erkannt, weil man nicht für möglich hält, was möglich ist. Und die Vernachlässigung und die Misshandlung von Kindern steigt an.

Da gibt es Väter, wie mehrfach (!) zu lesen war, die ihre eigenen Töchter Jahre lang unter Verschluss halten und missbrauchen, ja sogar Kinder mit ihnen zeugen. Gab es keine Oma, die ihre Enkeltochter mal besuchen gekommen ist oder danach gefragt hat? Nur eine kurze Erklärung und keine weiteren Kommentare? Kann diese Oma nicht unterscheiden zwischen Erklärung und Ausrede? Es gibt noch etliche solcher Gräueltaten. Sie sind durch Presse und Rundfunk hinlänglich bekannt. Ein Grund mehr, aufmerksam zu sein und zu bleiben.

Wie erkennt man Misshandlungen?

Aber wie erkennt man solche Vernachlässigungen, solche Misshandlungen und Gewaltanwendungen, zumal wir so etwas in der eigenen Familie ja für unmöglich halten? Schaut man dann bewusst weg oder bewusst hin? Ein paar Zahlen dazu. In Deutschland wurden 2007 laut Kriminalstatistik mehr als 3.350 Fälle von Kindesmisshandlung und etwa 12.800 Fälle von sexuellem Missbrauch an Minderjährigen gemeldet, sagte Dr. Frank Eifinger, Oberarzt an der Kölner Uni-Kinderklinik, anlässlich einer Fortbildung in Köln. Die Dunkelziffer werde bei Kindesmisshandlungen auf rund 1,4 Millionen Fälle geschätzt! Um eine Misshandlung zu erkennen, müsse man bereit sein „das Undenkbare zu denken", sagte Dr. Sibylle Banaschak vom Institut für Rechtsmedizin der Uniklinik Köln. Die leitende Oberärztin empfahl für den Verdachtsfall: „Bleiben Sie ruhig. Aktionismus hilft nicht." Zunächst komme es darauf an, die Verdachtsdiagnose abzusichern und zu dokumentieren, denn „die Dokumentation ist sehr, sehr wichtig".

Natürlich ist sie auch schwierig. Man kann fragen, woher die blauen Flecken kommen, wie und wo man sich verbrüht hat, warum man Angst hat, in ein dunkles Zimmer zu gehen oder einer Person die Hand zu geben. Das setzt voraus, dass der oder die Befragte auch antworten kann. Babys können das nicht. Sie sind hilflos jeder Handlung ausgesetzt, auch jeder Unterlassung. Mehr als Weinen können sie nicht, und dann kommt vielleicht noch jemand und fühlt sich genervt und schlägt zu, statt nachzusehen, was die Ursache sein könnte. Eine Dunkelziffer von 1,5 Millionen bei etwa 10 Millionen Kindern (laut Statistik 2007) in der Bundesrepublik Deutschland bedeutet, dass im Durchschnitt ein Kind von fünfundzwanzig, also ein Kind in jeder Schulklasse betroffen ist! Eine alarmierende Zahl. Nicht nur an die Omis adressiert, heißt es deshalb: Seid wachsam! Was also tun?

Das Schwierigste dürfte wohl sein, sich selbst zu überwinden und zuzugeben, dass ein Verdacht aufgekeimt ist. Es herrscht eine natürliche Scheu, den eigenen Kindern oder einem nahestehenden Verwandten „so etwas" zuzutrauen. Und natürlich hat man auch Angst, jemand unrecht zu tun und dann als unverschämte Person aus der Familie ausgestoßen zu werden. Aber hier ist die Oma der Anwalt eines schutzbedürftigen Kindes, das sich selbst nicht wehren kann und dem vielleicht die Worte fehlen, das auszudrücken, was die kleine Seele quält. Solche Misshandlungen, gleich ob tätliche Angriffe oder Vernachlässigung oder Einsperren, verursachen Langzeitschäden, das ist nachgewiesen. Um so einer vorprogrammierten Fehlentwicklung Einhalt zu gebieten, muss man der Sache auf den Grund gehen, das heißt Fotos machen, Auffälligkeiten mit Häufigkeit und Datum aufschreiben, Rat einholen, mit dem Kind zum Arzt gehen. Warten ist Gift. Wegsehen dagegen ist grob und klar gesagt, geduldeter seelischer oder physischer Mord.

Was tun?

Wenn man gar nicht weiß, was man tun soll, dann kann man sich an den Kinderschutzbund, an die Polizei oder an einen hierauf spezialisierten Anwalt wenden. Es gibt auch einen Verein mit Namen „Sag's", die eigentlich für die Betroffenen selbst gedacht ist und sexuelle Gewalt zum Thema hat.[36] Dieser Verein erhielt nach zwanzig Jahren seit seiner Gründung durch Frau Alexandra Schneider im Jahre 2011 die Bundesverdienstmedaille! Ein langes Engagement, trotz vieler Hürden und Hindernisse.

Die Betroffenen melden sich aber nur selten selbst, weil sie nicht wissen, wie sie sich ausdrücken sollen oder diese Adresse nicht kennen. Vielleicht ist ihnen auch jede Kommunikation unmöglich, weil sie eingesperrt sind, behindert oder stumm. Eigentlich sollte jedes Schulkind einen Zettel in der Tasche haben, auf der alle wichtigen Telefonnummern stehen, die über Handy oder das nächste Telefon erreicht sind und Hilfe bieten können. Die Telefonnummer der Omi sollte natürlich an erster Stelle stehen. Das bedeutet für die Omi, dass sie immer ein Handy bei sich hat oder in greifbarer Nähe haben sollte. Omis haben eigentlich immer Bereitschaftsdienst!

---

[36] www.sags-ev.de, gegründet von Alexandra Schneider

Omas und Opas! Seid wachsam! Wer selbst aus körperlichen oder anderen Gründen nicht helfen kann, kann vielleicht finanziell helfen durch Spenden oder durch andere Maßnahmen, die man direkt vor Ort erfragen kann. Auswüchse oder direkter gesagt, Missbrauch von Spendengeldern durch Luxuskarossen oder Erster-Klasse-Flügen zu den Hilfseinsätzen findet man hier nicht. Wer gar ein Erbe zu verschenken hat, kann sich auch vor Ort erkundigen oder ansehen, wohin seine großzügige Spende geht. Die SOS-Kinderdörfer sind allen bekannt. Ihr verstorbener Gründer, Hermann Gmeiner, begründete seinen Erfolg auf der simplen Erkenntnis: „Reds nix, tuat wos!" (Redet nicht, tut etwas!). Und alle taten etwas. Die SOS-Kinderdörfer haben ihren Gründer überlebt.

Auch eine einzelne gute Tat ist nie umsonst. Sie ist nur kostenlos. Dass es in unserer materiellen Welt noch so viel Hilfsbereitschaft gibt, ist ein Hoffnungsschimmer für die Betroffenen. Viele gute Taten geschehen im Alltag, leise und wirksam ohne viel Aufhebens. Man braucht dazu oft nicht einmal Geld, sondern nur da zu sein, wenn man gebraucht wird. Aber man muss auch wissen, wo man hingehen muss, wenn man keinen Ausweg mehr findet.

Babyklappen

Eine lebensrettende Hilfseinrichtung ist die Babyklappe.[37] Babyklappen sind seit längerer Zeit in Deutschland in zahlreichen Städten und Landkreisen eingerichtet worden. Die Babyklappe gibt einer Mutter die Möglichkeit, das Kind nach der Geburt in die Obhut des Staates oder einer sozialen Einrichtung zu geben, wodurch verhindert werden soll, dass Kinder unmittelbar nach ihrer Geburt einer strafbaren Handlung zum Opfer fallen, sprich getötet werden. Die Einrichtung einer Babyklappe stellt natürlich nur eine Notlösung dar, um

---

[37] www.babyklappe-huellhorst.de

Verzweiflungstaten der Mutter des Kindes zu verhindern. Nur wie die Fälle in der Vergangenheit gezeigt haben, sind Babyklappen entweder nicht bekannt oder manchmal sogar defekt. Defekte Babyklappen sind zum Glück sehr selten, aber der Bekanntheitsgrad, d.h., wo genau sie sich befinden, müsste viel, viel höher sein.

Hier ist davon auszugehen, dass eine solche frisch gewordene Mutter keine Oma hat, zu der sie sich in ihrer Verzweiflung flüchten könnte. Es ist schwer vorstellbar, dass eine Oma ihre Enkeltochter in so einer Situation abweist, es sei denn, sie ist krank, dement oder im Altersheim. Sicher aber braucht auch die Oma dann Hilfe.

Hinweise

Warum hängt nicht in jedem Wartezimmer eines Arztes die Adresse einer Babyklappe vor Ort? Warum gibt es nicht in jedem Krankenhaus ein Hinweisschild darauf? Warum kann man im örtlichen Telefonbuch keine entsprechende Adresse unter „Babyklappe" finden? Und wie sieht das mit der Auffindbarkeit der Babyklappe in den Krankenhäusern aus? Versteckt oder gut zu sehen? Und warum ist die Suche im Internet danach so mühlselig? Am besten klappt das noch mit der Telefonauskunft. Aber auch hier gilt: Die Angaben überprüfen. Sie könnten sich inzwischen geändert haben!

Gut, es gibt Hilfe und Beratung für Kinder, Jugendliche oder Eltern, aber nicht für Omis. Warum tun sich eigentlich nicht ein paar Omis zusammen und beschaffen, erfassen und pflegen wichtige Adressdateien wie Babyklappen, Polizeistationen oder Kontaktstellen des Kinderschutzbundes, Kinderrechtsanwälte und/oder -berater oder Jugendämter? Viele Omis sind heute durchaus fit in der Bedienung von Computern, und sie hätten damit auch eine wichtige und befriedigende Aufgabe. Es muss sich nicht immer um schreckliche oder gar kriminelle Fälle handeln. Omis sind auch für schöne Dinge da!

Hilferuf „Omma, komma!"

Dieses Buch soll nicht nur ein Oma-Bericht sein, sondern auch Anregungen geben, eine möglichst alle Bundesländer übergreifende „Omma-Komma"-Hilfsorganisation anzuregen oder zu schaffen, wie mancherorts bereits begonnen. Ansätze dazu gibt es ja schon wie die Leih- oder Sing-Omas oder die Lernpaten.

Ein einprägsamer Sammelbegriff könnte dazu beitragen, eine solche schnelle Eingreiftruppe bekannt zu machen und für diese durch Öffentlichkeitsarbeit, Kontakte untereinander, Aktivitäten in Verbindung mit Bildungsstätten oder staatlichen Stellen zu werben und so zum Mitmachen anzuregen.

Erst wenn sich dieser Hilfsruf durchsetzt, also von sehr vielen getragen wird, wird diese schnelle Eingreiftruppe zu einer Selbstverständlichkeit werden wie die Rufnummer der Auskunft oder der Polizei.

Träumen ist erlaubt. Träume sind Visionen, die sich erfüllen lassen, wenn man sie mit den realen Gegebenheiten in Einklang bringen kann und auch die Energie und Ausdauer dazu hat. Vielen ist das zu mühselig und zu unsicher. In der Gemeinschaft geht das besser. Aber einer muss den Anfang machen,[38] um eine solche Gemeinschaft als Kernzelle zu schaffen, von der aus sich viele gute rettende und helfende Hände dem Hilfe- und Auskunftssuchenden entgegenstrecken. Ein schöner Gedanke. Ein noch Schönerer, dabei zu sein.

Einsamkeit im Alter? Ohne Freunde und Familie? Eine Horrorvorstellung, nicht nur für Großeltern und Enkel, gleich ob echt oder geliehen! Und wenn dann auch noch die Eltern das positiv sehen und unterstützen oder sogar noch mithelfen, ja dann ist doch Erfolg auf der ganzen Linie gegeben. So zumindest die Theorie.

---

[38] Aufruf zum Oma-Opa-Hilfsdienst in Monheim, März 2011

Verlassene Eltern

Es gibt nicht nur Kinder, die von ihren Eltern oder einem Elternteil verlassen werden. Es gibt tatsächlich auch Eltern, die von ihren Kindern verlassen werden. Damals, als viele Jugendliche aus der ehemaligen DDR flüchteten, war das ein Schicksal, das viele Eltern betraf. Sie konnten vorher nicht informiert werden. Viele Kinder hatten Angst, überredet zu werden, doch zu bleiben und dann vielleicht die letzte Chance zum Entkommen zu verpassen. Aber diese Kinder meldeten sich nach einiger Zeit wieder bei ihren Eltern, nachdem sie im Westen irgendwo Fuß gefasst hatten.

Anders die Eltern, welche sich nicht vorstellen können, warum ihre Kinder, häufig Jugendliche, weglaufen und ohne ein Wort verschwinden. Hier sind nicht Verbrechen gemeint, die Schuld am Verschwinden der Jugendlichen sind, sondern Motive junger Menschen, die Gründe für das Verlassen des Elternhauses haben.

Diese Gründe konnten bisher nie richtig ermittelt werden, weil es nur äußerst selten geschieht, dass es zu irgendeiner Zeit später wieder zu Kontakten kommt. Man vermutet, dass es sich um eine innere Loslösung von der Familie aufgrund von Ereignissen in der Kindheit handelt und dass die eigentliche familiäre Bindung mehr ein Pflichtverhalten ist, dem der Jugendliche irgendwann dann entflieht, im wahrsten Sinne des Wortes. Eine bittere Erfahrung für Eltern, die diese innere Loslösung, die sich ja über Jahre hinzieht, nicht mitbekommen haben und dann bei sich und anderen verzweifelt nach Erklärungen suchen.

Da das Verlassen der Eltern weit häufiger vorkommt als allgemein angenommen, hat man eine „Selbsthilfegruppe verlassener Eltern" gegründet, die mittlerweile sogar europaweit tätig sein soll.[39] Und was kann denn eine Omi hier noch tun? Leider nicht viel. Bes-

---

[39] www.verlassene-eltern.de

tenfalls kann sie ein paar herzerwärmende Worte über das Internet oder Fernsehen senden und darauf hoffen, dass diese den Gesuchten erreichen. Natürlich setzt das voraus, dass vorher schon ein Kontakt zwischen Enkel und Oma bestanden hat.

Umgang mit Gefahren und Verlusten

Und wie ist es mit dem endgültigen Verlust eines Kindes? Niemand kann sich wirklich ausmalen, wie das ist, wenn man es nicht selbst erlebt hat. Auch dieses traurige Kapitel gehört in eine Oma-Enkel-Beziehung. Meist ist es ja die Oma, die den Enkel eines Tages verlassen muss, aber leider kommt das auch umgekehrt vor. Der Grund kann eine Krankheit sein, ein Unglück oder eine Gewalttat. Hier Verhaltensregeln oder Empfehlungen zu geben, ist anmaßend mangels entsprechender Kompetenz. Aber jeder kann fühlen, dass es kaum etwas Schrecklicheres geben kann. Und noch schrecklicher ist, dass man nicht helfen kann oder helfen konnte.

Wenn man Zeit hat, sich auf so eine Situation vorzubereiten, also beispielsweise bei einer langsam verlaufenden Krankheit, dann hat man eine Chance, dem Hadern mit dem Schicksal durch Aktivitäten entgegen zu wirken.

Es gibt eine Reihe von Berichten, in denen es die Großeltern sind und nicht die verzweifelten Eltern, die zur Tat schreiten und durch Sammelaktionen, Aufrufe und andere Unternehmungen das Schicksal abzuwenden versuchen – oft mit Erfolg! Bei vielen Kindern besteht durchaus die Chance einer Heilung auch in scheinbar aussichtslosen Fällen. Aber diese Heilung ist mit großem Zeitaufwand und hohen Kosten verbunden. All das ist nichts im Vergleich zum Verlust von etwas Unwiederbringlichem, der in absehbarer Zeit einzutreten droht. Dieses wohl wissend, entwickeln Großeltern oder auch enge Freunde und Verwandte oft eine ungeahnte Energie, dem Schicksal zu trotzen.

Tierattacken

Jeder normalen Frau und damit auch jeder Omi ist ein Beschützerinstinkt angeboren. Nie würde sie einem wehrlosen Würmchen etwas antun, ganz egal, ob das zu der eigenen Familie gehört, oder ein völlig unbekanntes fremdes Kind ist. Sie wird sich immer schützend vor ein gefährdetes Kind stellen, auch wenn sie selbst dabei in Gefahr gerät.

So wurde von einer Oma berichtet, die ihren Enkel vor einem angreifenden Hund schützte und selbst schmerzhafte Bisswunden erlitt, das aber in Kauf nahm.

Solche Beißattacken entstehen plötzlich, niemand kann sich vorher darauf einstellen, und meist geht alles viel zu schnell, als dass man noch Schaden verhindernd eingreifen kann. Und oft weiß man auch nicht, wie und was man dann tun soll oder kann. Es sind schon Kinder schwer verletzt oder sogar totgebissen worden, wie man aus entsprechenden Berichten weiß. Wie kann man das verhindern?

Es wäre eine gute Idee, wenn zum Beispiel Tierärzte, Hundeschulen, Polizeistellen oder die Anbieter von Erste-Hilfe-Kursen auch Tierattacken mit einbeziehen würden.

Ein Schnabelhieb des streichelstrapazierten Wellensittichs oder der Biss eines zerknuddelten Kaninchens ist sicher auch ohne Erste-Hilfe-Kurs zu bewältigen, zum Beispiel durch mahnende Worte mit schmerzlindernden Streicheleinheiten (für das Kind, nicht für das Kaninchen), aber auf die echten Gefahren des Alltags durch große Tiere, speziell Hunde, könnte man sich durchaus vorbereiten (lassen).

Vielleicht ist das eine Anregung, die jemand, möglicherweise eine Hilfsorganisation, die Malteser oder auch die Hundeschule, einmal aufgreift und in die Tat umsetzt.

Not und Hilfe

Neben den plötzlich auftretenden Gefahren gibt es solche, die sich ankündigen, wie schon erwähnt, beispielsweise eine Krankheit. Steht eine schlimme Diagnose fest, ist die Familie als Schutzschild um das kranke Kind gefordert. Nicht selten sind es die Großeltern, die die Initiative ergreifen und sich an die Öffentlichkeit wenden. Solche Hilferufe lösen meist eine Welle der Hilfsbereitschaft aus, was unsere egoistisch scheinende Welt wieder als Gemeinschaft und Großfamilie ausweist und nicht als Geht-mich-nichts-an-Kollektiv. Wenn dann die erfreuliche die Meldung kommt, dass der Rettungsversuch geglückt ist, dann fühlt sich selbst ein daran völlig Unbeteiligter als Mitretter.

Aber es gibt ja viele Situationen, in denen man Hilfe braucht oder Trost. Einrichtungen dafür gibt es schon, zum Beispiel die Telefonseelsorge. Hilfreiche wäre zudem eine Institution oder Person, die die Rat- und Hilfesuchenden mit dem richtigen Zuhörer und Ratgeber verbindet – aber um Gottes willen nicht über eine elektronische Endlosansageschleife!

Sternenkinder

Heute gibt es zum Glück medizinisch sehr fortschrittliche Möglichkeiten, werdendes Leben oder Babys, die zu früh geboren werden, zu retten. Jede Oma kennt noch das Gefühl, das sie hatte, als sie Leben in sich spürte und sich der innige Wunsch mit jedem Tag verstärkte, dass alles gut gehen möge. Fast immer wird dieser Wunsch erfüllt. Der kleine neue Erdenbürger wird freudig begrüßt und seine Ankunft allen und jedem kundgetan.

Aber was ist, wenn es anders kommt? Wenn das ersehnte Engelchen nicht auf die Erde kommen will oder darf, sondern im Himmel bleiben oder dorthin zurückkehren muss? Solche Kinder nennt man Sternenkinder, weil sie ein Teil des Himmels waren, sind oder kurz nach der Geburt wieder werden. Für die Eltern mehr noch als für die Großeltern bleiben sie dennoch Kinder und Teil ihres Lebens. Empfehlen kann man hier nichts, zu unterschiedlich sind die Gegebenheiten und das Verhältnis aller Betroffenen zueinander und untereinander. Aber eins ist gewiss. Selbst wenn ein Kind gar nicht erst leben durfte, sondern gleich im Himmel geblieben ist, haben Eltern in Deutschland das Recht, ihre Sternenkinder bestatten zu lassen, um einen Ort der Erinnerung zu haben. Es gibt Friedhöfe mit speziellen Bereichen für Kinder, erkennbar an Fotos, Zetteln, Windrädchen, Engeln, Kuscheltieren und Spielzeug. Die Bundesgartenschau[40] widmet sich auch diesem Thema.

Es gibt aber auch Leute, die der Anblick von Plüschtieren und Plastik auf dem Friedhof stört. Man könnte vielleicht der Friedhofsverwaltung vorschlagen, sich doch einmal Gedanken darüber zu machen, ob man solche Gedenkstätten für Kinder nicht einheitlich in Weiß als der Farbe der Unschuld halten könnte, zum Beispiel durch weiße Blumen, weißblühende Bodendecker oder helle Kieselsteine. Am Kopfende könnte man ein Tor aus Schmiedeeisen anbringen, an das die Angehörigen kleine Sterne mit dem Namen ihres Kindes hängen könnten. Damit würde eine weiße Wolke symbolisiert, die zum Himmelstor führt, durch das die Sternenkinder gegangen sind, um im Himmel miteinander zu spielen. Damit bliebe es eine schöne Gedenkstätte, würde den fremden Betrachter nicht stören, sondern sein Mitgefühl anregen und letztlich auch den parkähnlichen Charakter eines Friedhofs wahren.

Alle Kinder haben ein Recht auf Eltern, auch wenn diesen nicht vergönnt ist, sie aufwachsen zu sehen. Sie tröstet der Gedanke, dass die Kinder jetzt alle zusammen mit sich und den Englein spielen. Aber manchen wird auch ein Versäumnis bewusst. Hat man den

---

[40] 2011 in Koblenz

Kindern zu Lebzeiten nur Spielzeug gegeben, wo man selbst das schönste Spielzeug gewesen wäre? Omis und Opis. Spielt mit Euren Enkeln oder Leihenkeln so oft, und solange es geht, denn wie lange es geht, weiß niemand. Jede persönliche Zuwendung formt die kleinen Seelen mehr als das teuerste Spielzeug.

Oma als Freundin

„Omma, komma!" ist kein Befehl. Es ist ein Ausdruck des Vertrauens. Omma kommt – immer! Und dieses Vertrauen hält an, bis die Kleinen groß sind und selbst zu Vertrauenspersonen werden. Es gibt Erwachsene, die immer noch mit ihrer Oma oder ihrem Opa sprechen, obwohl diese längst im Himmel sind. Die Großeltern sind für die erwachsenen Enkeln zu Freunden geworden. Ihnen kann man alles erzählen, man kann sie sogar um Rat fragen, auch wenn sie nicht mehr antworten. Es ist so, also würde man einen Brief in Gedanken an einen lieben Menschen in weiter Ferne richten und diesen damit in spürbare Nähe holen. Oma und Opa kommen in einer Zeit, in der die Familien eher auseinanderdriften als zusammenbleiben, so eine Art Haltefunktion zu. Das äußert sich nicht nur in der Ersatzbetreuung, damit die Eltern Geld verdienen und für den Lebensunterhalt sorgen können, sondern auch in der Vermittlung und im Erhalt von Werten, die verloren zu gehen drohen.

Die „großen Eltern" haben längst bewiesen, dass sie auch ohne alle technischen Hilfsmittel, manchmal sogar mit bloßen Händen, das Leben meistern können (wie damals die Trümmerfrauen). Mehr noch! Sie haben den Wohlstand vorbereitet, der heute scheinbar so selbstverständlich ist. Oder ist er das gar nicht? Was versteht man eigentlich unter Wohlstand genau?

Wohlstand

Wohlstand ist ein schwammiger Begriff, genauso wie Armut. Ein „Wohlständler" ist landläufig ein Mensch, sagen wir einmal eine Oma oder ein Opa, der sich um Wohnen, Essen und Trinken keine Sorgen mehr zu machen braucht, der reisen kann, wohin er will, und wie lange er will und dessen einzige Sorge es ist, zu entscheiden, ob das neue Auto der Zweisamkeit dient, also nur für sich und Oma, oder auch die Enkelschar mit aufnehmen soll. Mit anderen Worten: Sportflitzer oder Kombi.

Es ist sicher auch schwierig, zu entscheiden, ob ein Platz wegnehmendes Musikinstrument angeschafft werden soll, das die Nachbarn stört, oder lieber ein dekoratives Gemälde zu bevorzugen ist, das die Nachbarn freut, da sie ein noch schöneres und größeres Bild besitzen. Natürlich ist das übertrieben. Aber nur durch Übertreibung wird manches klarer.

Kinderarmut

Und wie ist das mit der Armut, insbesondere der Kinderarmut? Wann ist jemand arm? Vor allem, wann ist ein Kind arm? Um das für sich zu beurteilen, muss man erst einmal nachlesen, wie Kinderarmut denn überhaupt definiert wird – offiziell natürlich, denn danach richten sich ja die Maßnahmen, die sich der Staat als Abhilfe ausdenkt. Und dass diese Maßnahmen immer wieder nachgebessert oder verschlimmbessert werden, ist ein Anlass, auch mal selbst darüber nachzudenken.

Der Hartz-IV-Regelsatz für Kinder beträgt[41] 208 Euro pro Monat. Darin enthalten sind 86 Cents für Spielsachen und 0,76 Euro für Schulsachen. Das sind 10,32 Euro für Spielsachen und 9,12 Euro für Schulbildung pro Jahr!

---

[41] Zahlen von 2008, geändert 2011

Der Regelsatz wurde inzwischen angehoben und soll noch weiter aufgestockt werden. Zitat des Würzburger Wirtschaftsweisen Peter Bofinger: „Wenn sich ein Alleinerziehender oder Eltern mit Kind mit einem regulären Niedriglohnjob durchschlagen müssen und dann für das Kind weniger Unterstützung bekommen als ein Hartz-IV-Empfänger, dann schafft das eine enorme Verzerrung. Diese Schieflage sollten wir beseitigen!" Ein frommer Wunsch! Aber wie soll das geschehen? Seine Antwort:

„Indem einheitliche Kindergeldbeträge für die Empfänger von Hartz IV und für die Beschäftigten im Niedriglohnsegment gezahlt werden, damit die Vollzeit-Arbeitnehmer im Niedriglohnbereich genauso viel Unterstützung für ihre Kinder bekommen, wie die Bezieher von Hartz IV." Hat jemand, der nicht im Niedriglohnbereich arbeitet und nicht Hartz-IV-Empfänger ist, überhaupt gewusst, dass es hier Unterschiede gibt?

Die Agentur für Arbeit macht darauf aufmerksam, dass sich mit dem Ende der Schulausbildung auch Änderungen beim Kindergeldanspruch ergeben können. Grundsätzlich werde das Kindergeld bis zur Vollendung des 18. Lebensjahres gezahlt. Es gibt aber Ausnahmeregelungen, beispielsweise bei Beginn einer Ausbildung, bei der Aufnahme eines Studiums oder beim Start eines freiwilligen Jahres. Wichtig: Wenn innerhalb von vier Monaten nach Schulende kein Ausbildungsplatz gefunden wurde, müssen die Bemühungen hierzu nachgewiesen werden. Kindergeld wird außerdem weitergezahlt, wenn der Jugendliche als arbeitssuchend gemeldet ist. Und was hat jetzt die Oma damit zu tun?

Nun, sie frischt die Familienkasse auf, wenn sie das kann, oder entlastet den Haushaltsetat der Familie, beispielsweise durch Mitbringen von Obst, Kuchen oder Fresspaketen von Kaffeefahrten, oder sie steckt dem Enkel schon mal etwas zu, damit er die Eltern nicht zu bitten braucht.

Rentnerarmut

Großeltern helfen auf vielerlei Weise. Sich-nützlich-Machen war schließlich eine Leitmaxime ihrer eigenen Eltern. Dieses Sich-nützlich-Machen ist für die Meisten deshalb eine Selbstverständlichkeit.

Omas arbeiten nicht mehr, weil sie in Rente oder Frührente gegangen sind. Aber manche von ihnen würden gern wieder arbeiten, um sich ein paar Euro dazu zu verdienen, und sei es auch nur, um zum Enkelkind zu fahren oder ihm den von der Mama missbilligend beäugten Karies fördernden Lolli zu kaufen. Gut bezahlte Rentnerjobs sind zurzeit noch rar, aber das kann und wird sich in Zukunft ändern.

Es fehlen überall Kräfte für Arbeiten, die auch eine Oma sehr gut übernehmen kann. Damit kann sie dann auch das tun, was die Wirtschaftsexperten empfehlen, nämlich zu investieren und die Inlandsnachfrage anzukurbeln. Doch wenn Oma damit nicht belohnt, sondern sogar bestraft wird, zumindest wenn sie Frührentner ist,[42] dann gilt es hier noch eine Menge Vordenkarbeit zu leisten. Kurz gesagt: Lasst jeden solange arbeiten, wie er will und kann, solange es Aufgaben gibt, die er erfüllen kann und will.

Tauschzentrale

Es drängt sich der unbehagliche Gedanke auf, dass in vielen Hauhalten Berge von Spielzeug und Kindersachen gehortet werden, die nicht mehr benutzt werden, bloß weil sie vielleicht irgendwann mal wieder gebraucht werden könnten, fürs nächste Kind zum Beispiel. Hier bieten sich „Tauschzentralen" an, also wirklich tauschen, nicht kaufen und verkaufen. Die Kinder wachsen doch heraus, und zwar sehr schnell, und das nicht nur aus den Spielsachen, sondern

---

[42] Ihr Steuerberater oder die Rentenversicherung gibt Auskunft.

auch aus der Kleidung. So eine Tauschzentrale wäre doch mal etwas für agile Omas und Opas, womöglich in Zusammenarbeit mit den Eltern oder einem Elternteil. Oma bringt die Kleidung in Ordnung, Opa den Puppenwagen. Oma repariert die Bettwäsche, Opa den Bollerwagen. Oma nimmt ein, Opa gibt aus: Kinderbettchen gegen Inlineskater, Treppengitter gegen Trampolin, Sommerkleidung gegen Skier, Klickerbahn gegen Tretroller und so weiter. Man wächst mit den Aufgaben.

Was braucht man dazu? Räumlichkeiten. Man braucht ein Lager, dazu Regale, Theke, Tische, Kasse etc. Ferner einen Raum, vielleicht eine Garage oder eine Scheune, wo man Reparaturen durchführen und Repariertes aufbewahren kann, und Vieles mehr.

Bei größeren Differenzen zwischen dem Wert der Annahme und dem Wert der Ausgabe – Kinderschuhe gegen Kinderfahrrad, Paidibett gegen Jugendzimmer – lässt sich sicher ein Miniausgleich finden, zum Beispiel Mithilfe bei Reparaturen, kostenlose Überlassung von Arbeitsmaterial oder Arbeitsgeräten, Nägel, Farbe etc. Ein paar Gedanken dazu unter Gleichgesinnten bringen bestimmt praktikable Ergebnisse.

So eine Tauschzentrale wäre auch ein permanenter Kontaktpunkt, an dem man sich selbst austauschen kann. Eine „Kakelecke" wäre vielleicht auch nicht ganz verkehrt. Im Sitzen kann man viel besser reden, zum Beispiel über die Geschehnisse der Welt (mit Opa) und die Wehwehchen und Katasröphchen vor Ort (mit Oma). Einsam? Von wegen! Positiver Stress ist angesagt. Dann vergisst man das eigene Zipperlein, was ja auch häufig nur ein Ruf nach Aufmerksamkeit ist. Und Aufmerksamkeit gäbe es hier zuhauf. Arbeit auch! Das Schöne daran, man kann sich die Arbeit einteilen, bis die Stücke so klein und überschaubar sind, dass man schon wieder mach mehr suchen möchte. Wenn sich viele beteiligen, dann braucht sich bestimmt auch keiner totzuarbeiten. Entsprechende Pausen sorgen für die Zwischendurcherholung und das obligatorische Tässchen Kaffee frisch die möglicherweise doch nachlassende Energie wieder auf.

Es gibt vielleicht in der Nähe eine leerstehende Lagerhalle oder eine ehemalige Fabrikhalle, die der Besitzer weder benutzen noch vermieten kann. Hier wäre eine gute Verwendung dafür. Und wenn schon Geld benötigt wird, dann könnten die geschickten Omas und Opas für kleines Geld Reparaturen aller Art ausführen oder Arbeitslosen eine sinnvolle Beschäftigung geben. Möglicherweise findet man auch einen Sponsor. Wer sucht, der findet!

Essen oder ernähren?

Und was ist mir der Ernährung? Hier ist nicht die Ernährung in der oben genannten Tauschzentrale gemeint, sondern der offiziell angesetzte Preis, den man für Essen ausgibt oder ausgeben muss. Hierzu gibt es natürlich auch wieder Zahlen. Ohne Erhebungen geht das nun Mal nicht. Laut dem Forschungsinstitut für Kinderernährung in Dortmund braucht ein Kind von etwa 15 Jahren 4,86 Euro am Tag für Lebensmittel vom Discounter oder 7,44 Euro vom Supermarkt. Gut, wenn man Oma und Opa hat. Bei denen gibt es ganz Vieles und ganz Leckeres ganz umsonst! Wenn man sich die Zahlen so anschaut, dann hat man den Eindruck, dass die Statistiker diese Omahilft-immer Tatsache mit eingerechnet haben.

Die Enkel werden knapp

Omas und Opas habt Acht! Die Enkel werden knapp! Die Geburtenzahl hat sich von 1965 mit 1,3 Millionen Kindern bis heute nahezu halbiert! Betrachtet man dagegen andere Länder, zum Beispiel Vietnam, das die Nachwuchsüberproduktion drosselt und „Zuwiderhandelnde" aufgrund der seit 1994 gültigen staatlichen Zwei-Kind-Politik drastisch bestraft, kommt man doch ins Grübeln. Die

Geburtenrate bei uns schrumpft, während sie anderswo explodiert. Auch ohne das mit Zahlen zu belegen, kann man das erkennen. Kommt die Familie mal zusammen, zu Feiern, zu Ausflügen oder zu Veranstaltungen, dann sieht man hierzulande mehr Erwachsene als Kinder, von Massenveranstaltungen wie die Love-Parade speziell für junge Leute einmal abgesehen. Omas und Opas wären schlicht überfordert, wenn sie diesem Abwärtstrend durch Eigenproduktion entgegenwirken wollten. Das Chaos wäre perfekt. Sohn jünger als der Urenkel! Manche versuchen es trotzdem.[43] Aber das ist nur gut zu lesen, nichts Alltagstaugliches. Und was ist alltagstauglich?

Haben Familien Zukunft?

Oma und Opa könnten durch ihr eigenes Verhalten die Lust an der Familie wieder wecken. Sie könnten zeigen, dass eine Familie auch Zusammenhalt bedeutet und dass Zusammenhalt ein Gefühl von großem Zuhause vermittelt. Ein Zuhause zu haben, ist ein sehr gutes Gefühl, Mutter und Vater zu haben bedeutet Geborgenheit, und jederzeit zu Oma und Opa gehen zu können mit egal was, ist so etwas wie eine zweifache Sicherheit. Und genau das ist es, was die Kinderseele geradlinig gedeihen lässt. Auch einen kleinen Baum stützt man, damit er gerade wächst. Eltern sind die erste Schutzhülle. Großeltern der doppelte Boden.

Wenn die Familie eine Zukunft haben soll, was manche nicht ganz zu Unrecht bezweifeln, dann müssen Eltern und Großeltern den Sinn dafür wachhalten. Ohne einen Sinn auch für Recht und Unrecht zu entwickeln oder das Bewusstsein für die Ausgewogenheit von Rechten und Pflichten, wird das nicht gehen. Zu weit hat sich die Familie von heute von der Familie von damals entfernt. Besser ist nichts geworden, nur anders, um nicht zu sagen „fremder".

---

[43] mit 65 noch Mutter (England)

Familiennamen

Heute gibt es bedeutend mehr Ich-Natze als Wir-Denker. Und das merkt man einfach überall. Besonders auffallend ist das, wenn es um das eindeutige Bekenntnis zur Familie geht. Ich und heiraten? Wieso denn? Geht doch auch so. Und wenn schon geheiratet wird, dann kann man darauf bestehen, dass die eigene Identität erhalten bleibt und nicht im Namen des Geheirateten untergeht, sondern diesem angehängt oder vorangestellt wird.

Das Ergebnis sind wahre Namensmonstren wie Lautenhaller-Schnatterburger, also ellenlang, häufig unaussprechlich und genauso oft für viele wenig aussagefähig. Gut, man will sich unterscheiden, abheben von der Masse, aber ob das in Köln zum Beispiel mit Schmitz gelingt, sei dahingestellt. Oder wird jemand unverwechselbar, wenn er sich König-Schmitz nennt oder Schmitz-Nochsowas? Und wie ist das mit den Abkömmlingen von den beiden?

Früher war das klar geregelt und damit normal, dass die Frau den Namen des Mannes annimmt und in seine Familie aufgenommen wird. Die Kinder hießen wie der Mann. Der Familienname war Fackel und Bollwerk. Heute heißt die Mutter des Kindes beispielsweise König und der Vater heißt Schmitz. Logischerweise müsste das Kind als Herkunftsnachweis dann König-Schmitz heißen. Aber was wäre das für ein Kuddelmuddel bei wechselnden Partnern und welche heillose Verwirrung würde das auslösen bei den dann ebenfalls wechselnden Großeltern!

Zum Glück gibt es hier eine eindeutige Regelung: Wenn Eltern unterschiedliche Familiennamen haben, müssen sie sich bei ihren Kindern für den Namen des Vaters oder der Mutter entscheiden – ein Doppelname für das Kind, bestehend aus beiden Familiennamen, ist nicht zulässig! Das Bundesverfassungsgericht (BVG) hat entschieden, dass der Ausschluss eines Doppelnamens für Kinder nicht gegen die Verfassung verstößt. Durch diese Regelung werde weder das Elternrecht noch das Persönlichkeitsrecht des Kindes verletzt.[44]

Gott sei Dank. Also kein König-Schmitz, sondern nur König oder Schmitz. Für die behördliche Handhabung ist das auch einfacher, für die Omas nicht unbedingt, zumal dann nicht, wenn die Kinder der wertvollen Abstammung wegen mal nach dem einen und mal nach dem anderen benannt werden. In so einem Fall empfiehlt es sich für die jeweiligen Omas, sich entweder die Namen oder Bezeichnungen aufzuschreiben und auswendig zu lernen oder sich einen entsprechenden Zettel in die Geldbörse zu stecken. Nur so kommen sie nicht ins Schleudern, wenn sie die Kleinen irgendwo anmelden müssen.

Erbanlagen

Der Name als Herkunftsmerkmal wäre also geklärt, das Hingehmerkmal allerdings nicht. Quo vadis? Wohin es hingeht, bestimmen die Eltern, die Familie, die Umwelt und natürlich auch die eigenen Anlagen. Anlagen sind das, was man von den Eltern und über diese von den Großeltern geerbt hat. Und wenn man massenhaft geerbt hat, spricht von Erbmasse. Leuchtet ein. Aber:

Die Erbmasse ist nicht immer gleich erkennbar, Ähnlichkeiten schon. Mancher zweifelt seine Vaterschaft an, obwohl der Kleine ihm wie aus dem Gesicht geschnitten ist. Wenn man sagt: „Ganz der Vater" oder „Ganz die Mutter" kann sich diese Feststellung auf das Aussehen oder auf die Verhaltensweise beziehen.

Dass Kinder nachahmen, ist gewiss, dass ihnen bestimmte Bewegungen oder Reaktionen angeboren sind, mag die Wissenschaft nachzuweisen versuchen.

---

[44] Az: 1 BvL 23/96

Tatsache ist, dass jeder Vorbilder braucht, denen er folgen kann. Man kann nur hoffen, dass das die richtigen Vorbilder sind, wobei sich der Begriff „Vorbild" und „richtig" heute auch nicht mehr so eindeutig definieren lässt und nicht selten eine Färbung „nach Bedarf" erhält.

Orientierungspunkte

Hier punkten Oma und Opa. Sie werden zu Orientierungspunkten, zu Fluchtpunkten, zu Hilfspunkten. Kurz, sie vermitteln Sicherheit und Geborgenheit und zeigen die Liebe zum Leben und zu ihren Kindern und Enkeln, auch wenn sie sich, wie alle anderen Menschen auch, gelegentlich einmal in die Wolle kriegen oder ihre Ruhe haben möchten. Die positive Wahrnehmung überwiegt und damit auch die Gewissheit der Verlässlichkeit. Somit gewinnt die Institution Ehe als Leitbild wieder an Gewicht. Auch die Eindeutigkeit macht sicher. Man weiß, wo man hingehört. Man weiß, woher man kommt. Feste Werte sind wie Geländer, an denen man sich festhalten und auch steile Berge überwinden kann, ohne den Halt zu verlieren.

Oma gegen Oma

Wenn ein kleiner Mensch zu seiner großen Oma aufblickt und feststellt: „Du bist meine Freundin", dann heißt das so viel wie: „Du bist immer für mich da und lässt mich nie im Stich". Das ist dann so etwas wie ein unsichtbar angehefteter Verdienstorden vom Enkel an die Oma. Dass der Enkel umgekehrt genauso denkt und handelt, setzt eine kluge Oma voraus.

Aber es gibt auch Omas, die weniger oder gar nicht klug sind, ja, die sogar richtig fies werden können. Solche Kampf-Omas sind nicht von Geburt an Kampf-Omas, sondern eher der Ausdruck eines Protestes gegen eine Art Mitbesitzrecht der anderen Oma. Da Enkel ja nicht in die Welt sprudeln wie der berühmte Hirsebrei aus den Kochtöpfen, sondern eher abgezählt, also knapp sind, muss sich eine Oma den einzigen Enkel mit der anderen Oma teilen. Das gibt Zoff.

Das brachliegende Liebesvergabepotential ist somit der Grund, weshalb es durchaus vorkommen kann, dass eine Oma der anderen Oma nicht grün ist und in ihrem Denken alles hegt und pflegt, was sie selbst über die andere erhebt und sie damit prädestiniert für die Enkelhätschelei. Sie sind damit immun gegen alle Argumente, die ein gleichberechtigtes Miteinander begünstigen. Das Recht der anderen Oma, den Enkel auch hätscheln zu dürfen, Besorgnis zu zeigen oder gar Ratschläge zu erteilen oder Kritiken anzubringen, wird mit Missachtung geahndet. Keine leichte Aufgabe für Eltern, die sich damit zwangsweise zwischen beiden Omas (und Opas) einigermaßen gerecht aufzuteilen versuchen. Das muss doch nicht sein, oder? Sturköpfe gibt es immer. Uneinsichtige auch. Was ist in so einem Fall zu tun?

Oma mit Oma

Um hier nicht in die Situation eines kaukasischen Kreidekreises zu geraten, gibt es nur eins – letztlich im Sinne aller Beteiligten – ein einvernehmliches Auskommen miteinander immer wieder zu versuchen durch Geburtstagskarten, Anrufe oder Einladungen in größeren Abständen, damit nicht der Eindruck des Aufdrängelns oder Bedrängens entsteht. Ein Versuch ist es aber allemal wert.

Absolut verboten sind negative Äußerungen gegen die andere Oma dem Enkel gegenüber. Der Enkel soll beide Omas lieb haben. Kein Kind dürfte begreifen, dass die eine Oma den Enkel liebt, aber nicht die andere Oma, schon gar nicht, dass er selbst als Enkel der Grund dafür sein könnte. Abneigungen kann man nicht einfach abstellen, aber man kann sich disziplinieren und vermeiden, dass Missgunst und Neid für die Kleinen bemerkbar praktiziert werden. Enkel sind Nachahmer!

Zum Glück sind Kampf-Omas selten. Eigentlich kann man sie vernachlässigen, denn ihre Abneigung richtet sich ja nicht gegen die Enkel, sondern gegen die Mit-Omas oder besser gesagt gegen eine Liebesteilung. Kann man das ändern? Das kann man, wenn man der Behauptung Glauben schenken darf, dass geteilte Liebe doppelte Liebe bedeutet (für das Kind!).

Oma als Spaßmacher

Der Eifersucht kann man nur begegnen, indem man nicht nur eine oder zwei Mit-Omas hat und kennt, sondern deren ganz viele. Mit denen trifft man sich dann – auf einer Linie sozusagen. Wie schon angedeutet, gibt es eine Menge Möglichkeiten, sich in geselliger Runde zusammenzufinden und Nützliches zu bewirken und sich damit selbst etwas Gutes zu tun und den Enkeln oder betreuten Kindern auch.

Sport, Spiel, Spaß

Schützenvereine, Kegelklubs oder auch Karnevalsgesellschaften sind ideale Ansammlungen gleichgesinnter Erwachsener, die in ihrer Feierlaune Lebensfreude ausstrahlen und damit als Nachahmer-Vorbilder bestens geeignet sind – im Rheinland hat man dafür einen schönen Ausdruck „Spaß an der Freud haben". Hat der Enkel sich das abgeguckt und für gut befunden, hat auch er Spaß am Opa, und der Opa hat Spaß am Enkel. Wer weiß, vielleicht wird der eifrige Steppke in Tracht eines Tages Karnevalsprinz oder Schützenkönig.

Durch Sport, Spiel und Spaß gewinnt man Lebensfreude, schärft den Verstand und aktiviert Kräfte in sich, die durch passives Zugucken weder erkannt noch erprobt werden können.

Geräusch und Krach

Spaß an der Freud macht Krach. Geräusche sind mit Kindern immer verbunden. Wenn es schön Krach macht, ist das schon einen Juchzer wert. Beobachtet man Kinder auf dem Spielplatz, dann unterhalten sie sich meistens schreiend, obwohl sie nebeneinander spielen. Ist noch eine Eisenstange da oder ein anderer scheppernder oder vibrationsstarker Krachmacher, dann ist das Trommeln darauf Musik in den Ohren der Tatendrangler, allerdings weniger für die der Nachbarschaft. Tipp für die Gehörschaden befürchtenden Anwohner: Man kann den Krach machenden Gegenstand einfach entfernen oder schallschluckend umwickeln, vorausgesetzt die Krachbekämpfer einigen sich über Form, Material, Farbe, Arbeit und Kosten.

Manchmal ist es besser, man akzeptiert den Ist-Zustand, als einen Soll-Zustand herstellen zu wollen, auf dessen Umsetzung man sich nicht einigen kann. Was versteht man unter Krach überhaupt?

Natürlicher und mutwilliger Krach

Zu unterscheiden hier wäre der natürliche Krach und der mutwillig herbeigeführte Krach. Das Schreien und Lachen beim Herumtollen ist natürlich, absichtlich gegen Eisenstangen oder gegen andere schmerzhafte Tonschwingungen erzeugende Gegenstände zu schlagen ist mutwillig. Das ist aber nicht so zu interpretieren, dass der Täter den Mut hat, willig eine Ohrfeige zu kassieren, sollte er den Unfug nicht lassen, denn Ohrfeigen sind ja bekanntlich „out", was sich mittlerweile bis in den letzten Winkel des Sandkastens herumgesprochen hat. Bestrafung auch, denn wenn man als Genervte zu den Eltern des Krachmachers rennt und verlangt, diesen Krach abzustellen, bauen diese sich eher schützend vor ihren Ablegern auf und weisen dieses strikt Ansinnen ab. Sehr oft landen solche Fälle vor Gericht. Viel zu oft! Hier muss dringend eine Lösung gefunden werden. Aber welche?

Schalldämpfer

Eltern scheinen gegen Krach immun zu sein. Ältere Leute dagegen nicht. Laut einer Untersuchung von Flugzeuglärm beim Starten und Landen oder während des Überfliegens von Ortschaften hat man die Schädlichkeit von Lärm eindeutig nachgewiesen. Die Fluggesellschaften haben deshalb Schalldämpfer installiert. Deswegen werden aber die Flieger nicht stumm.

Geräusche sind unvermeidlich. Mancher taube Mensch würde sie liebend gern hören! Schalldämpfer für Kinder, bis sie stumm sind? Das fehlte gerade noch. Es reicht, wenn man den mutwilligen Lärm eindämmt, z.b. das mutwillige Schlagen gegen das Eisen von Teppichstangen oder Schaukeln. Eine bunte schallschluckende, chic umhäkelte Eisenstange wäre mal eine echte Alternative und künstlerisch wertvolle Aufgabe für handarbeitswütige Mütter und Omas allen Alters. Ganz Gewiefte beziehen den Krachmacher mit ein und fragen todernst, welche Farben er denn bevorzugen würde. Wenn er dann verdattert rot-weiß oder grün-gelb angibt, weil er Fan eines Fußballvereins oder Mitglied einer Karnevalsgesellschaft ist, dann nicht dagegen reden, sonst wird das nichts mit der Krachabstellerei.

Wenn die Strickliesel dann aufsteht und nach der passenden Wolle sucht, sodass der Krachmacher erkennt, dass es der strickwütigen Oma ernst ist mit dem Umhäkeln der Eisenstange, dann wird er vielleicht von seinem Krachmachen ablassen. Eine verrückte Oma, die Teppichstangen umhäkelt, wäre seinem Helden-Image bestimmt abträglich. Kinder können ätzend hänseln. Also, was wirklich tun?

Vielleicht könnte man mit allen Anwohnern eine „Mittagsruhe" erreichen von 13 bis 15 Uhr. Dann könnten alle in Ruhe Mittagessen und anschließend ein Mittagschläfchen halten. Danach lassen wir die Kinder wieder etwas geräuschvoller weiterspielen, damit züchten wir auch keine späteren Mobber.

Kinderspielverbot

Es gab einmal eine betuchte alte Dame ohne Nachkommen. Eins ihrer Grundstücke lag mitten in einer Stadt.

Dieses große Grundstück war mit Wiese bewachsen und so kam sie auf die Idee, dieses Grundstück der Stadt anzubieten, damit diese daraus einen Kinderspielplatz machen konnte.

Auf diese Weise brauchten die Kinder nicht mehr auf der Straße zu spielen, sondern konnten auf einem extra für sie reservierten Spielplatz herumtollen.

Aber die Stadt lehnte ab mit der Begründung, dass sich die Anwohner in diesem Teil der Stadt – meist ältere Herrschaften – durch den Spielplatzlärm belästigt fühlten. Die alte Dame war schockiert und reagierte dementsprechend hart: „Die sollen doch froh sein, dass sie noch Geräusche hören, Ruhe haben sie im Grab noch lange genug!"

Der Spielplatz wurde nicht gebaut. Gegen einen Parkplatz hätte man allerdings nichts einzuwenden gehabt. Aber für den war kein Geld da. Also blieb die Wiese Wiese, über die gelegentlich nur der Rasenmäher tobte.

Kunst in Krach

Also Geräusch muss sein, Krach nicht, es sei denn, er hätte eine Kunstform, ohne die das vollkommene Erfolgserlebnis beeinträchtigt würde. Beispiele für Kunst in Krach sind moderne Musik Events, Böllerschüsse, Feuerwerke, Bierzeltpartys oder der Karneval in all seinen Spaß-an-der-Freude-Ausdrücken. Kunst in Krach stört niemanden. Oder?

Schädliche Umwelteinwirkung

Damit mal endlich Ruhe eintritt in der Krach-Problematik und die Klageflut gegen Lärm eingedämmt wird, hat sich die Bundesregierung eingeschaltet. Sooo wichtig ist das Thema, dass hier eine übergeordnete Macht für Klarheit sorgen muss und möchte. Kindertagesstätten sollen in allen Wohngebieten zugelassen werden. Für manchen Rentner ein Graus. Das Baugesetz und das Bundesimmissionsschutzgesetz wurden aber jetzt (2011) entsprechend geändert! Damit sind Kinder ab sofort keine schädliche Umwelteinwirkung mehr! Um das festzustellen, bedurfte es der Änderung entsprechender Paragraphen. Haste Töne!

Wo sind wir eigentlich hingekommen, dass Lachen, Kreischen, Singen und Rufen spielender Kinder keine Selbstverständlichkeit ist, sondern eine schädliche Umwelteinwirkung?! Zum Glück hat man das jetzt in Ordnung gebracht. „Denn" so Zitat des Bundesumweltministers und nicht der Familienministerin (!): „Wer Kinder wolle, müsse Lärm ertragen, auch in der Mitte von Städten und Gemeinden". Welch ein Konflikt für die Entscheider! Schützen wir nun die Umwelt oder die Familie?!

Wachmacher

Seufz. Omas und Opas haben es nicht leicht. Erst müssen sie die Geräuschkulisse der Enkel und auch noch den der Kinder anderer Leute ertragen, und wenn sie dann endlich im Ruhestand sind, haben sie keine Ruhe. So die Meinung der Kinderspielplatzgegner in Wohngebieten. Aber Ruhestand ist eben keine Vorbereitung auf den ewigen Schlaf, sondern bietet noch eine Fülle von Möglichkeiten, aus dem besten Stadium des Lebens etwas zu machen. Manche wissen nur nicht, was und wie. Dann brauchen sie Anregungen. Anregungen sind übrigens oft auch Auslöser von Kreativität und Aktivität. Dazu ein Beispiel:

Bonifazius

Als eine Oma, die zu vereinsamen drohte, einfach einmal widerwillig in eine Karnevalsgesellschaft mitgeschleppt wurde und dort viele putzmuntere Damen ihres Alters im Elferrat sah, da bekam sie so große Lust mitzumachen, dass sie tatsächlich um Aufnahme in diesen Klub bat. Er wurde ihr gewährt. Und was geschah?

Alle Lebensgeister erwachten und brachten zutage, was in ihr schlummerte und abzusterben drohte. Das Ergebnis? Sie schaffte es, eine Büttenrede zu halten, die ihresgleichen suchte. Dabei erzählte sie nur etwas ganz Alltägliches, das allen nur zu bekannt vorkam, nämlich dass sie sich Namen nicht richtig merken konnte. Sie wollte von „Bonifazius" erzählen, aber den Namen bekam sie nie richtig heraus. Heraus kam Binafiz, Bonifiz, Binfizius, Bonizius etc. etc. Die Leute lachten Tränen und dankten ihr für diese mit Gesten und Mimik reich dekorierte Rede mit donnerndem Applaus und stehenden Ovationen. Die wiedererwachte Oma siegte auf der ganzen Linie und war glücklich. Wie lange war sie das schon nicht mehr gewesen!

Mono-Dialog

Gut, so ein Talent hat nicht jeder, aber es gibt viele Talente, die man nur zu wecken braucht. Talente lassen sich auch entwickeln. Hierzu wieder ein Beispiel:

Fast jede Oma, die schon eine Oma ist und nicht erst wird, hat ein Bild ihres Enkels auf der Kommode, auf dem Nachttisch oder auf ihrem Sekretär. Die Kommunikation mit diesem Bild ist stumm, geschieht nur in Gedanken. Wie wäre es, wenn die Oma mit ihrem Enkel laut spricht? Was sie denkt, kann sie doch auch aussprechen, oder nicht? Wenn es immer so still ist um sie herum, dann wirkt die eigene Stimme fast wie eine Ruhestörung.

Singen stört nicht (wo man singt, da lass Dich ruhig nieder!), solange man in der Eingewöhnungsphase die Fenster geschlossen hält. Es gibt CDs mit netten Kinderliedern und auch Textbücher dazu.

Wer aber meint, dass seine Stimme eher Raben anlockt oder Katzen verscheucht als Enkelkinder begeistert, dann ist der Versuch, etwas zu erzählen, vielversprechender.

Stöbern und sammeln

Es gibt herrliche Fabelgeschichten, aufregende Tiergeschichten, traumhafte Märchen und faszinierende Balladen. Richtig vorgetragen und richtig betont sind Balladen oft spannender als Krimis.

Allein das Sammeln ist schon eine aufregende Sache, bei der man unter Menschen kommt. Fundgruben sind Trödelmärkte und Bibliotheken, aber auch Märchenerzähler auf den Jahrmärkten.

Von ihnen kann man lernen, wie man Worte durch Mimik und Gestik zu Bildern werden lässt. Natürlich kann man auch ein Tagebuch schreiben. Aber das eignet sich selten zum Vorlesen. Außerdem sorgen Stichworte wie Opa krank, Katze entlaufen, Balkon bepflanzt, nicht gerade für Aufregung.

Es gibt aber etwas Aufregendes – für Oma und Enkel. Auch das bedarf einer gewissen Übung und Fantasie natürlich, dafür aber kostet es nichts und sorgt für Spaß und Stimmung. Also weg mit den plärrenden Plastikautomaten, die auf Knopfdruck losscheppern und das Gehör verbiegen, und her mit Wörtern, aus denen eine spannende Geschichte werden kann.

An Omas und Opas, die Geschichten erzählen, wird man sich noch erinnern, wenn man selbst Oma oder Opa geworden ist. Und das geht so:

Sätze aus Zufallswörtern

Der oder die Enkel oder auch deren Freunde, die zu Besuch gekommen sind, sollen wahllos irgendwelche Wörter auf Zettel schreiben, die ihnen gerade einfallen, wie zum Beispiel Ball, Spinat, Spinne, Fenster, Schubkarre, Waldi usw. also kunterbunt. Um es schwerer zu machen, sollten diese Begriffe möglich nichts miteinander zu tun haben. Je nachdem, ob man schon lesen kann oder nicht, schreibt man das Wort auf oder malt ein entsprechendes Bildchen. Gut dafür sind nicht mehr benötigte Kartons, die man in entsprechend kleine Kärtchen zerschneidet. Ideal sind alte Visitenkarten, deren Rückseite mal prima bemalen kann. Ideal deshalb, weil sie alle gleich groß, stabil, gut beschriftet oder bemalt werden können. Außerdem kann man sie sehr gut aneinanderlegen.

Kreativität fördern

Es gibt zwei Möglichkeiten: Entweder die Oma malt die Kärtchen mit einem schwarzen Filzschreiber vor und lässt sie dann ausmalen, oder sie lässt den oder die Enkel und deren Freunde selbst etwas malen oder zeichnen. Ist jemand dabei, der noch nicht lesen kann, sollte man besser einfache Bildchen benutzen. Das Ausmalen beschäftigt die Kleinen eine Weile. Buntstifte finden sich bestimmt. Je mehr Kärtchen, desto länger und lustiger wird dieses Spiel. Hat man genügend Karten zusammen oder fällt der Oma oder den Kindern nichts mehr ein, dann beendet man die Kartenproduktion und legt die Karten verdeckt in die Mitte auf den Tisch.

Der Erste zieht eine Karte aus dem Haufen und legt sie offen auf den Tisch. Nehmen wir an, das ist eine Möhre. Dann zieht der Nächste eine Karte und deckt sie auf. Diesmal ist es vielleicht ein Schmetterling. Jetzt muss derjenige mit dem Schmetterling einen Satz bilden, der beide Begriffe, also die Möhre und den Schmetterling, beinhaltet, etwa so: „Ein Schmetterling mag keine Möhre".

Dann zieht der dritte Mitspieler eine Karte und sucht nun eine Verbindung herzustellen zur ersten oder zur zweiten Karte, je nachdem, wozu ihm etwas einfällt. Angenommen, er hätte einen Eimer gezogen. Dann könnte er sich entweder den Schmetterling aussuchen oder die Möhre. Beispiel: „Mein Pferd frisst einen ganzen Eimer Möhren". Oder: „Wenn der Schmetterling keine Blume findet, setzt er sich auf einen Eimer." Dabei kann ein ganz schöner Blödsinn herauskommen, aber gerade das macht das Ganze ja so spaßig. Die Karten können nebeneinander oder untereinander oder übereinandergelegt werden. Auf diese Weise bildet sich ein Kartenmuster auf dem Tisch. Wer keinen passenden Satz findet, kann seine Karte einmal – aber nur einmal – umtauschen, indem er seine Karte wieder verdeckt in den Kartenhaufen schiebt und sich eine neue zieht. Das geht dann immer reihum, bis keine Karten mehr da sind. Sieger gibt es hier nicht, nur Gewinner.

Patchword

Jeder kann seinem Spiel natürlich einen eigenen Namen geben, beispielsweise „Erzähl mir was!" Oder „Passt das?" oder „Wortspiel". Manchmal ist es leichter, zehn Kartenmotive zu finden als einen Titel. Lassen Sie sich etwas einfallen. Probieren geht über Studieren. Jedenfalls kann man damit für wenig oder gar kein Geld eine Menge kleiner und großer Leute auf recht unterhaltsame und gleichzeitig sinnvolle Weise beschäftigen. Dieses Spiel regt die Fantasie an, erweitert den Wortschatz und stärkt die Kombinationsgabe.[45]

Eine andere Möglichkeit ist, den Enkel abends, wenn er ins Bett gebracht wird, zu bitten, irgendein Wort zu sagen oder auch zwei. Daraus macht Oma dann eine spannende oder fantasievolle Gutenachtgeschichte. Wenn das dem Enkel gefällt, kann das an anderen

---

[45] Neues Spiel! Mitmach- oder Testkinder bitte beim Verlag melden!

Abenden wiederholt werden. Es entstehen dann immer neue Geschichten. Kinder macht es neugierig, was Oma wohl diesmal zu erzählen weiß. Hat Oma aus allen Wörtern eine Geschichte gemacht, hat Oma gewonnen. Schafft sie das nicht, haben die Enkel gewonnen. Man kann Oma sehr, sehr lieb haben, aber so ein ganz klein wenig Schadenfreude, dass man Oma überlistet hat, würzt den Sand, den das Sandmännchen dann in die Träumeäuglein streut.

Wortschatz erweitern

Egal also, ob in großer oder kleiner Runde, wichtig ist das fantasieanregende Miteinander. Ist man geübter, kann man auch strengere Regeln anwenden, indem man keine andere Wahl hat, als die Karten nebeneinander in eine Reihe zu legen und so eine fortlaufende Geschichte aus den zufällig gezogenen Karten zu erzählen. Das erweitert den Wortschatz, trainiert die Sprache und regt die Kreativität an.

Oma ist die Moderatorin, die immer für Fortsetzung sorgt, falls jemand mal stecken bleiben sollte. Sie muss unbedingt verhindern, dass jemand sich als dumm empfindet oder schämt, wenn er nicht so richtig mithalten kann. Auch hier gibt es eine Lösung, die Gemeinschaft zu fördern, indem man die anderen helfen lässt. Derjenige, der nicht weiter weiß, fragt in die Runde: „Wer tauscht meine Karte?" Dazu legt er die Karte sichtbar auf den Tisch. Irgendeiner nimmt dann die Karte und gibt ihm seine. Damit hat er Zeit, sich etwas auszudenken, bis er wieder dran ist. Derjenige, der die Karte genommen hat, muss die Geschichte jetzt mit diesem Bild weiter erzählen und sie dann vom Nächsten fortsetzen lassen.

Das geht so weiter, bis keine Karte mehr da ist. Damit ist dann die Geschichte aus und das Spiel zu Ende.

Stimme malt Bilder

Am besten, die Oma macht das einmal vor, damit die anderen wissen, wie es geht, und Lust bekommen, das nachzumachen. Gesten und Stimme in der Erzählung aus Zufallswörtern unterstützen die Vorstellungskraft und verwandeln die Worte in lebendige Bilder. Ein Beispiel:

Waldi (Zettel mit Waldi nehmen) – wuff wuff wuff (Stimme einsetzen) – will keinen Spinat essen (Zettel mit Waldi schütteln) – grrr grrr – denn das ist nur gut für Kinder, nicht für Hunde. Also springt Waldi aus dem Fenster (Kärtchen mit Waldi macht einen großen Bogen) – hopp – und landet direkt in einer Schubkarre – radong! Die fällt um – padautz – und Waldi kullerte heraus (jauuul). Das sieht eine Spinne und kichert. „Hihi, wer aus dem Fenster springt, sollte sich ein Fangnetz besorgen! Ich webe Dir eins!" Das aber findet Waldi gar nicht lustig. Er fühlt sich verulkt und jagt der frechen Spinne nach. Die flieht durchs Fenster in die Stube und fällt zur Strafe direkt in den Spinat – patsch!

Eine solche Art von Gehirnjogging im Team ist eine empfohlene Alternative zum einsamen Gehirnjogging auf elektronische Art. Die Leistungsfähigkeit der grauen Zellen vermindert sich im Alter, wie man weiß, wenn man nichts dagegen tut. Und man kann eine Menge dagegen tun, und das ganz ohne Geld, aber mit viel Freude. Noch ein Beispiel gefällig?

Freude am Selbermachen

Eine andere Möglichkeit wäre, solche Wortkarten vorher selbst zu basteln und in einem Spielkarton zu sammeln, das heißt so viele Wörter wie möglich zu finden und sie auf kleine Karten zu schreiben oder zu malen oder beides. Diese Kärtchen sollten viereckig sein, damit man sie gut aneinanderlegen kann. Es können beliebig viele

Karten sein. Das Spiel sollte am Anfang aber nicht zu lange dauern, da Denken anstrengend ist und ermüdet. Deshalb besser die Anzahl der Karten auf die Anzahl der Teilnehmer abstimmen. Mit der Zeit spielt sich das ein. Es fördert die Kreativität, beflügelt die Fantasie und erweitert den Wortschatz. Am einfachsten ist, man beginnt eine solche Spielgeschichte mit: „Es war einmal …".

Freude am Selberhören

Besonders lustig kann es werden, wenn man das Ganze aufzeichnet, falls man ein Aufnahmegerät hat, und dann gemeinsam abhört. Jeder hört sich gerne reden, auch wenn die eigene Stimme oft nicht gleich erkannt wird. Außerdem prägt sich das ein und regt an, es das nächste Mal besser zu machen. Die Oma kann diese Aufzeichnung dann mit nach Hause nehmen und abhören, wenn sie sich mal alleine fühlt, oder es dem Opa vorspielen, der vielleicht krank ist und nicht teilnehmen konnte oder eine Ablenkung braucht.

Basteln

Ganz spannend ist auch basteln und Papierfalten.[46] Bekannt sind Origami-Modelle, für die man keinen Kleber braucht!!! Es gibt hierzu Bastelanleitungen oder auch Kurse, in denen man, also Oma, das lernen kann. Die Bastelanleitungen setzen Geometriekenntnisse voraus, ist also etwas für pfiffige Enkel im Schulalter. Hier können sie ihr Wissen praktisch anwenden und jemand vielleicht mit so einer Bastelei eine Freude machen. Sogar der bekannte Herrnhuter Stern lässt sich nachmachen – im Familienteamwork zur Freude der ganzen Familie – oder Tiere aller Art. Eine Aufgabe, die die langen Abende vor Weihnachten verkürzt und ein prachtvolles Ergebnis bringt, auf das alle stolz sein können.

---

[46] www.papierfalten.de

Natürlich gilt vieles, das für Omas ausgelegt ist, auch für Mütter und Familienmitglieder generell. Aber oft hat nur die Oma wirklich Zeit dafür und bringt der Mutter damit den Freiraum, den diese für allerhand andere Arbeiten braucht. Omas sind somit keine ausgegliederten Einzelwesen, sondern sind und bleiben Familienbestandteil, auch wenn sie ganz woanders wohnen und nur gelegentlich zu Besuch kommen oder besucht werden. Wenn bei Oma immer etwas los ist, dann ist die Oma Spitze. Und Spitzen-Omas bereiten sich eben auf ihr Spitzendasein vor, ohne viel Geld ausgeben zu müssen oder eine Unmenge an Spielzeug parat zu halten. Oma selbst ist das beste Spielzeug! Opa natürlich auch, wenn er will und nicht gerade in der Garage sein Auto putzt.

Mitmach-Opas

Opas können eigentlich mehr mit Jungen als mit Mädchen etwas anfangen. Sie erinnern sich gern an ihre eigene Jugend und wiederholen dann mit den Enkeln, was sie damals so toll fanden. Eins dieser tollen Erlebnisse ist Feuermachen! Der Entsetzensschrei ist gerechtfertigt, wenn das Feuer im Wohnzimmer oder im Keller stattfinden soll. Aber ruhig Blut. Opa weiß um die Gefahren. Er hat sich ja selbst oft genug die Finger verbrannt.

Aber so eine lodernde Feuerstelle, um die man sich versammelt und mit unendlicher Geduld Kartoffeln essbar zu machen versucht, das kann richtig romantisch werden, noch dazu, wenn jemand die schönen alten Lagerfeuerlieder kennt und möglichst noch mit einer Guitarre begleiten kann. „Jenseits des Tales standen ihre Zelte, zum hohen Abendhimmel quoll der Rauch …" Und dann noch der junge König – also romantischer geht's nicht. Schnief.

Es gibt mehr als Fernsehen oder Computergucken. Aber wer nur TV und Computer kennt, weiß nicht, was er sonst mit sich anfangen könnte. Opa sagt es: Komm, lass uns Feuer machen. Feuermachen kennt man von explodierenden Autos in Krimis oder TV-Berichten über Feuersbrünste in ausgedörrten Gebieten. Aber als gefahrloses, friedliches, lustiges, ja sogar romantisches Beisammensein, das ist kein gewohntes Alltagsbild mehr, sondern die Ausnahme und somit ein Highlight in der aktivitätsarmen Langweilfreizeit.

Kampf der Langeweile

Aktivität in friedliche Bahnen gelenkt, lenkt von bösen Taten ab, die häufig auch nur aus Langeweile entstehen. Holz sammeln, Scheite aufschichten, Sitzgelegenheiten schaffen, Kartoffeln aufspießen, Würstchen grillen, Abenteuergeschichten erzählen, herumalbern und das Gefühl haben, nicht nur seine grauen Zellen, sondern auch seine Muskeln bewegt zu haben, das ist ein gutes Gefühl. Es macht auch schön müde. Müde Krieger sind keine friedlichen Krieger. Einen friedlichen Krieger gibt es nicht. Entweder er friedet oder er kriegt, beides zusammen geht nicht. Wenn ein Krieger nicht kriegt, dann ist er nicht friedlich, sondern bestenfalls müde oder untätig. Ein untätiger Krieger kann auch ein wilder Krieger sein, der viele Untaten verübt. Und tut er das nicht, ist er entweder kein Krieger oder hat null Bock.

So jedenfalls muss man sich Jugendliche vorstellen, die von unfriedlichen Null-Bockern plötzlich zu friedlichen Feuerguckern mutieren. Wenn es der Opa schafft, den Jungs klarzumachen, dass Holzsammeln die Vorbereitung einer großen Gaudi ist und keine Arbeit, für die man nicht bezahlt wird, dann besteht die berechtigte Hoffnung, dass ein oft als aggressiv empfundener junger Mensch als eigentlich ganz brav enttarnt wird. Ihm fehlte einfach etwas. Meist kann er selbst nicht sagen, was. Aber diese empfundene Leere macht aggressiv gegen jeden, der diese Leere offensichtlich nicht empfindet. Normalsein heißt Langeweile. Langeweile muss bekämpft werden. Nur womit? Da kommt Opa mit dem tollen Feuermachangebot.

Plötzlich ist die Leere weg, die Aggression ist weg und die Würstchen irgendwann auch. Und morgen kann man auch noch ausschlafen! Das Leben ist schön!

Aggressivität

Aggressive Jugendliche mit ihren oft völlig unverständlichen, manchmal sogar bösartigen Taten gehören in die Kategorie der real existierenden Großmütter. Wenn diese zu Fehlentwicklungen neigenden Jugendlichen keine Beziehung zu ihren Omas aufbauen konnten, was viele Gründe haben mag, dann ist jede Oma überfordert, sich diesem Problem zu stellen oder es anzugehen. Das ist dann Sache der Profis und schlimmstenfalls der Polizei. Es kommen meist so viele Faktoren zusammen, dass allgemeine Verhaltensregeln nur sehr unzureichend aufgestellt werden können. Man muss mit allen Details vertraut sein, mit dem Werdegang des betreffenden Menschen, mit seiner Umgebung oder seiner Herkunft, ehe man sich eine Strategie ausdenken kann, die annähernd Aussicht auf Erfolg hat.

Aber wenn die Oma oder der Opa keinen Kontakt hat oder haben kann, dann sind alle Überlegungen graue Theorie. Man verliert die Orientierung, zieht sich zurück. Hinzu kommen Unsicherheit und Angst gegenüber dem Unberechenbaren. Oma weiß nicht mehr, wie sie sich verhalten soll, wenn sie überhaupt eine Chance bekäme, sich zu verhalten oder etwas zu tun.

Oma ante portas

Omas können vieles, aber nicht alles, und nicht alle sind Karate-Omas. Viele bekommen Angst, wieder unter Menschen zu gehen. Sie ziehen sich zurück, schieben den Riegel vor die Tür und programmieren damit ihre Einsamkeit, die sie gar nicht wollen. Niemand will einsam sein. Hier hilft nur eins, eine Gemeinschaft, die den Einzelnen wie ein Schutzwall mit allseits offenen Türen umgibt. Wenn es die Familie nicht sein kann, dann vielleicht eine kleine Gruppe, die sich zum Kartenspielen trifft oder zum Kaffeetrinken oder zum Wandern oder zu Ausflügen oder zu gemeinsamen Veranstaltungen, vielleicht sogar zu Vorleseabenden oder zum gemeinsamen Musizieren mit und ohne Kinder. Hausmusik war früher in vielen Familien ein Treffen von besonderem Reiz.

Vielleicht findet sich ein größerer Personenkreis zusammen, der sich bestimmte Aufgaben sozialer Art stellt, die gemeinsam gelöst werden können und für verschiedene Aktivitäten sorgen. Kirchen bieten zum Beispiel Krippenspiele an oder die Beteiligung am Kirchenchor. Schulen veranstalten Theaterspiele, wo alle Eltern und Großeltern mitmachen können, indem sie Kostüme mitgestalten oder nähen oder die Bühne aufbauen. Jeder kann sich also nach seiner Façon und Neigung beteiligen, ohne das als Zwang zu empfinden.

Geistige und körperliche Aktivitäten verschönern nicht nur das Leben, sie verlängern es auch. Das gilt natürlich generell für alle und nicht nur für real existierende Großmütter.

Werdende Großmütter

Aber was ist mit den werdenden Großmüttern? Was die werdenden Großmütter anbelangt, so konzentrieren sich diese erst einmal auf die neue Situation und den Rollenwechsel von Mutter zu Oma. Viele fragen sich: Merkt man das eigentlich irgendwie und wenn ja, woran?

Kontrollblick in den Spiegel. „Naja, ehrlich, also ja, nein. Geht es jetzt rapide mit mir bergab? Weg mit den High-Heals und rein in die Gesundheitstreter? Kann ich noch ausgelassen sein, verrückte Dinge tun, Sex haben oder String-Tangas tragen? Oder schickt sich das nicht mehr für eine Oma? Was wird der Göttergatte sagen, wenn er plötzlich mit einer Oma liiert ist?

Auf die String-Tangas kann man ja notfalls noch verzichten, die kratzen ohnehin und rutschen auch schon mal aus der Popofalte.

Und Sex mit einem Opa? Aber hallo! So ganz verbissen sieht man das ja wohl doch nicht. Schließlich ist es mein Opa, äh Mann, also Opa-Mann. Bin ich bald seine gefühlte Oma oder nur eine Nenn-Oma, also seine Frau, die nur von anderen Oma genannt wird?

Und wenn mein ankommender Enkel mich später mit seiner Oma aus dem Bilderbuch vergleicht, erkennt er mich dann als große Mutter, sprich Großmutter wie bei Rotkäppchen oder als Neben-, Zweit- oder Ersatzmutter, oder als gute oder als böse Fee?

Muss ich den Ernstfall als Oma simulieren oder soll ich einfach alles so laufen lassen, das heißt alles auf mich zukommen lassen? Verträgt sich eine Sanftmut und Güte ausstrahlende Oma mit einer Domina im Bett?

Also anfühlen tue ich mich ja noch ganz gut. Aber ich werde die Kosmetiktermine mal besser etwas erhöhen und bei den Falten-cremes nach einer höheren Wirkungsstufe suchen."

Ganz locker gesehen

Manche werdende Großmutter steckt den Übergang von der Frau und Mutter zur Oma ganz locker weg. Heutige Omas sehen ganz anders aus, als beispielsweise die eigene Oma ausgesehen hat.

Sie sind auch ganz anders, sie verhalten sich auch ganz anders, sie haben auch mehr Mittel (eigene nämlich) und mehr Freiheiten (die sie sich nicht mehr zu erkämpfen brauchen) und eine eigene Vorstellung von Leben – als Frau und Geliebte natürlich.

Candle Light im Dunkeln

Andere tappen da völlig im Dunkeln und sind nicht Fisch, nicht Fleisch. Total verunsichert, wie das denn jetzt wird und vor allem was aus ihnen beiden wird – Mann und Frau oder Opa und Oma? Sie schielen in den Spiegel und zum Ehemann oder Lebensgefährten hinüber und beäugen jede Veränderung seines Verhaltens mit Argwohn. Der arme Mann kann aber gar nichts dafür, dass er Opa wird. Daran hätte er früher denken müssen. Und Oma auch. Und Oma denkt wirklich daran. Es war doch alles so schön romantisch damals. Warum sollte das Candle Light Dinner heute nicht genauso wirken wie seinerzeit, als Opa noch der hinreißende, schlanke junge Mann war und um sie warb? Ein Versuch wäre es wert.

Er sieht es mit Freude und Erstaunen. Was auch immer der Grund für dieses Überraschungsdinner sein mag. Ihm gefällt es. Daran, dass er Opa wird, denkt er nicht eine Sekunde. Ist auch müßig, denn noch ist Oma seine gefühlte Frau, buchstäblich, und er ein Prachtkerl dank Mami.

Übergangsphase

Aber wie lang ist diese „Übergangsphase" von Frau zu Oma? Genau 9 Monate. Der Kampf, der sich im Inneren der Frau abspielen kann, wenn sie sich auf der umkehrlosen Rolltreppe zum Oma-Werden befindet, ist dem einer werdenden Mutter nicht unähnlich. Beide sehen neuen Situationen entgegen. Die Fantasie malt Wunsch- und Schreckensbilder. Was kann nicht noch alles passieren! Im Grunde weiß man zwar Bescheid – theoretisch jedenfalls, – denn man liest ja alles, was irgendwie zur Bewältigung dieser Neuzeit nützlich erscheint. Die werdende Mutter liest die Babywelt, die werdende Oma die Apotheken-Umschau. Natürlich nicht nur. Wichtige Themen wie Kosmetik, Mode und Kochen bleiben nach wie vor Lesefavoriten beim Frisör. Zu Hause nicht, denn da hat man Fernsehen – und den Opa werdenden Ehemann oder Lebensgefährten. Der beachtet die kommende neue Situation nicht. Er ignoriert sie einfach. Er will nicht Opa werden. Er ist kein Opa. Er ist immer noch ein Mann – prachtvoll, jung, dynamisch, unwiderstehlich, mit Gold kaum aufzuwiegen.

Natürlich hat man die Waage etwas nach links verstellt. So zwei bis fünf Kilo-Striche machen da schon etwas aus. Ein bisschen moppelig zu sein ist ganz knuffig. Männer sind dann „stattlich" und Frauen „mütterlich". Wenn eine werdende Oma also mütterlich ist, dann bedeutet das doch eher eine Verjüngung und damit ein Kompliment.

Heutige Omas sehen mit fünfzig oft noch aus wie mit neunund-dreißig oder mit siebzig wie mit fünfzig. Positives Denken verscheucht Depressionen und beugt Falten vor.

Die Mutter hat ihre Oma doch auch heiß und innig geliebt. Jetzt wird sie selbst eine. Das ist doch ein echter Grund zur Freude!

Oma online

An Komplikationen mit Oma kann man sich eigentlich kaum erinnern. Es war auch alles viel straffer geregelt, was Komplikationen vorbeugte. Diese Regeln waren bekannt.

Verstieß man gegen sie, erfolgte eine oma-mäßige Strafe in Form eines strengen mündlichen Verweises oder einer tätlichen „Kopfnuss", die noch so lange nachzwiebelte, wie das Überdenken des Grundes für diese Bestrafung dauerte. Oma strafte nur, wenn sie Grund dazu hatte. Ungerechte Strafen gab es nicht. Also akzeptierte man die Strafe, gelobte Besserung und war damit wieder auf Omas Linie – zu Neudeutsch „online".

Oma-zack-zack

Oma wird man also ohne eigenes Zutun. Hat man Kinder, die verheiratet sind, liegt die Gefahr nahe, dass man irgendwann einmal zur Großmutter gemacht wird. Aber davor ist man auch bei unverheirateten Ablegern mit wechselnden Dauerbeziehungen nicht gefeit. Und selbst die ganz jungen Erwachsenenfrischlinge, die durch die Medien animiert begierig sind, das Wonnegefühl der Liebe selbst zu erfahren, sind potentielle Mutter-Oma-Wandler mit übergangsloser Direktauswirkung.

Oma-zack-zack ist ein doppelt richtiger Begriff. Er bezeichnet die Schnelligkeit, mit der die Mutter-Oma-Wandlung manchmal gehen kann, aber auch die Aufforderung zur Tat, das heißt zum schnellen Einsatz am Familienbrennpunkt.

Soeben war eine Mutter noch Mutter und jetzt ist sie Oma. Plötzlich und ohne Vorwarnung. Soll man sich drücken? Kann man sich drücken? Lässt man die überraschend gewordene Mini-Mama mit dem kleinen Kräher allein? Das Kind ist doch genauso plötzlich Mutter geworden wie die Mutter Oma.

Der Vater des Kindes weiß manchmal selbst nichts von seinem Glück oder kommt nach der Glücksmitteilung abhanden. Lässt die Mutter ihr Junges dann im Stich?

Ganz bestimmt nicht! Aber es erfordert schon Mut und Stärke für beide, die neue Mutter und die neue Oma, sich den jetzt auf sie zukommenden zahlreichen Herausforderungen zu stellen. Nur gemeinsam geht das. Die Tochter ist und bleibt Teil der Mutter, auch wenn diese Oma wird. Starke Mütter bringen starke Kinder. Starke Omas bringen starke Mütter und damit auch starke Familien.

Die SG-1 Omas

In manchen Ländern sind die Omas oder Großmütter die eigentlichen Oberhäupter der Familie, und das aus gutem Grund. Ende Januar 2010 bereits schreibt die NRZ in einem lesenswerten Bericht, dass die Eltern der Eltern, also die Großeltern, in immer mehr Familien zur „schnellen Eingreiftruppe" werden, wenn es um die Kinderbetreuung geht.

Ohne Großeltern geht vieles nicht mehr. Sie holen die Kinder ab, betreuen sie, und das kostenlos und verlässlich. Arbeiten ist für viele Mütter nur möglich, wenn sich jemand um das oder die Kinder kümmert. Zum Teil tun das die Kitas, aber eben nur zum Teil. Was ist bei Krankheit? Bei Überstunden? Bei Schichtdienst? Oder im Not- oder Bereitschaftsdienst, wo die Arbeitszeiten nicht fest vorgegeben sind, ja nicht einmal geplant werden können, sondern sich erheblich verschieben können, z.B. im Sanitätsdienst oder bei Katastropheeinsätzen. Hier kann auch das Abholen der Kinder aus dem Kindergarten zum Problem werden. Rettung für die Retter kommt also nicht vom Staat, sondern aus der Familie!

Stabile Bezugspersonen

Die Kinderbetreuung durch die Großeltern nimmt hier in Deutschland ständig zu. Es wird Zeit, dass man das nicht einfach so hinnimmt, sondern konkret etwas dafür tut. Je nachdem, ob Oma und Opa gleich um die Ecke wohnen oder in einem Zeitraum von etwa einer halben Stunde vor Ort sein können, gehen oder fahren die Kinder auch gern zu ihren Omas und Opas, meist nachmittags oder an Wochenenden. Für Kinder sind Großeltern stabile Bezugspersonen. Häufig gehören auch Geschwister, Freunde oder bezahlte Babysitter zum Netzwerk junger Familien.

Die Bedeutung des Großeltern-Einsatzes wird in den Statistiken und Debatten über die Gleichsetzung von Haushalt und Familie vernachlässigt. Zu Unrecht! Vielleicht sollte sich ein Gleichstellungsbeauftragter einmal darum kümmern.

In Ostdeutschland ist die Entwicklung besonders deutlich. Zitat: „Seit der Wende betreuen deutlich mehr Großeltern ihre Enkel als vorher – obwohl hier das Angebot an Krippen und Kitas traditionell hoch ist. Das liegt an der veränderten Arbeitswelt, in der junge Eltern nur dann bestehen können, wenn sie in erster Linie Hilfe aus der eigenen Familie bekommen."

Natürlich ist die familiäre Selbsthilfe gut, aber nicht unbedingt unproblematisch. Heutige Eltern sind in den 70er Jahren liberal erzogen worden. Deshalb funktioniert das. Es funktioniert aber auch deshalb, weil nicht alle unter einem Dach wohnen, sondern eine „Intimität auf Distanz" pflegen, wie der Berliner Soziologe Hans Bertram meint und damit dem Gedanken des Mehrgenerationenhauses widerspricht. „Viele Großeltern betrachten ihren Einsatz sogar als Verpflichtung!" Ob hautnah oder auf Distanz, eine stabile Bezugsperson ist ein Wegweiser, an dem sich kleine und junge Menschen orientieren.

Wer nicht immer ansprechbar und präsent ist, fällt als Orientierungsgröße und Halt aus. Ausnahmen bilden Omas, die immer zu bestimmten Zeiten kommen, zum Beispiel zum Vorlesen in Kindergärten an jedem Mittwoch um 11 Uhr.

Fazit: Eine Oma – auch eine Paten-Oma oder Leihoma oder jede Person, die eine Oma vertritt – ist besser als Kita-Öffnungszeiten von 5 Uhr morgens bis 23 Uhr nachts. Hierzu die ebenso rührende wie aussagekräftige Begründung einer 12-Jährigen: „Du riechst so schön nach Oma!" Für die betreffende Oma (Leihoma aus Mülheim) war das ein Riesen-Kompliment. Oder anders ausgedrückt: „Für die Welt bis Du irgendjemand, aber für irgendjemand bist du die Welt!"[47]

Omas Aura

Eine Oma hat eine Aura! Das ist Fakt. Die hat sie aber auch, wenn sie keine studierte oder diplomierte Großmutter ist, sondern eine „natürlich gewachsene" Oma. Anders als bei anderen Menschen darf diese Aura verletzt werden, ja sie soll sogar verletzt werden. Wenn die kleinen Ärmchen in herrlich besitzergreifender Weise Omas Aura einfach beiseiteschieben und sich an der geliebten Omi festklammern, dann schließt sich Omas Aura hinter dem Kind wie die Rosenhecke um Dornröschen und die gute Fee. Oma und Enkel werden eins, sind eins, bleiben eins, geschützt durch ein unsichtbares Band, das die Unzertrennlichen zusammenhält, aber auch jederzeit wieder freigibt. Omas Liebe ist kein Gefängnis, sondern ein Rosengarten.

Giftzwerge

Nun ist eitel Sonnenschein auch in einem Rosengarten kein Dauerzustand. Auch die Oma ist mal unpässlich, krank oder einfach müde. Und der Enkel klammert auch nicht immer, sondern legt mitunter recht befremdliche Verhaltensweisen an den Tag.

Fall 1: Verleugnung

So wurde kürzlich von einem 3-jährigen Steppke aus Braunschweig berichtet, der sich mit seinem Großvater auf offener Straße so zoffte, dass eine besorgte Passantin schlichtend eingreifen wollte. Der Großvater beruhigte die Frau, dass er mit dem Kleinen schon

---

[47] Erich Fried, britisch-österreichischer Schriftsteller

fertig werden würde, schließlich sei er der Opa. Als der mucksche Knirps aber mit Vehemenz bestritt, dass das sein Opa sei, rief die besorgte Passantin die Polizei. Um keinen Auflauf von Leuten zu veranlassen, nahm die Polizei alle drei, das Kind, den Opa und die Passantin, mit auf die Wache. Hier blieb der Junge aber stur bei seiner Behauptung, dass dies nicht sein Opa sei, sondern ein vollkommen fremder Mensch.

Erst als die Mutter herbeieilte und die Verwandtschaftsverhältnisse aufklärte, kam die Wahrheit ans Licht. Es war tatsächlich der Opa, aber dieser war bei seinem Enkel in tiefe Ungnade gefallen, weil dieser ihm das von ihm, dem Enkel, ausgesuchte teure Spielzeugauto einfach nicht kaufen wollte. „Teuer" war für den Kleinen ja kein Begriff. Aber ein Opa, der seinem Enkel kein Spielzeug kauft, ist kein Opa. Folglich die entsprechende Reaktion: „Den kenne ich nicht. Das ist nicht mein Opa!"

Eine ganz schön peinliche Situation für den Opa, aber auch nachdenkenswert. Man sollte die Großeltern, auch wenn diese noch so spendabel sind, vielleicht nicht immer als ewig sprudelnde Spielzeug- oder Wunscherfüllungsquelle hinstellen.

Fall 2: Verleumdung

In einem anderen Fall dauerte es einer Oma zu lange, darauf zu warten, dass sich die Kleine nach dem Toilettengang die Hände wäscht. Also half sie etwas nach, indem sie die kleinen Hände mit etwas Nachdruck unter den Wasserhahn hielt. Prompt fiel die Kleine an zu heulen. Nachdem Oma das Handtuch wieder an den Haken gehängt hatte, rannte die Kleine zu ihren Eltern und behauptete steif und fest: „Die Omi hat mich geschlagen!"

Die Oma kam kurz darauf ins Zimmer und wurde von den Eltern mit strengen Blicken gemustert, die signalisierten: „Prügel-

Omas wollen wir hier nicht! Unser Kind wird nicht geschlagen!" Natürlich hatte die Oma nicht geschlagen und schon gar nicht geprügelt, aber allein der Gedanke, dass man ihr das zutraute, war eine schmerzliche Erfahrung. Es dauerte eine Weile, bis Oma das verkraftet hatte. Beim Kind ging das viel schneller. Es tobte schon wieder vergnügt durchs Zimmer. „Omi, fang mich doch!" Und Oma fing!

Fall 3: Entwaffnung

Das Enkel hatte die Oma mit irgendetwas so genervt, dass die sonst so gutmütige Oma ausrastete und ihren Enkel anherrschte: „Wenn Du das nicht sofort sein lässt, kannst Du mich mal richtig kennenlernen!" Darauf der Enkel mit treuem Blick: „Aber Oma, ich kenne Dich doch!" Dass die verblüffte Oma ihren Enkel darauf hin nicht, wie dieser erwartete, streng bestrafte, sondern stattdessen ein Küsschen gab, verstand er allerdings nicht. Bei seinen Omakenntnissen bestand wohl noch etwas Nachholbedarf.

Trotz ist nervig

Kleine Kinder sind manchmal trotzig. Sie wollen ihren Willen durchsetzen. Schaffen sie das nicht, weinen sie oder werden wütend oder behaupten etwas, was nicht stimmt, um zu sehen, ob es nicht doch irgendwie klappt mit dem Willendurchsetzen. Dieser Wille hat zum Glück kindliches Maß, z.B. wenn man partout keine Schuhe anziehen will, sondern lieber in Socken herumlaufen möchte, oder die schönen Kartöffelchen verschmäht und lieber Schokopudding essen will. Nur die Penetranz, mit der versucht wird, diese Willensbekundungen durchzusetzen, bringt manche Eltern ganz schön aus der Ruhe.

Wie die Zeitschrift „Leben und Erziehung" herausfand, leiden vier von fünf Eltern unter dem Trotz ihrer Kinder. Das ist viel und auch bedenklich, denn Eltern können dem Trotz kaum entfliehen. Da haben es die Großeltern leichter, denn die sind ja nicht immer da. Und wenn sie da sind und solche Trotzattacken erleben müssen, dann finden sie sich schneller damit ab als die Eltern, denn bei den Großeltern ist das nur ein gelegentlicher Stress, bei den Eltern aber möglicherweise ein stressiger Dauerzustand.

Um Trotz und Oppositionsverhalten nicht zum Dauerzustand werden zu lassen, muss man beizeiten Grenzen setzen oder dem Kind in einer für das Kind verständlichen Weise erklären, warum das und jenes sein muss oder nicht sein darf. Wenn die Eltern Verstärkung in den Großeltern finden, kann das nur förderlich sein, denn weder Eltern noch Großeltern sind perfekte Selbstbeherrscher, Alleswisser oder Immerkönner.

Es ist die Häufigkeit, die an den Nerven zerrt, weniger der jeweils gegebene Fall. Um das zu unterbinden, muss man relativ früh anfangen. Der Kleine, der den Opa verleugnete, war gerade mal drei Jahre alt. Die Kleine, die die Oma in Misskredit brauchte, war vier. Die Kleinen sind in ihrer geistigen Entwicklung weiter, als das von Erwachsenen wahrgenommen wird. Bereits ein 1- oder 2-Jähriger denkt, wenngleich auch nicht in den geordneten Worten von Erwachsenen. Um die daraus resultierenden Reaktionen verstehen, braucht man Zeit und Nerven oder pädagogisch geschultes Wissen. Das hat man nicht immer und auch nicht in unbegrenzter Fülle.

Theorie und Praxis

Was empfiehlt der Fachmann in diesem Falle? „Nehmen Sie Trotzanfälle mit Humor und Lachen!" Aha. Aber lacht jemand, der tief getroffen ist, zum Beispiel über eine Lüge oder Verleumdung? Behält Oma ihren Humor, wenn der Enkel das liebevoll bereitete Lieblingsessen mit „Schmeckt nicht. Will was anderes!" verweigert? Gut, Ratschläge müssen sein. Sie helfen, wenn man nicht weiter weiß, damit man versuchen kann, wenigstens irgendetwas zu tun und je nach Wirkung weitere Versuche zu starten. Aber die Anweisung, einfach zu lachen, wenn einem zum Heulen ist, das muss man erst üben.

Hörnchen einfahren

Auch ist das Ergebnis nicht immer so wie beabsichtigt und vorprogrammiert. Wenn das Augenblicksteufelchen Oma oder Opa so richtig ärgern will (aus welchen Gründen auch immer) und sich dann keiner ärgert, sondern sich im Gegenteil eher darüber amüsiert, dann verwirrt das den Kleinen mit den ausgefahrenen Hörnchen womöglich und provoziert vielleicht eine weitere Attacke. Aber ehrlich, wer kann schon schimpfen und gleichzeitig lachen? Und wer kann jemand ernsthaft böse sein, der ihn anlächelt? Der Rat der Experten ist also gut, aber eben schwer umzusetzen. Übung macht auch hier den Meister! Auch die Kleinen haben ja ihre liebe Not mit dem Lernen und Umlernen und Neulernen und Wiederlernen und Immernochlernen. Wenn man sich also in diese Lern-, Umlern-, Neulern- und Wiederlerntruppe einreiht, ist man doch quasi unter Gleichgesinnten. Das wiederum ist doch sympathisch und ein Grund zu lächeln. Wir sind alle gleich, nur unterschiedlich alt und weise, unterschiedlich groß und stark, unterschiedlich frech und laut! Kann man nichts machen? Doch, kann man. Lächeln!!! Na bitte, klappt doch!

Kinderkriminalität

Nicht zum Lachen dagegen ist die steigende Kinderkriminalität, die durch Filmemacher für Kino und Fernsehen zum Nervenkitzel hochgepuscht die Faszination des Scheußlichen personifiziert. Der Exorzist ist so ein Machwerk. Rosemaries Baby von Roman Polansky wurde zum Kunstwerk erhoben. Je fieser und scheußlicher die Bälger, desto größer die Attraktion für Leute, die ihre kriminelle

Energie nur in Gedanken über diese in Szene gesetzten Abartigkeiten ausleben können. Selbst die Kirche ist nicht gefeit vor unchristlichen Taten, wie man das seit dem Mittelalter bis heute verfolgen kann. Für solche Auswüchse gibt es vielerlei Erklärungen, manche bleiben für immer ein Rätsel. Auch das ist Realität. Das Fehlverhalten wächst mit dem zunehmenden Alter der Täter und oft auch mit deren krimineller Intelligenz.

Sucht

Kinder klauen, verhauen, lügen, betrügen oder werden sogar von skrupellosen Erwachsenen oder Halberwachsenen dazu angehalten, weil sie nicht straffähig sind und das mit 12 Jahren auch sehr wohl wissen! Sie wollen Aktionen, und wenn sie diese nicht finden, dann fangen sie an „zu kiffen, zu saufen und zu zocken", so die Aussagen von Suchtberatern.

Besonders betroffen seien Jugendliche zwischen 12 und 19 Jahren, also in der Pubertät. Nicht selten erschweren oder verbauen sich die Jugendlichen ihr Leben und ihre Zukunft mit solchen Verhaltensweisen. Der klassische „Junkie" sei zwar seltener geworden, so der Bericht, aber das ist kein Grund zum Jubeln. Die Sucht wird durch andere Laster ersetzt. Die Gegenmaßnahmen sind mühsam und kostenträchtig. Am wirksamsten sind Zitate: eine „gesundheitliche und psychische Stabilität in den eigenen vier Wänden."

Intaktes Zuhause

Mit anderen Worten, ein intaktes Zuhause, in dem jeder seine Möglichkeiten und Grenzen kennt und einhält und in dem die Kommunikation untereinander stimmt. Das ist die beste Vorbeugung. Eine Garantie ist das allerdings nicht. Es ist deshalb niemandem – weder Eltern, Geschwistern noch Großeltern oder Verwandten und

Freunden – ein Vorwurf daraus zu machen, dass Kommunikations- und damit Hilfsversuche nach einer gewissen Weile unterbleiben und man die Hilfe externer Kräfte ruft oder die Jugendlichen ihrem Schicksal überlässt. Wie sagte doch mal ein älterer Herr, der sich einen Vortrag über die Zukunftsfähigkeit der Familie anhörte? Hier seine Worte, stellvertretend für viele seiner Generation:

„Wenn man bedenkt, dass man in einer Zeit nach dem Krieg, in der es nichts gab, geschweige denn eine Unterstützung von Seiten des Staates, seine Kinder trotzdem durchgebracht und zu anständigen Mitgliedern der Gesellschaft erzogen hat, die weder kiffen noch saufen oder sonst wie auf die schiefe Bahn geraten sind, sondern willens und fähig sind, auch die eigenen Kinder wiederum zu anständigen Menschen und Mitgliedern der Gesellschaft zu machen, die unserer Gesellschaft etwas Positives geben und für sich selbst Gutes erreichen können, dann gebührt uns eigentlich ein Orden für besondere Verdienste um Staat und Gesellschaft."

Umdenken

Stattdessen wird dieser Personenkreis als den Jungen auf der Tasche liegende Alte abgeurteilt, nur weil die Alten nicht so viel Aufheben um ihre Verdienste machen oder ihre Lebensleistung nicht herausstellen, sondern als Selbstverständlichkeit betrachten.

Viele Nutznießer dieser enormen Lebensleistung haben schlicht ein schlechtes Gedächtnis. Es wird Zeit, dass sich das Bild und die Denkweise von damals der Einstellung von heute annähern, damit ein positives Miteinander überhaupt zustande kommen kann. Dieses positive Miteinander allein bestimmt, ob in Zukunft das Gute überwiegt oder das Böse die Oberhand gewinnt. Miteinander oder gegeneinander, das ist hier die Frage. Die Übung dazu beginnt im kleinsten Trainingscamp des Lebens – in der Familie.

Die Rollen von Eltern und Großeltern sind hier eindeutig. Sofern beide, Eltern und Großeltern, nicht hoffnungslos auseinanderdriften, bilden sie das Rückgrat für den Nachwuchs, der wiederum zum Rückgrat werden kann und soll. Wenn Oma und Opa das verinnerlichen, haben sie es schwer. Klingt logisch. Ist es auch. Es gibt nämlich keinen direkten Weg zum Gemeinsinn und zum Miteinander. Die Direttissima ist verstellt durch allerlei Hindernisse wie Ruhebedürfnis, Geltungsbedürfnis, Schutzbedürfnis, Entfaltungsbedürfnis und weitere Bedürfnisse, die wir alle haben und die Ausrichtung und Anpassung vom Ich- zum Wir-Denken behindern.

Legen wir uns ein Schäufelchen zu, mit dem wir uns die kleinen Steine aus dem Weg räumen. Dieses Schäufelchen ist die Erinnerung an Begebenheiten und Begegnungen, die uns ein Lächeln abverlangen, wenn wir ihnen erneut gegenüberstehen. In der Regel sind das die kleinen Alltagsgeschehnisse, die sich so oder ähnlich wiederholen. Wir kennen sie, wir lieben sie, wir erinnern uns an sie und wollen sie nicht missen, auch wenn sie uns im Augenblick des Geschehens einige Zeit und Nerven gekostet haben.

Ein ganz normaler Tag

Manche Aufgaben, vor allem die selbstgestellten, sind Herausforderungen, die Freude machen und befriedigen sollen, den Alltag manchmal aber auch ganz schön durcheinanderbringen können. Alltag, das ist der eingefahrene Ablauf von Aktivitäten und Aufgaben vom Aufstehen bis zum Schlafengehen. Bei Einzelpersonen oder Paaren wie Oma und Opa ist das relativ strikt geregelt. Kommt aber nur ein einziger kleiner Mensch in so eine geordnete Ein- oder Zweisamkeit, ist es mit der Ordnung nicht mehr weit her. Hier hilft dann nur noch die Flexibilität und Leidensfähigkeit der Betroffenen. Ein Alltagsbeispiel:

Ferien bei Oma und Opa

Nach langem Warten und begieriger Beharrlichkeit hat es die Omi endlich erreicht, nicht nur das Kind im Beisein des oder der Erziehungsberechtigten spazieren fahren zu dürfen, sondern auch mal länger als einen Tag bei sich behalten zu dürfen. Als Möchtegern- und Darf-auch-Oma hat sie sich darauf vorbereitet. Viel braucht das nicht zu sein, denn das wird sich ergeben. Erfahrung muss man auch als erfahrener Mensch noch machen, insbesondere und speziell mit Enkeln. So jedenfalls könnte man die noch nicht erprobte Praxis des zeitweiligen Zusammenlebens aus zwei (Großeltern) und einem (Enkel) ohne zusätzliche Aufpasser oder Hilfspersonal beschreiben.

Die Ankunft

Die Ankunftsgeräusche mit dem Auto sind unüberhörbar. Türen klappen, Hund kläfft, Enkel quiekt, Tochter rasselt mit dem Schlüssel und ruft, Sohn hievt die Spielzeugkiste aus dem Auto, schmeißt geräuschvoll die Ladeklappe zu. Die Enkelin stürmt los und mit ihr wedelt der ganze Tross mit Getöse zur Tür herein. Dann ein kühner Sprung in Omas Arme, parallel dazu hopst das Hundchen in Richtung Opa, Endstation Hosenbein, auf dem Steinboden eine kleine Freudenpinkelspur hinterlassend. Ansonsten ein relativ überschaubares, bodendeckendes Chaos.

Eigentlich sollte der Aufenthalt ja nur eine Woche dauern. Aber dem Gepäck nach zu urteilen, ist wohl an mehr als ein Monat gedacht worden. Wie dem auch sei. Sachen sind reichlich da, Spielzeug auch. Nachdem sich die Eltern entfernt und den Hund wieder mitgenommen haben, sind die Großeltern mit der Enkelin allein. Man kann nur ahnen, wie froh die Eltern gewesen sein müssen, auch mal wieder ein paar ruhige Tage für sich zu haben.

Die Großeltern haben immer ruhige Tage für sich. Sie freuen sich auf eine Abwechslung. Die Abwechslung wird zur Umstellung, und das vom Frühstück bis zum Gutenachtküsschen.

Morgens

Wer glaubt, das Leben ginge so weiter, nur mit einer Person mehr, dann irrt man sich gewaltig. Es ist nicht der eine Teller und die eine Tasse mehr am Frühstückstisch, es ist die eine Person mehr am Frühstückstisch. Kein Kaffee für alle. Kaffee für Oma und Opa, Milch oder Kakao fürs Kind. Nicht mehr Wurst und Brötchen für Oma und Opa, sondern Milchbrötchen mit Marmelade für Kind. Nicht mehr das auf den Teller legen, was man auch isst, sondern das, was man essen möchte, obwohl der Bauch gar nicht groß genug dafür ist. Von wegen ruhig Tisch abräumen und in die Spülmaschine einsortieren.

Erster Griff zu den Tellern. Unterbrechung. Kind muss Pipi. Pipi fertig. Oma zurück zum Küchentisch. Teller hochgehoben und in Richtung Spülmaschine bewegt. Vor dem Absetzen taucht das Kind unter dem Teller auf. „Soll ich Dir helfen?" Oma kann gerade noch den Tellerabsturz und eine Beule am Kopf der Enkelin verhindern. „Danke, Kind, das ist zu schwer für Dich." Kind trollt sich.

Oma setzt das Tischabräumen fort. Alles ist eingeordnet. Sie greift zum Spültab. Enkelin ist schon da. Rupft ihr den Tab aus der Hand. „Lass mich das machen!" Oma sieht keinen rechten Sinn darin, aber sie lässt machen. Enkelin pult und friemelt. „Das geht nicht. Ich kriege das Papier nicht ab." Oma lächelt. „Das Papier geht von selbst ab." Die fragenden Augen erheischen eine weitere Erklärung. „Sobald Wasser drankommt." Aha. Enkelin ist zufrieden. Tab rein. Klappe zu. Jetzt aber schnell Oma. Oma ist schnell. Sie drückt den Startknopf. Maschine gehorcht. Kind ist weg. Oma hinterher. Ah, da ist sie ja.

Mittags

Die Enkelin sitzt in einem riesigen Haufen aus Spielzeug und Wäsche, dem Inhalt aus zwei großen Taschen, die die fürsorgliche Mutter für sie gepackt hat. Oma ganz cool: „Pass auf, hier in der Kommode sind vier Schubladen. In die Oberste legst Du Deine Wäsche und die Strümpfe, in die Zweite die kurzärmligen Pullis und kurzen Hosen, in die Dritte die langärmligen Pullover und langen Hosen und ganz unten in die letzte Schublade die Schuhe und Hausschuhe." Das Kind tut, wie ihm geheißen, ganz ohne Murren. Oma notiert es leicht erstaunt, aber befriedigt. „Wenn Du fertig bist, dann sagst Du Bescheid." Kind nickt. Oma geht.

Oma wundert sich, dass das Kind so ruhig ist. Sieht nach. Das Kind hat eine Schublade eingeräumt. Die anderen sind noch leer. Die restlichen Sachen liegen überall im Zimmer verstreut. Dazwischen Bauklötze, Legosteine, Plastikpferde, Plüschtiere, Taschentücher, Kekse, Gummibärchen. Mittendrin als Sahnehäubchen die Enkelin. Sie spielt selbstvergessen, bemerkt die Oma erst, als sie direkt neben ihr steht. „Ist wohl schwierig, das Aufräumen." – „Ja, macht immer die Mama." – „Na, dann weißt Du doch, wie's geht. Jetzt machst Du das eben." – „Okay." Diesen englischen Begriff hat sie wohl aus dem Kindergarten. „Hilfst Du mir, Omi?" – „Na, gut."

Frauen unter sich

Oma und Enkelin räumen in Teamwork die Schubladen ein. Das Spielzeug bleibt draußen. Bis Mittag ist es noch etwas Zeit. „Was möchtest Du denn mal essen, heute Mittag?" – „Hab keinen Hunger." – „Aber ein bisschen was essen muss man schon, sonst wächst man nicht." Pause. „Du, Omi, Du bist doch eine Frau, nicht?" Oma stutzt. „Ja, klar." – „Und ich auch?" – „Ja, aber noch eine ganz Kleine." – „Ich weiß, ich habe keinen Busen." Oma lächelt. „Der kommt noch, wenn Du schön isst." – „Kriegen nur Frauen Kinder?" – „Ja."

– „Warum?" – „Männer haben dazu keine Zeit. Die müssen arbeiten." – „Mama arbeit auch!"

Das mit der Arbeit war also kein gutes Argument. Aber wieso fragt sie das? „Ich kann Jungs nicht leiden." – „Wieso nicht?" – „Der im Kindergarten, der hat mich geschubst, ganz doll, da bin ich umgefallen. Dann hat er sich auf mich geschmissen. Das darf der nicht!" Oma irritiert. „Das hat er bestimmt nicht böse gemeint." – „Aber er hat mir wehgetan. Hier!" Sie hielt der Oma ihren Ellenbogen hin und zeigte auf einen kaum sichtbaren blauen Fleck. „Ach, Du Arme, das heilt aber wieder. Hat er sich denn wenigstens entschuldigt?" – „Nein. Der hat gelacht!!" Omi nahm die kleine 4-Jährige ganz lieb in die Arme und drückte sie an sich. „Es wird alles gut."

Kein Platz für Opa

Die Oma-Enkel-Konversation wird durch das Erscheinen von Opa unterbrochen. Opas Blick huscht suchend durch den Raum. Dann leichtes Maulen. „Also, irgendwo hätte ich auch gern ein Plätzchen. Hier kann man sich ja nirgendwo hinsetzen." Das stimmt, das Vor- und Aussortieren bewirkt überall aufgetürmte kleinere oder größere Häufchen, die alle Flächen belegen, welche mit Rücksicht auf Oma mindestens in Sitzhöhe angebracht sind. „Warte, ich räume Dir Deinen Platz frei." meint Oma eilfertig. „Ach, lass mal", brummt Opa resigniert. „Ich gehe in den Garten."

Au ja, das ist eine feine Idee. Die Enkelin lässt alles stehen und liegen und läuft hinterher. Sie holt ihr Laufrädchen aus der Garage und versucht mit Wonne und Freudenkieksern, die Gangart zu erhöhen und die Laufgeschwindigkeit auch in den Kurven beizubehalten. Schafft sie das, wird das mit großem Hallo selbst belohnt. Opa muss mehrmals die Füße einziehen, damit das Laufrädchen samt Läuferin ihm nicht die Fußspitzen kappt. An Lesen ist nicht zu denken. Nach einer Weile erhebt er sich, nimmt seine Zeitung und sucht nach einer ungestörteren Bleibe. Die findet er in der Küche – für zwei Minuten!

Die Enkelin hat bemerkt, dass „ganz viele Schnecken" im Garten und auf der Terrasse herumkriechen, als sie eine davon überführt. Die müssen weg. Früher hatten diese Schneckenvertilgungsaktion indische Laufenten übernommen. Aber die hatte der Fuchs geholt oder jemand, der sich keinen Entenbraten kaufen konnte. Seitdem gab es keine neuen Enten mehr, dafür aber jede Menge neuer Schnecken.

„Omma, komma! Schnecken sammeln!" Also umkurvt Oma den leicht aufgeschreckten Opa am Küchentisch, greift sich Besen und Kehrblech und steuert, die Enkelin im Schlepp, auf die nächste Schnecke zu. Opa legt die Zeitung beiseite und beäugt die Szene vom Haus aus. Draußen mitmachen will er nicht. Eigentlich will er nur lesen. Das kann er vorübergehend. Das Schneckensammeln dauert eine Weile. Dann ist die Bahn für das Laufrad wieder schneckenfrei.

Keine Ruhe für Opa

„Opa? Mein Laufrad ist kaputt!" Opa guckt hoch. Die Enkelin hievt das Laufrädchen über die Gartenstufen in die Küche. „Hier, das ist abgegangen." Damit zeigt sie auf eine Art gepolstertes Mittelstück. Der Klettverschluss hat nicht gehalten. Eine Fahrbeeinträchtigung ist damit aber nicht verbunden. Opa repariert. Kind entschwindet mit samt Laufrädchen wieder in den Garten. Opa vertieft sich erneut in seine Zeitung. Ohrenbetäubender Lärm draußen. Enkelin betätigt wie wild eine zu einem quietschenden Bärchenkopf umgemodelte Laufradklingel. Ihr Gequietsche durchdringt in Dauer und Intensität alle Ritzen, natürlich auch Opas Ohren. Opa klappt die Zeitung zu, sieht nach draußen. Enkelin strampelt mit dem Rädchen durch die von Oma aufgestellten Plastikkegel, um ihre Geschicklich-

keit zu testen. Oma ist begeistert und klatscht Beifall. Opa ist ent-
geistert und flüchtet in die Garage.

Mittagessen

Gegen Mittag überlegt man sich, was man denn essen sollte.
Vorsichtshalber hat man sich mit allerlei Dingen eingedeckt, die
eventuell die Freude am Essen fördern könnten. Hier bewahrheitet
sich ein altes Sprichwort: Wer viel fragt, kriegt viel Antwort. „Was
möchtet Ihr denn heute essen?" Opa will Bratwurst mit Kartoffeln,
Oma die Gemüsesuppe von gestern und die Enkelin spekuliert auf
Milchreis. Also wird entsprechend dreifach gekocht. Die Menükarte
der Wochen gleich der eines Hotelbetriebs. Opa ist zufrieden und
satt, Oma ist zufrieden und matt und Enkelin strahlt: „Schmeckt richtig gut!" und pult noch eine Kirsche aus dem Brei. Der Rest bleibt
für ihr Meerschweinchen aus Plüsch.

Die unterschiedliche Essdauer hat unterschiedliche Schlusszei-
ten zur Folge. Das Kind ist als Erste fertig, Opa als Letzter. Oma
bedeutet der Enkelin streng, aber liebenswürdig, dass sie am Tisch
sitzen bleiben soll, bis Opa fertig ist. Die Enkelin schielt zu Opa.
„Opa! Bist Du bald fertig?" Opa runzelt etwas die Stirn und kaut
etwas schneller. Oma greift ein. „Wenn Du aufstehen willst, fragst
Du, ob Du aufstehen darfst." – „Opi, darf ich aufstehen?" – „Darf ich
bitte aufstehen?" verbessert Oma. – „Darf ich bitte aufstehen, Opi?"
Sie darf. Opa ist beeindruckt. Mit der Erziehung klappt das ja ganz
easy. Hätte er nicht gedacht.

Mittagschlafade

Das normale Ritual nach dem Mittagessen ist das Abräumen,
das Anstellen der Spülmaschine und dann ein Mittagschläfchen.
Damit ist es aber nichts. „Omi, ich habe Durst." Oma bietet Milch

an. „Hast Du auch Kakao?" Hat sie. Bald steht wieder eine ungespül-
te Tasse herum. Opa will einen Kaffee. Bekommt er. Noch eine un-
gespülte Tasse. Oma holt sich einen Saft und stellt das Glas dann zu
den Tassen. Die Spülmaschine läuft schon und säuselt wie zum
Spott.

Nachmittags

Es fängt an zu regnen. Das draußen Spielen verlagert sich nach
drinnen und damit auch eine gewisse Unruhe. Mit dem Mittagschläfchen ist es vorbei. Oma ist gefordert. Opa ist verschwunden. Oma
steht ihren Mann. „Lass uns ein schönes Spiel machen." schlägt Oma
vor. Enkelin ist begeistert. Mit Oma spielen ist immer schön. „Pass
auf, wir malen uns unser Spiel selbst!" Die Enkelin rennt los und holt
die Buntstifte, dazu Papier, Klebstoff, Spitzer und etlichen Klein-
kram, den sie in einem Federmäppchen gesammelt hat. Oma schnei-
det ein paar Pappkärtchen und fordert ihre Enkelin auf, ihr zu sagen,
was sie malen soll. Oma hilft ihr auf die Sprünge. „Einen Ball?" – Ja.
– „Ein Krokodil?" – Ja. – „Einen Eimer?" – Ja. – „Eine Blume?" –
Ja. „Ein Häschen?" – Ja. Natürlich kann die Enkelin mitzeichnen,
aber da das doch noch etwas schwierig zu sein scheint, malt Oma das
erstmal mit dickem Filzschreiber vor und lässt die Enkelin dann
ausmalen. Das klappt vorzüglich. Die Enkelin ist ganz begeistert von
ihren Ausmalkünsten. „Ich male auch nicht über den Rand!" – „Sehr
schön." – „Nur ein bisschen." – „Macht nichts." – „Ist doch auch
schön, oder?" – „Na klar. Du machst das ganz prima!"

Lernen beim Spielen

Es dauert eine ganze Weile, bis ein erklecklicher Haufen Karten
beisammen ist. Dann sind sie irgendwann fertig. „So, und jetzt spielen wir damit. Wir legen alle Karten verdeckt auf den Tisch, dann
ziehst Du eine und deckst sie auf, damit auch ich sehe, was da drauf

ist. Die Aufgabe ist, einen Satz zu finden, der mit diesem Wort anfängt."

Die Enkelin findet das nicht so unterhaltsam. Sie fischt sich einige Karten heraus, die sie besonders gelungen findet. „Die behalte ich! Das sind meine!" Oma versucht zu erklären, dass sie diese Karten ziehen muss und nicht behalten darf. Aber das will sie nicht. Sie drückt zwei Karten an die Brust, verschränkt die Arme und macht ein Besitzverteidigungsgesicht.

„Na gut, dann behalte die zwei Karten für Dich, und zieh jetzt irgendeine aus dem Haufen." Enkelin tut das. Es ist ein Eimer. Dann ist Oma an der Reihe und zieht einen Frosch. Oma denkt eine Weile nach, dann sagt sie: „Wenn der Frosch keinen Teich hat, springt er in einen Eimer." Enkelin findet das lustig und zieht eine weitere Karte. Es ist eine Möhre. Das ist schwierig. Oma hilft. „Mein Pferd mag Möhren. Es frisst jeden Tag einen Eimer Möhren." Das findet die Enkelin gut. Dann ist Oma wieder dran. Sie zieht einen Apfel. Enkelin ist gespannt. Oma legt die Karte neben die Möhre. „Möhren sind Gemüse und ein Apfel ist ... na? Was ist ein Apfel?" – Antwort strahlend: „Obst!" Prima. Nach und nach weiß die Enkelin Bescheid und am Ende des Spiels geht das schon recht zügig.

Opa lernt das auch

Opa kommt dazu. „Wann wollen wir denn zu Abend essen?" Oma antwortet: „Wir räumen jetzt den Tisch ab und dann kann es auch gleich losgehen." Protest der Enkelin. Sie will weiterspielen. Sie will Opa unbedingt zeigen, wie das Spiel geht. Opa ziert sich, hat eigentlich keine Lust, weiß auch nicht recht, was er dabei tun soll. Enkelin ist unerbittlich.

„Hier, zieh mal eine Karte." Opa zieht. Es ist ein Krokodil. „Was mache ich jetzt damit?" – „Du suchst Dir eine Karte aus, die auf dem Tisch liegt, zu der das Krokodil passt. Dann sagst Du, was passt." Opa legt das Krokodil neben die Möhre. Enkelin ist gespannt, was Opa dazu sagt.

Und Opa sagt: „Ein Krokodil frisst keine Möhren." – Enkelin ist zufrieden. Opa hat kapiert. „Jetzt bin ich dran." – „Nein, jetzt räumen wir erstmal den Tisch ab. Dann gibt es Abendessen und dann Marsch ins Bett." – „Oh, nööö." – „Doch, doch!" – Och, Mann, äh. Du bist ein Spielverderber." – Opa ist das egal. Der Enkelin nicht. Aber sie kann nichts dagegen tun, dass der Tisch abgeräumt wird.

Sie verschränkt die Arme, drückt das Kinn auf die Brust, sieht von unten nach oben zu Oma hinüber und denkt dann ein klein wenig laut-leise: „Opa ist doof." Opa hat nicht verstanden. Oma wohl, aber sie ist wirklich sehr beschäftigt. „Heb die Kärtchen gut auf, die brauchen wir morgen wieder." Enkelin ist einverstanden.

Als das leckere Brötchen auf ihrem Teller liegt, hat sie das Spiel vergessen. Ein Rädel Fleischwurst gibt's extra. Hmmm. Lecker.

Abends

Das Abendessen ist vorbei. „Spielen wir jetzt weiter?" – „Nein, Kind. Für heute ist es genug. Außerdem wollten wir doch noch baden, bevor Du ins Bett gehst." – „Au ja." Normalerweise reißen sich Kinder nicht unbedingt ums Waschen und ums Baden. Duschen geht schneller und beim Waschen kann man noch ein wenig mehr beschleunigen.

Aber hier war das etwas anderes. Durch eine Fehlplanung war die Badewanne zu groß geraten. Für so eine kleine Püppi hat sie nun das Ausmaß eines Mini-Schwimmbads. Und außerdem kann man so schön vom hohen Rand aus hinunterrutschen. Das platscht richtig heftig.

Kreativseife

Und mit der Seife ist das auch kein Drama mehr. Oma hat ihr gezeigt, wie man mit Seife ulkige Frisuren machen konnte, Hörnchen zum Beispiel. Die kann sich die Enkelin in einem Handspiegel ansehen und verändern. Kurz, es ist nicht langweilig. Nur das Wasser wird ständig kälter. Oma hält tapfer durch. Auf einem geschlossenen Klodeckel zu sitzen ist nun mal ungleich viel unbequemer als auf einem Sofa. Der Spaß am Planschen bestimmt die Dauer der unbequemen Sitzung und die Temperatur des Wassers das Ende der Wasserorgie. Oma rappelt sich hoch, greift nach dem Handtuch und wickelt das nasse Menschlein darin ein.

Kreativnachthemd

Da Mama kein Nachthemd oder Schlafanzug eingepackt hat, erhält die Enkelin ein T-Shirt von Opa, in dem sie fast versinkt. Aber sie sieht aus wie ein Engelchen. Oma ist hingerissen. Opa nickt amüsiert. Jetzt noch Zähne putzen. Das klappt auch noch ohne Protest. Dann ab ins Bett.

Nachts

Das Gästebett ist ein Schrankbett. Die Enkelin hat so etwas noch nie gesehen. Sie findet es witzig, dass man ein Bett einfach aus einem Schrank herausklappen kann. Sie klettert sofort hinein, robbt in jede Ecke, untersucht die Gurte und legt sich dann mit dem Kopf ans Fußende. Sie hat auch sofort einen Namen für das Bett. Sie bezeichnet es nicht etwa als das „Gästebett", sondern als das „witzige Bett". Das „witzige Bett" geht alsbald in den Familiensprachgebrauch über.

Das Zimmer ist nicht ganz dunkel. Trotzdem hat Opa vorsorglich eine Taschenlampe neben das Bett auf ein kleines Tischchen gelegt, damit sie leuchten kann, wenn sie mal auf die Toilette gehen muss. Oma ist recht müde an diesem Tag und geht etwas früher ins Bett als sonst. Opa ist es recht. Er will ohnehin noch lesen. Dann macht er das Licht aus, sieht zu Oma hinüber. Die schläft schon tief und fest.

Mama fehlt

Als er sich auf seine Schlafseite dreht, hört er ein Wimmern. Das Wimmern verstärkt sich. „Mamaaaa!" Während Opa die Ohren spitzt, ist Oma sofort wach. Das Kind ruft. Was ist los? Sie hört tapsende Schritte. Als noch ein Gegenstand umfällt, ist Oma hellwach. Sie quält sich aus dem Bett und läuft ins Gästezimmer.

Da steht ein kleines Häufchen Elend und ist der einsamste kleine Heuler der Welt. Sie nimmt das Kind in die Arme. „Du bist doch nicht alleine. Wir sind doch alle da." – schluchz. – „Willst Du lieber in Omas Bett schlafen?" – „Ja-a-a." – schluchz. „Na, dann komm."

Fröschchen im Daunenteich

Omas Bett ist weich und warm. Oma ist auch noch schön weich und warm. Kind ist kalt. Füßchen noch kälter. Oma tut ihr Bestes und hält die kalten Füßchen an ihren warmen Bauch. Bald sind die Füßchen warm und der Bauch kalt.

Die Enkelin ist eingeschlafen. Aber sie liegt nicht ruhig. Sie strampelt sich bloß und Oma gleich mit. Sie dreht sich und tritt unabsichtlich gegen Opas Rücken. Der wird wach. Knipst das Licht an. Guckt. Alles in Ordnung. Er schupst die Kleine vorsichtig wieder in die ordnungsgemäße Schlaflage und dreht sich wieder um.

Aber das ungewohnte Bett veranlasst die Enkelin, eine noch bequemere Schlafstelle zu suchen. Am Fußende wird sie fündig. Doch auch die Querlage ist nicht zu verachten, mal mit dem Kopf zur Oma, mal zum Opa. Schließlich kommt das Drehwürmchen zur Ruhe. Opa hat zwar die Füße im Gesicht, aber so schnarcht ihm die Kleine nicht in die Ohren. Nur Oma bleibt beschäftigt. Sie sucht mit immer neuen Taschentüchern nach dem Schniefnäschen ihrer Enkelin. Schneutz. „Gut so, alles muss raus! Dann bekommst Du besser Luft." Es ist alles raus. Kind schläft.

Oma ist wach, bleibt wach, bis gegen halb sechs. Noch zwei Stunden bis zum Aufstehen. Kind schläft bis halb neun. Opa auch. Oma beginnt mit ihrem morgendlichen Wasch- und Zähneputzenritual.

Opa bleibt liegen. Er wartet, bis das Bad frei ist. Dann hat er Zeit, bis „die Frauen" den Frühstückstisch gedeckt haben. Er guckt zufrieden in die Frühstückstischrunde und fühlt sich als Hahn im Korb.

Oma für drinnen

Es ist schon erstaunlich, wie so ein klitzekleines Menschlein das Leben von zwei ausgewachsenen Riesenmenschen durcheinanderbringen kann. Diese wahre Begebenheit mag sich in der Praxis so ähnlich oder auch anderswo abgespielt haben. Sie zeigt, dass man seinen gewohnten Alltag nicht ohne Weiteres mehr einhalten kann und dass man auch auf sein Mittagschläfchen verzichten muss, also fällt diese Krafttankstelle aus.

Die Kleinen müssen zwar lernen, sich anderen Situationen anzupassen. Aber das Lerntempo ist ja noch nicht hoch, nicht von jetzt auf gleich. Das dauert.

Also, wenn die Großeltern mal ihre Enkel – einzeln oder im Enkelpack – für einige Zeit zu sich nehmen, dann schlüpfen sie damit auch wieder in die Rolle der Eltern und verlassen die eingefahrenen

Gleise des Großelterndaseins. Dafür halten die jungen Eltern jetzt den Mittagschlaf, den sie bisher nicht halten konnten, und können essen, wann, was, wo und wie viel sie wollen. Sie sind wieder ganz unter sich und können sich ungeteilte Aufmerksamkeit schenken wie damals, als sie sich kennenlernten. Diese Zweisamkeit stärkt das Zusammengehörigkeitsgefühl und endet früher oder später doch in dem Wunsch, wieder eine Familie zu sein. Dann kommt ein Anruf. „Ist alles in Ordnung?" Oma und Opa haben alles im Griff. Das bisschen entgangener Schlaf ist nicht der Rede Wert.

Also, die zeitweilige Übernahme der Enkel durch die Großeltern tut der ganzen Familie wohl. Wenn man das zwangsweise Durcheinander im eigenen Hause vermeiden möchte, bietet sich ein gemeinsamer Urlaub an, entweder Großeltern, Eltern und Kinder oder nur Großeltern mit Kindern. Es gibt eine ganze Reihe von Angeboten, die auf diese Konstellation zugeschnitten sind.

Beliebt sind Ferien auf dem Bauernhof. Noch beliebter bei Mädchen ein Bauernhof mit Ponys. Alle Mädchen lieben Pferde. Die Jungen eher Trecker. Aber erfahrene Bauernwirte wissen, wie sie die Kleinen beschäftigen.

Die Großeltern sind entlastet und werden selbst zu Gästen, die sich verwöhnen lassen können. Niemand hat etwas dagegen, wenn sich jeder irgendwie aktiv beteiligt, sofern das koordiniert und geordnet abläuft, damit auch der sicherheitstechnische Aspekt nicht außer Acht gelassen wird.

Oma für draußen

In fast jedem Land gibt es Bauernhöfe, die Ferienaufenthalte anbieten. Am besten fragt man in einem Reisebüro nach. Oft erzählen auch Freunde und Bekannte, wo es besonders schön war. Manchmal entschließt man sich auch, gleich zu mehreren zu fahren.

Das ist bei Einzelkindern, die vielleicht noch etwas fremdeln, ein Vorteil, denn so haben sie schon mal ein paar Leute, große und kleine, die sie kennen.

Auf einem Bauernhof gibt es immer mehrere Tiere, nicht alle sind zum Spielen da – beispielsweise haben Hühner keine Lust auf Streicheleinheiten. Zum Ausgleich legen sie ihre Eier irgendwo ins Heu, wo die Kinder danach suchen können.

Schweine sind auch nicht unbedingt Knuddeltiere, aber absolut süß anzusehen, wenn sie noch Marzipanmaße haben. Wussten Sie, dass Schweine außerordentlich sensibel und empfindlich sind? Sie kann buchstäblich der Schlag treffen, wenn sie erschreckt werden oder in Angst geraten. Deshalb geht ein Bauer immer sehr vorsichtig mit seinen kleinen Marzipanschweinchen um und schärft die Sinne der Kinder, das auch zu tun und behutsam mit ihnen umzugehen, das heißt, sie lieber nur zu betrachten als zu berühren.

Manche Bauern halten sich Ziegen, die im Hof und in den Ställen herumlaufen, nicht nur, um sie zu melken, sondern vor allem, um sie als Krankheitsanzeiger zu nutzen. Sollte einmal irgendeine Krankheit auftreten, dann haben das die Ziegen zuerst. Die lassen sich dann schneller behandeln und der Bauer ist gewarnt, entsprechende Vorsorge für größere Tiere zu treffen, wie beispielsweise Rinder oder Pferde.

Es gab zwei kleine Ziegen auf einem Bauernhof, die hießen Chip und Chep, weil sie Geschwister waren.

Auf diesem Hof lebten auch zwei Kaninchen, die hießen Lümmel und Mümmel. Vermutlich waren das auch Geschwister. Sie kamen angehoppelt, wenn man ihren Namen rief. Aber nur einmal. Dann waren sie entweder satt oder sie hatten es satt. Der Bauer sah's gelassen.

Bauern und Städter

Oma und Opa mit Enkeln auf einem Bauernhof sollten damit rechnen, nicht nur Anschauungsunterricht in Bezug auf die dort lebenden Tiere zu erhalten, sondern auch Situationen anzutreffen, die ihnen den Unterschied zwischen Gefühl und Sentimentalität klarmachen.

Das arme Huhn

Ein neuer Gast auf einem Bauernhof hatte seinen Hund mitgebracht, „einen ganz lieben", wie der Besitzer versicherte.

Der „ganz liebe" sah das aber völlig anders. In dieser vollkommen neuen Umgebung, wo der nicht der einzige und damit nicht der Herr auf dem Hof war, sondern sich das neue Revier mit Hunden und Hühnern teilen musste, ließ seinen Jagdinstinkt erwachen, den er daheim in seiner gepflegten Teppichbodenlandschaft und hausnahen Köttelwiesenidylle nicht ausleben konnte.

Zu Herrchens Entsetzen stürzte er sich auf den verdutzten Hofhund, der sein Hausrecht auf rüde Weise missachtet sah, und drängte diesen gegen einen Stacheldrahtzaun.

Der Hofhund fasste sich aber schnell und warf sich mit seiner ganzen Wachhundkraft auf den Angreifer. Dieser nahm reißaus, hatte aber noch so viel Dampf drauf, dass er in die friedlich scharrende Hühnerherde krachte und dort ein Massaker veranstaltet hätte, wenn die Hühner nicht schneller gewesen wären, bis auf eine. Diese eine flatterte übel zerzaust herum, bis sie in einen Tümpel fiel und dort japsend auf der Tümpelbrühe schwimmend ihre Flügel und Beine von sich streckte.

Der böse Hund

Der Bauer kam, sah den eingedrückten Stacheldrahtzaun und seinen blutenden Hund und verband den Hund erst einmal. Es war ein recht robuster Hund, der Gästen nichts tat, aber Eindringlingen schon einmal das Fürchten lehren konnte. Dann schritt der Bauer in Richtung seiner auseinandergestobenen Hühnerschar. Ein kurzer Blick in die Runde. Alle Hühner waren noch da bis auf eine. Er suchte sie. Er fand sie. Ein kurzer Blick in den Tümpel auf das zuckende Federvieh. Dann die emotionslose Feststellung: „Fini!"

Das Huhn war hin! Der Gast entschuldigte sich vielmals, bezahlte das Huhn und bot an, sich auch an den Arztkosten für den Hund zu beteiligen. Der Bauer blickte auf seinen Hofhund und reagierte ganz trocken. „Der kann das ab!"

Der herzlose Bauer

Ein solches Handeln wirkt nur auf Städter roh oder gefühllos. Was geschehen war, war geschehen. Wo geholfen werden konnte, wurde geholfen. Wo nicht, da nicht. Das ist unsentimentaler Alltag. Die Kinder und die Erwachsenen können an solchen Beispielen lernen, dass bekannte Situationen nicht einfach in eine andere Umgebung übertragen werden können, dass friedliche Tiere grundsätzlich nicht immer friedlich sind, dass tatenloses Jammern und Schreien keine Wunden verbinden, sondern diese weiter klaffen lassen. Der Bauer hat das einzig Richtige getan, und das sofort und in der richtigen Reihenfolge. Er hat zuerst seinem verletzten Hund geholfen, er hat das Leiden des sterbenden Huhns nicht unnötig durch hektisches Herauspulen aus dem Tümpel verlängert und seinem Gast zudem noch unnötige Schuldgefühle erspart.

Nicht immer werden Handlungen verstanden, die gefühlsarm wirken, aber vom Wissen um das Machbare nicht Nichtmachbare, um das Sinnvolle und Nichtsinnvolle bestimmt werden. Gefühle sind dem Bauern nicht fremd, fremd ist ihm nur die Sentimentalität. Ein Anschauungsunterricht wie dieser macht das deutlich.

Entdeckungstouren

Jedes Kind geht gern auf Entdeckungstour, ob es Pflanzen sind oder Käfer im Wald oder Igel im Gras oder Goldfische im Teich, es bewegt sich etwas und erzeugt etwas. Der Hund hinterlässt Spuren im Sand, der Igel rollt sich zusammen und wird zur stacheligen Kugel, die Goldfische schwimmen herbei und reden mit dem Betrachter, indem sie ihm kleine Luftblasengrüße schicken.

Aber ganz besonders faszinierend sind Höhlen, starre Gesteinsformen, dunkle Gänge, unheimliche Gebilde aus Stein, Moos oder Eis, deren Tränen in einen unendlich tiefen See aus glasklarem Wasser tropfen. In manchen Wäldern, die man durchwandern kann, gibt es noch solche Felsformationen, bei denen man Bären- oder Drachenhöhlen vermutet oder auch eine Behausung von Zauberern, Hexen oder Räubern sieht. Solche Höhlen liegen meist über der Erde. Aber es gibt auch Höhlen in der Erde oder weit unter der Erde. Sie zu entdecken ist aufregend für Kinder und Begleiter. Wer kann, sollte sich einmal umhören, ob es so etwas in der Nähe gibt. Selbst wenn man dazu eine Stunde fahren muss, so ein aufregender Ausflug in die faszinierende Unterwelt wird noch lange im Gedächtnis bleiben und für Gesprächsstoff sorgen.

Tropfsteinhöhlen

Allen voran stehen die Tropfsteinhöhlen. Eine reale Märchenwelt aus erstarrtem Wasser, Kalk und Stein, in der sich Figuren bilden, zu denen der Höhlenführer spannende Geschichten erzählt. Klare Wasserstellen sehen ganz flach aus, sind aber so tief, dass ein hineingeworfener Stein nicht mehr zu sehen ist, wenn er den Boden dieses Brunnens berührt. Wasser- und Farbspiegelungen gaukeln geheimnisvolle Berggeistertänze vor und regen die Fantasie der Betrachter auf nachhaltige Weise an.

Viele Schulklassen nutzen so eine Führung, um den Kindern die Welt in und unter der Erde zu zeigen. Aber auch ein einzelnes Kind ist genauso fasziniert, wenn es sich sicherheitshalber an Oma oder Opa festhalten kann, wenn es zu den bedrohlich langen Eiszapfen an der Decke hinaufsieht oder das wechselnde Farbspiel verfolgt, das geheimnisvolle Figuren an der Eiswand entstehen und verschwinden lässt.

Und wenn dann noch der Höhlenführer Geschichten erzählt, die die Vorstellungskraft der Zuhörer beflügeln, dann ist so eine Höhlenwanderung ein Erlebnis, in dem sich Traum und Wirklichkeit mischt und alle Videospiele vergessen lässt.

Bergwerke

Stillgelegte Bergwerke sind ebenfalls Anziehungspunkte und Anschauungsunterricht zum Leben und Arbeiten vergangener Tage. Manche Bergwerke sind nur begehbar, andere haben noch befahrbare Stollen, wo die Besucher in die Bergwerkkarren klettern und sich in mehr oder minder sausender Fahrt durch die ehemaligen Kohlenflötze fahren lassen können.

Es gibt diese Möglichkeiten nicht überall. Deshalb muss man sich erkundigen, welche Angebote es in der Nähe des eigenen Standortes oder nicht allzu weit davon gibt.

Ganz fasziniert hören die Kleinen zu, wenn der Bergwerksführer aufregende Geschichten erzählt, wenn er die Kinder etwas anfassen oder ausprobieren lässt oder von Ponys berichtet, die in solchen Stollen gearbeitet haben.

Experimentieren

Wenn Eltern oder Großeltern allzu wissbegierige Kinder haben, dann steht das Entdecken und Lernen im Vordergrund. Wenn man dabei auch Spaß hat, dann schadet das sicher nichts. Aber hier überwiegt das Staunen über das, was möglich ist.

Lobenswerterweise haben sich manche Städte und Gemeinden zur Aufgabe gemacht, den Kleinen nicht nur Spielraum zu verschaffen, sondern auch die Gelegenheit zum Experimentieren zu geben. Natürlich gilt das nur für Kinder ab einem gewissen Alter und/oder unter Aufsicht von Erwachsenen. Häufig erkennen Erwachsene dabei, dass doch einiges Schulwissen abhandengekommen ist und man selbst ganz angetan ist, auch mal wieder etwas ausprobieren zu können. Ein hervorragendes Beispiel ist das Odysseum,[48] wo man auf über 5000 Quadratmeter sieben naturwissenschaftliche Themen erkunden kann. Bereits ein halbes Jahr nach seiner Eröffnung, so wird berichtet, haben rund 180.000 Interessenten den Kölner Wissenspark besucht. Nicht nur die Großeltern können ihren Enkeln hier etwas bieten, sondern davon kann die ganze Familie profitieren. Lernen ist ja nicht auf die Kinder beschränkt.

Kinder-Unis

Dass es manchen Ländern mit dem Lernen und Bilden Ernst ist, zeigt, dass es sogar Kinder-Unis gibt. In Dortmund, zum Beispiel das Mondomio (mondo mio = meine Welt).[49] Hier kann man verschiedene Kurse belegen, die unterschiedlich lange dauern und verschiedene Themen haben, zum Beispiel wie man Schokolade herstellt, woher die Schokolade kommt, was man für Werkzeuge und Zutaten braucht, um daraus einen Schokoriegel zu machen, und vieles ande-

---

[48] www.odysseum.de
[49] www.mondomio.de

re. Hier werden in erster Linie Schulen angesprochen, aber da es Lernpaten gibt sowie unternehmungs- und lernwillige Omas und Opas sowie Leih-Omas und Leih-Opas, sind sicher auch diese angesprochen. Die Kurse kosten zwar etwas, aber nachfragen kostet nichts.

Kulturführerschein für Kids

An Aktivitäten auf dem Lehr- und Lernsektor ist kein Mangel, zumindest scheint das so. So startete im Juni 2009 eine Gemeinschaftsschule im Rahmen eines Projektes „Kulturführerschein für Kids" eine Wahl, in der die Grundschüler wählen bzw. abstimmen konnten, welche Schulthemen sie in Zukunft gern umsetzen würden. Dazu hatten sie im Kunstunterricht eine Kabine und eine Wahlurne angefertigt, die sie dann auch benutzen sollten. Die Projektleiterin meinte dazu: „Wir vermitteln den Kindern nicht nur ein Grundwissen an Kultur, sondern begleiten die Schüler auch auf dem Weg zum mündigen Bürger." Angewandte Zivilisation also. Jeder erinnert sich noch an die herrlich vereinfachte Erklärung des Unterschieds zwischen Kultur und Zivilisation: Zivilisation ist, wenn man eine Zahnbürste hat. Kultur ist, wenn man sie auch benutzt! Nicht für die Schule, für das Leben lernen wir. Das gilt noch heute. Nur heute macht Lernen auch noch Spaß.

Kindertheater

Es gibt eine ganze Reihe von Möglichkeiten, wie man Lernfreude schafft, wie man Kunst „begreift", wie man die Kraft der Gemeinschaft spürt, dass also viele fertigbringen, was ein Einzelner nicht schafft. Das Kindertheater ist ein solches Beispiel. Manchmal wird ein Spiel im Kindergarten einstudiert. Manchmal hat eine Schule einen Anlass, sich ein Theaterstück einfallen zu lassen. Häufig sind das Abschlussfeiern oder Jubiläen. Aber auch die Kirchen sind hier nicht untätig. So mancher Seelsorger stellt erfreut fest, dass die Kinder wieder mehr auf Gottes Wort oder auf ihn selbst hören, wenn es mit Spiel und Musik verbunden ist.

Die Gospelkonzerte aus Amerika und Afrika, die von Zeit zu Zeit und zu bestimmten Anlässen in den Kirchen stattfinden, sind fast immer gut besucht und reißen durch ihre Rhythmen und einprägsamen Melodien die Zuhörer mit. Ein besonders gelungener Film in dieser Richtung ist „Sister Act", in der eine farbige Sängerin auf der Flucht vor ihren Verfolgern in einer Kirche Zuflucht findet und dort den staubtrockenen Kirchenchor auf Gospelsongniveau bringt. Eine köstliche Handlung und ein mitreißender Musikspaß.

Singspiele

Legt man in den Schulen Musik- und Sprachunterricht zusammen, kann man auch Singspiele schaffen, in denen bekannte, aber auch unbekannte fantasievolle Gestalten vorkommen können, also Märchenfiguren wie Schneewittchen oder Fantasiegestalten wie der gestiefelte Kater. Kinderopern[50] kann man auch in Köln besuchen oder gar daran teilnehmen. Wenn das den Kindern gefällt, kann man auch zu Hause die eine oder andere Melodie üben. Meist gibt es dazu eine CD oder DVD mit Inhaltsbeschreibungen oder auch wunderschön bebilderte Märchenerzählungen in Buchhandlungen oder auf Flohmärkten. Stöbern mit Oma ist herrlich. Meist findet man etwas Tolles für kleines Geld, Würstchen inklusive.

Da Musikerziehung so wichtig ist, bleiben wir noch ein wenig bei der Musik, speziell bei der Oper, noch spezieller bei der Kinderoper. Kinderopern sind Kompositionen für Kinder, die von professionellen Sängern und Musikern aufgeführt werden.

---

[50] www.zwergenklang.de

Kinderopern sind aber auch Opern für Kinder, die von Kindern gespielt werden. Trotz der Schwierigkeiten, solche Singspiele gegen das Fernsehen mit seinen Themen und seinem Aktionismus, der häufig als Hektik empfunden wird und keine Tiefenwirkung zulässt, durchzusetzen, bemühen sich die Musikpädagogen, das junge Publikum zu begeistern, indem sie Musik, Tanz und Handlung kombinieren, an denen diese selbst mitwirken können, übrigens schon ab 5 Jahre. Man hofft auf diese Weise, das Opernpublikum zu verjüngen, das langsam zu überaltern droht.

Kinderkulturwoche

Es gibt eine Reihe von Kinderopernhäusern in Deutschland. Aufführungen wie Hänsel und Gretel oder Schneewittchen und die sieben Zwerge werden mit professionellen Sängern besetzt und untermalt durch Kinderchöre. Kinder übernehmen auch schon mal kleinere Solorollen. Die Handlungen sind leicht verständlich und oft bereits bekannt aus Märchenbüchern, die Melodien sind einprägsam und leicht nachzusingen. In Bayern gibt es sogar eine Kinder-Kulturwoche.[51] Das ist eine feste Veranstaltung, die alle Jahre nach den Sommerferien stattfindet.

Ein Kinderopernhaus gibt es aber auch in Dortmund und anderswo. Sich mit solchen Angeboten zu befassen, lohnt sich für alle Erziehungsberechtigten und diejenigen, die den Kleinen und Heranwachsenden nahebringen möchten, was Kultur eigentlich bedeutet.

Gemeint ist hier auch eine Mitmach-Kultur, also nicht passives Konsumieren wie beim Fernsehen, sondern aktives Mitgestalten je nach Neigung und Fähigkeit. Man kann Kostüme entwerfen oder ein Bühnenbild aufbauen oder Tänze einstudieren. Man erlebt, wie durch das Miteinander etwas Neues und Schönes entsteht, an dem man

---

[51] www.gut-immling.de

selbst teilhat. Wenn diese Kinder später groß sind, werden sie ein positives Verhältnis zur Oper entwickelt haben und dieser Kunstgattung aufgeschlossen gegenüberstehen. „Nur wenn sich Zuschauer und Zuhörer begeistern lassen, wenn sie die Zeit, die sie mit dieser Art von Musik verbringen, als Bereicherung ansehen und solche Darbietungen akzeptieren, die zum Teil im krassen Gegensatz zu modernen Events stehen, bleibt die Oper als hohes Kulturgut erhalten."

Zimmertheater ohne PC

Man sieht, dass man ganz schön gefordert ist, wenn man nicht einfach so dahinlebt, sondern sich auf die Suche macht nach neuen Eindrücken, neuen Erlebniswelten, neuen Erfahrungen und neuem Gedankengut, um sich selbst zu bereichern und diesen Reichtum dann weitergeben zu können. Niemand braucht ein Genie zu sein oder zu werden. Es genügt, dass man offenbleibt für eine Welt außerhalb der vier Wände und außerhalb der zugegebenermaßen faszinierenden Welt der Computer. Die Aufgabe ist, beide Welten, die da drinnen und die da draußen, im Gleichgewicht zu halten. Wer kann das besser als eine Oma.

Natürlich ist es nicht leicht, einem Kind plausibel zu machen, dass ein Spaziergang durch die Heide attraktiver ist als ein Fernsehfilm im Kinderkanal. Erleichtert wird so ein Angebot natürlich durch das Wetter. Wenn es draußen schön ist, dann nichts wie raus und ja nicht drin hocken.

Zum Drinhocken gibt es an schlechten Tagen noch Gelegenheit genug. Wenn man aber drinnen hocken muss, weil man sich sonst einen Dauerschnupfen oder Schlimmeres holt, aber die Oma das ewige Gedudel oder Fernsehgegucke leid ist – nicht nur für sich, sondern auch für die Kinder – dann gibt es vielleicht noch eine Alternative zum Fernsehen: das Theater, oder deutlicher: das Zimmertheater.

Obgleich die heutigen Fantasiefiguren ganz anders aussehen als die Märchengestalten von Grimm oder Andersen, nämlich mehr Monstern ähnlich sind als Kobolden, Geistern oder Feen, so stehen diesen Glubschaugenkreaturen auch niedliche Schöpfungen gegenüber, wie beispielsweise das Sandmännchen oder die Puppen der Augsburger Puppenkiste. Noch nehmen Kinder alles auf, egal ob althergebracht oder brandneu. Sie sortieren ja noch nicht aus, sondern eher ein in ihre Erfahrungskisten. Also kann man es auch einmal mit einem Zimmertheater versuchen. Wie das geht? Naja, ganz einfach ist das zumindest zum Anfang nicht. Aber ein kluger Kopf braucht auch eine Herausforderung.

Kasperletheater

Das gute alte Kasperlespiel mit den klassischen Figuren des Kaspers, seiner Gretel, der Großmutter, des Teufels, des Räubers und des Krokodils, halten den modernen virtuellen Spielen oder Plastikalternativen vielleicht noch eine Weile Stand. Das Kasperletheater gehört zum Kulturgut, das verloren zu gehen droht. Erhalten wir es noch eine Weile, denn über Puppen kann man den Kindern einiges viel besser sagen, als man das ohne diese Kommunikationskatalysatoren tun kann.

So ein Kasperletheater kann Opa selbst bauen. Eine geschickte Oma natürlich auch. Am besten alle zusammen in Gemeinschaftsarbeit. Je nach Größe und Platz können auch Kulissen gemalt oder Vorhänge genäht werden.

Spielanleitungen gibt es in Buchform oder man kann auch bestimmte aktuelle Ereignisse zum Spielgegenstand nehmen und eigene Worte dazu finden. Hat beispielsweise kürzlich jemand sein Spielzeug kaputtgemacht oder das eines anderen, dann kann man den Teufel ins Spiel bringen, der darüber sehr erfreut ist, und den Kasper, der den Zauberer überredet, das Spielzeug wieder ganz zu zaubern.

Hat jemand schon vor dem Mittagessen den Pudding gegessen, der eigentlich als Nachtisch gedacht war, und deshalb keinen Hunger mehr, dann kann so eine Szene mit der lieben Gretel nachgestellt werden, die immer so lecker kocht und bäckt.

So kann sich der Polizist, der Gretel vor einem bösen Räuber warnt, beim Anblick von Gretels Kuchen nicht beherrschen und isst ihn auf. Damit hat der Kasper keinen Geburtstagskuchen mehr. Aber der gute Zauberer weiß Rat und hext einen neuen herbei.

Viele solcher Alltagsszenen eignen sich durchaus, in bestehende Stücke eingebunden oder als reales Märchen erzählt zu werden. Die Betreffenden finden sich darin wieder und können jetzt über das lachen, worüber sie vorher vielleicht Tränen vergossen haben.

Hohnsteiner Handspielpuppen

Die klassischen Kasperpuppen sind die Hohnsteiner Handspiel-puppen.[52] Hohnstein liegt in Sachsen. Dort werden sie noch per Hand gefertigt und sind deshalb nicht billig. Aber sie sind unverwechsel-bar, allen bekannt und ein Stück Kulturgut, das man erhalten sollte.

Sie zu benutzen bedeutet nicht nur deren Weiterleben, sondern stärkt auch die Spielfreude und beflügelt die Fantasie, wenn man ganz moderne Gegebenheiten für jedermann verständlich und lustig kommentieren möchte und neben den fertigen Anleitungen ganz neue Geschichten erfindet.

Man kann die Puppen auch nach und nach sammeln und damit anderen Gelegenheit geben, zu Weihnachten oder zum Geburtstag ein schönes und wertvolles Geschenk zu machen.

---

[52] www.hohnsteiner-handspielpuppen.de

Heideforscher

Wenn man das Glück hat, in der Nähe einer blühenden Heidelandschaft zu wohnen oder dort hinfahren zu können und die Farbenpracht auf sich wirken zu lassen, dann erlebt man etwas auch ohne Hektik und ständigen Aktionismus. Nimmt man den oder die Enkel mit, kann man ihr Interesse und ihre Lauflust aufrechterhalten, indem man sie auffordert, auf Tiere zu achten oder Fotos zu machen oder Entfernungen zu schätzen. „Wie viele Schritte brauchst Du bis zu diesem Baum oder Zaun oder zu dieser Bank oder zu diesem Wegweiser?" Man kann auch schöne glatte Steine sammeln, die man dann zu Hause anmalt und als Dekoration verwendet oder jemandem damit als Geschenk eine Freude macht. Etwas ältere Kinder, die schon geschickter mit Farben umgehen können, entwickeln Kreativität und Fantasie und schaffen mitunter kleine Kunstwerke. Besonders gelungene Kreationen werden mit Acryllack überzogen und damit haltbar gemacht. Mit einigem Geschick und Hilfe kann man sogar hübsche Tischtuchhalter basteln oder ulkige Tiere erstellen.

Salzteig

Ebenso beliebt wie einfach herzustellen ist „Salzteig", ein wunderbares Baumaterial, aus dem sich ganze Landschaften und Szenen herstellen lassen. Das Rezept ist einfach: 1 Teil Mehl und 1 Teil Salz zu gleichen Teilen mischen, zum Beispiel 2 Tassen Salz und 2 Tassen Mehl mit 1/2 bis 3/4 Tasse Wasser mischen. Der Teig muss sich gut kneten lassen. Wer unsicher ist, schüttet das Wasser in kleinen Mengen nach und nach ein, bis der Teig beim Kneten die richtige Konsistenz hat. Dann lässt man den Teig etwas ruhen. In der Zeit kann man ein Backblech vorbereiten oder Backpapier auf eine flache Unterlage ausbreiten.

Damit die Figuren hart und haltbar werden, werden sie nach dem Formen im Backofen für etwa 1 Stunde bei 100°C gebacken.

Bevor man die Figuren dann anmalt, am besten mit Acryl- oder Plakatfarben, sollte man die Teile etwas abkühlen lassen, damit man sich nicht die Finger verbrennt. Anschließend mit Klarlack überziehen. Das sieht gut aus und macht die Figuren haltbar. Aber auch mit Klarlack vertragen die Schöpfungen keine Feuchtigkeit. Sie nehmen Feuchtigkeit aus der Luft auf und verbiegen sich und sind dann schwer aufzuhängen, da sie nicht mehr glatt an der Wand anliegen.

Ganz wunderbar klappt das, wenn man den glatten Teig mit Teigteilen kombiniert, die man durch ein Sieb presst. Diese kleinen Kringel und Würstchen eignen sich hervorragend zur Darstellung von Fell oder Haaren.

Schäfchen sind zu Anfang ein gutes Übungsobjekt. Anmalen braucht man das Fell nicht. Es sieht ziemlich echt aus. Anmalen, vielleicht in hellbraun, kann man den Kopf und die Beinchen. Verschieden groß lässt sich so eine ganze Schafherde fürs Kinderzimmer herstellen.

Mit der Zeit bekommt man Übung und traut sich an größere Werke, wie einen Apfelbaum oder einen Schäfer. Durch die Individualität erhalten diese kleinen Figuren einen ganz eigenen Charakter von individuellem Liebreiz.

Meister der Klebologie

Basteln mit Kindern ist nicht nur eine schöne, sondern auch eine sinnvolle Beschäftigung. Natürlich gibt es noch viel mehr Möglichkeiten zum Basteln. So kann man Drachen bauen, oder Tiere aus Kastanien formen oder Laternen oder Fensterbilder aus Papier herstellen. Bei solchen kreativen Arbeiten entstehen meist auch positive Nebeneffekte, zum Beispiel eine lebhafte Diskussion oder Unterhaltung, aus der man als Erwachsener Schlüsse ziehen und diese bei künftigen Aktionen verwerten kann.

Oma to go

Nun kann der geneigte Leser den Eindruck gewinnen, dass man als engagierte Oma in der Freizeit mehr zu tun hat als in der Arbeitszeit. Mag hin und wieder stimmen, aber es gibt ja genügend Freiräume. Schließlich ist eine Oma keine Ganztagsangestellte, sondern eine „Oma to go", also eine Oma zum Mitnehmen auf Entdeckungstour oder auf den Spielplatz.

Manchmal wird sie ja nicht angerufen. Wenn das Intervall zwischen Anruf und Anruf zu groß wird, kann Oma ganz schön unruhig werden. Ist was los? Ist was passiert? Warum meldet sich keiner? Manche Omas rufen dann an. Andere Omas halten sich in der Nähe des Telefons auf oder achten darauf, ob das Handy in der Hosentasche vibriert. Manche Omas unterdrücken den Drang, zum Hörer zu greifen. Sie wollen nicht lästig fallen, sich nicht aufdrängen. Und dennoch suchen sie nach einem plausiblen Grund, Kontakt aufzunehmen. Wenn sie keinen finden oder das Ereignis nicht interessant genug ist, um erzählt zu werden, dann gehen sie an den Kühlschrank und sehen nach, ob man noch einkaufen gehen muss, oder ob es noch reicht. Einkaufen gehen ist immer eine gute Ablenkung.

Oma und Opa unzertrennlich

Eigentlich geht man immer vom Opa und Oma als Paar aus. Aber häufig gibt es nur eine Oma oder einen Opa. Da laut Statistik die Frauen generell länger leben als die Männer – warum wird nicht begründet – sind es meist die Omas, die als einsame Spitze die Geschicke beobachten oder in die Hand nehmen. Die Theorie, dass bei den veränderten Alters- und Alterszustandsbedingungen die Verlängerung der Lebensdauer auch eine Verlängerung der Schaffensdauer mit sich bringt, versuchen die Forscher damit zu begründen, dass die Vergleiche bestimmter Zeiträume für Generationen zeigen, dass es offenbar keine Altersbegrenzung nach oben gibt!

Die Lebenserwartung in Industrieländern steigt mit hohem Tempo. Die Lebenserwartung im 20. Jahrhundert stieg in den meisten Industrieländern um mehr als 30 Jahre. Dauert der Trend zum längeren Leben unvermindert an, werden die meisten nach 2000 geborenen Kinder 100 Jahre alt. In Japan rechnete man – bisher – sogar mit 107 Jahren.

Gut, das sind Hochrechnungen. Aber immerhin, wenn man 70 ist und der Bibel glaubt, die da sagt, dass das Leben 70 Jahre währt und wenn es hochkommt, so sind's 80 Jahre, dann sind diese neuen Erkenntnisse doch irgendwie erfreulich beruhigend, zumindest, wenn man 70 ist. Man hat also noch etwas Zeit bis 80.

Wenn man die Aussicht ernst nimmt oder den Forschern mit ihren Statistiken und Hochrechnungen (liebend gern) Glauben schenkt, dass man aus heutiger Sicht locker noch 100 Jahre werden kann, ja dann kann man seine Restlebenszeit von stolzen dreißig Jahren noch richtig nutzen!

Schöne Aussichten

In dreißig Jahren wächst eine ganze Generation heran. Hundert Jahre vom kleinen Quergelkäse bis zum Tattergreis sind voll nutzungsfähig. Tattergreise gibt's dann aber nicht mehr. Die Pharma-Industrie wird's schon richten. Und Omas „schlanke Küche" tut noch eins dazu.

So abgesichert wird „Überalterung" wohl nur noch „ein dummes Geschwätz von gestern" sein. Das Wort „überaltert" wird wohl neu definiert und ersetzt werden müssen, vielleicht durch „überlastet".

Damit mehr Zeit für produktive Dinge bleibt, schlagen die Forscher eine Umverteilung der Arbeitslast vor. Das bedeutet zum Beispiel, dass man weniger Stunden pro Woche arbeitet, dafür aber entsprechend viele Jahre länger. Klingt gut, ist aber sehr theoretisch.

Dass eine kürzere Wochenarbeitszeit in Verbindung mit einer längeren Lebensarbeitszeit gesundheitliche Vorteile bietet, weil sich die Last dann besser verteilt und damit leichter tragbar wird, klingt plausibel.

Dass geistig und körperlich aktive Menschen länger leben und länger fit bleiben, ist ebenfalls nachvollziehbar. Aber wir leben ja nicht im Reagenzglas, sondern in einem Umfeld, das sich ständig verändert und das täglich anders auf uns einwirkt.

Umweltresistent und produktiv

Vielleicht sorgen die fleißigen Forscher auch noch dafür, dass wir umweltresistenter werden und damit immun gegen Depressionen, wenn uns im 90. Lebensjahr ein Schnupfen das vorzeitige Ende des theoretisch möglichen Daseins signalisiert. So schmeichelhaft die längere Lebenserwartung auch ist, so ganz verlässlich ist sie nicht.

Theoretisch könnte eine Frau im heutigen Oma-Alter nicht nur für eine weitere Generation sorgen, sondern für mindestens zwei. Natürlich nur, wenn sie will, und natürlich nur, wenn sie sich den passenden Partner ausgesucht hat oder einen geeigneten Samenbanklieferanten kennt.

Das bedeutet, dass eine 60-jährige Oma einen 40-jährigen Sohn, eine 20-jährige Tochter sowie zwei einjährige Zwillinge haben kann, die zu ihren Geschwistern dann rein theoretisch auch Mama und Opa sagen könnten. Und wenn die 60-jährige Oma dann immer noch gut 40 Jahre vor sich hat, kann sie sich noch einen neuen Opa zulegen oder den Alten behalten und pflegen oder ihre Memoiren schreiben.

Unter diesem Aspekt erhält die Oma-Enkel-Beziehung eine andere Dimension. Das Oma-Enkel-Verhältnis wird in einem solchen

Fall diffiziler, aber auch interessanter und facettenreicher, sowohl für die Oma als auch für die Enkel. Es gibt schon heute eine Menge Ur-omas, die Aussicht Ur-Ur-Omas zu werden, ist doch bestechend und logisch. Oma ist also nicht nur lange da, sondern in Zukunft noch viel länger da. Nachhaltigkeit mal anders. Toll!

Lebenserwartung

Eigentlich ist es ganz herrlich, sich durch alle die vielen Statistiken, Hochrechnungen und Theorien zu graben und damit seinen Standort in diesem Zusammenhang zu bestimmen. Viele Länder unternehmen große Anstrengungen, aus den Aufzeichnungen und statistischen Erfassungen die Zukunft vorherzusagen. Einer muss es ja tun. Dass das aber nicht einer tut, sondern ganz viele, und das auch noch in vielen Ländern, zeugt von dem großen Interesse, das man diesen Weissagungen entgegenbringt.

Vergleicht man die verschiedenen Untersuchungsergebnisse miteinander, dann kann man – wenn man gern sehr alt werden möchte, um noch recht lange recht viel von der Entwicklung um sich herum mitzukriegen – beizeiten sparen, um in der Entscheidungsphase „Aufhören oder Weitermachen" das Land zu wählen, dass dafür die größten Chancen bietet.

Zurzeit scheint das Frankreich zu sein. Jedenfalls hat bisher niemand sonst wo das Alter der Französin Jeanne Calment erreicht. Sie lebte von 1875 bis 1997 in Südfrankreich und wurde 122 Jahre alt. Jeanne Calment lernte mit 85 Jahren das Fechten und fuhr als 100-Jährige noch Fahrrad. Auch Eugénie Blanchard ist Französin. Sie wurde 1986 geboren, ist also jetzt (2011) 115 Jahre alt und sie lebt noch in Frankreich natürlich. Frankreich ist also doch eine sehr gesunde Gegend. Nach Frankreich folgt Japan. Aber das schöne Land fällt als Alterssitz für Europäer heute leider aus, und das nicht nur, weil es sehr weit weg ist. Frankreich liegt näher. Aber auch in

Deutschland hat es jemand geschafft, 114 Jahre alt zu werden, nämlich Charlotte Benkner (1889-2004). Und unser immer noch lebensfrohe und aktive „Jopi" setzt mit seinen 107 Jahren auch schon deutliche Zeichen zugunsten Deutschlands. Deutschland holt auf.

Wenn man sich die Liste der ältesten Menschen anschaut, dann bekommt die Voraussage der heutigen Statistiker schon Gewicht. Es soll ja mal (vor Jahren) eine Werbeveranstaltung einer Fluglinie gegeben haben, die alle 100-Jährigen und natürlich auch die darüber zu einem kostenlosen Flug eingeladen hat. Das kam der Fluggesellschaft aber ganz schön teuer zu stehen. Entgegen der Annahme, dass ein City-Hopper wohl genügen würde, mussten sie auf ein Großraumflugzeug umsteigen. Der Jumbojet war rappelvoll! Und die biblisch Alten wurden keineswegs auf der Bahre herangetragen, sondern kamen zu Fuß, in schicker Reisekleidung, mit Krokotäschchen und Fernglas. Sehr weitblickend also. Das Leben – allzeit ein Genuss!

Wer pflegt Oma?

Wenn die Enkel alles nachmachen, dann können sie sich von ihren munteren Omas noch einiges abgucken. Das Bild der Oma ist im Wandel begriffen. Natürlich gibt es nicht nur topfite Omas, sondern auch welche, die mit Krankheiten kämpfen, im Rollstuhl sitzen oder ans Bett gefesselt sind. Auch das sind Omas, die eine Familie haben, auch wenn sie im Alters- oder Pflegeheim sind. Diese Omas haben nicht selten ihr ganzes Leben mit der Pflege ihrer Kinder und deren Kinder verbracht, bis ihre Kräfte nachließen und sie selbst zum Pflegefall wurden.

Wenn die Angehörigen sie nicht pflegen oder pflegen können, dann müssen das geschulte Leute übernehmen. Wenn diese Oma nicht das Glück hat, besucht zu werden, weil die Kinder und Enkel zu weit weg wohnen oder wenn sie diese nicht mehr erkennt, dann bleibt sie doch die Oma und ihr Verdienst wird nicht geschmälert.

Nur wenige wissen, wie schwer es für das Pflegepersonal ist, sich auf diese Menschen einzustellen, die nicht mehr begreifen können, warum sie etwas tun sollen oder nicht und warum sie überhaupt hier sind und nicht zu Hause. Es ist deshalb fast Pflicht, auch einmal auf die Omas hinzuweisen, die keine 114 Jahre mehr werden können oder wollen, sondern für die jeder Tag ein Tag zuviel ist.

Hier der Tatsachenbericht einer jungen Frau, die dem Aufruf eines Altersheims folgte und helfen wollte, obwohl sie keine ausgebildete Krankenpflegerin war. Sie dachte dabei eher an Essen austeilen, Betten machen, die Alten im Rollstuhl spazieren fahren oder ihnen vorzulesen.

Bericht einer Möchtegern-Pflegerin

„Das Empfangszimmer des Altersheims war gleichzeitig die Anmeldung und das Verwaltungsbüro. Frau B., die Empfangsdame war sehr freundlich. Ich fasste gleich Vertrauen zu ihr. Im Laufe des Gesprächs ergab sich, dass sich aufgrund des Zeitungsaufrufs erstaunlich viele gemeldet hatten, aber was dann übrig blieb, war kläglich. Frau B. seufzte ein Bisschen. „Wissen Sie, wir brauchen eigentlich jemand für die Pflegestation, weniger für unsere Alten. Aber viele wollten gerade das nicht." Ich hatte keine Vorstellung, worin der Unterschied zwischen Alten und Pflegebedürftigen lag, außer dass die einen noch selbst essen konnten, während man die anderen wohl füttern musste. „Nun gut." meinte Frau B. „Versuchen wir es mal." Am nächsten Tag ging ich ins Büro von Schwester G. Sie wartete auf den Doktor. Den ruft sie einmal die Woche zur Visite. Der weißhaarige, väterliche Doktor kam den Gang herauf, begrüßte Schwester G. und mich und ließ sich die notwendigen Daten der Patienten geben.

Begegnung mit Nochlebenden

Den Anfang machten wir bei einem alten Herrn, der zusammen-
gesunken und reglos ganz am Ende des Flures unter dem Fenster saß.
Blind oder so gut wie blind. Er sollte eine neue Brille bekommen.
Die war ihm aber nicht genehmigt worden (von wem, war mir un-
klar, wahrscheinlich von der Kasse). Im Zimmer nebenan waren
zwei Frauen untergebracht. Wir befanden uns zwar auf der Männer-
station, aber auf der Frauenstation war kein Platz mehr. Die eine von
ihnen war taub. Die andere war so klein und verschrumpelt, dass
man sie in ihrem Federbett kaum erkennen konnte. Aber ihre Stimme
war die eines preußischen Generals, hart, schnarrend und tief. Eine
ehemalige Schwester, wie ich erfuhr. Sie klagte über ein offenes
Bein. Der Arzt gab Schwester G. eine Anweisung. Ich bewunderte
die Schwester, die bei den vielen Menschen keine Krankengeschich-
te durcheinanderbrachte, sich an alle verabreichten Medikamente
erinnerte und jegliches Wehwehchen in ihrer drastischen, treffenden
Art zu kommentieren wusste.

Die nichts einsehen können

Wir gingen weiter zu den Männern. Herr J. saß im Rollstuhl.
Querschnittslähmung. Erstaunt war ich über das Aussehen des Mannes. Er passte mit seinen 67 Jahren eigentlich gar nicht recht in diese
Umgebung. Er schien jünger und wacher zu sein als die anderen.
Dennoch hatten Arzt, Schwester und Heiminsassen ihre liebe Not mit
ihm. Er rauchte ununterbrochen, ohne Rücksicht auf die drei Zim-
mergenossen und seine eigene Gesundheit. „Wenn Sie das Rauchen
aufgeben," bemühte sich der Doktor möglichst klar zu sagen, „dann
hätten Sie noch eine relativ hohe Lebenserwartung. Wenn nicht,
muss ich Ihre weitere Behandlung ablehnen!" Die Antwort des Zu-
rechtgewiesenen darauf: „Wenn ich weiterrauche, sterbe ich auch.
Daran sind Sie doch nicht Schuld, Herr Doktor!" – „Können Sie

mich von dieser Verantwortung entbinden?" fragte der Doktor ernst. „Natürlich!" gab der Kettenraucher etwas leutselig zurück. Doch der Doktor blieb hart. „Nein! Das können Sie eben nicht!" Ich konnte als Zuhörer nicht mit Bestimmtheit sagen, ob der Doktor verärgert war oder resignierte.

Die weiter leben müssen

Wir gingen hinüber zur Frauenstation. Im ersten Zimmer lag eine uralte Frau. Sie weinte. Tief eingefallen die Augen, wimpernlos die Lider, ein zitternder Strich der Mund. Als der Doktor an ihr Bett trat, ergriff sie seine Hand: „Helfen Sie mir, Doktor! Was soll ich noch hier?!" Mit sanfter Stimme gelang es dem Arzt, sie zu beruhigen. Ganz vorsichtig tastete er ihren Leib ab. „Ihr Bäuchlein ist nicht so, wie es sein sollte. Auch Ihre Zunge gefällt mir gar nicht. Ich helfe Ihnen ja, aber dazu müssen wir Sie ins Krankenhaus bringen. Dort hat man bessere Mittel." Die alte Frau machte eine angedeutete Abwehrbewegung. Schwester G. beruhigte sie. „Sie kommen ja wieder. Ist doch bloß für einen Tag, damit wir sie dort röntgen können. Das können wir hier nicht. Wir sagen Ihrem Sohn Bescheid." Am nächsten Tag wurde sie abgeholt. Sie sah von einem zum anderen und ließ es widerstandslos geschehen.

Die vornehm bleiben

Die nächste Patientin sah aus wie ein zartes Porzellanpüppchen, wie ein ergrautes Dornröschen. Ihr langes Haar hatte sie in Zöpfchen wie eine Krone um den Kopf gelegt. Himmelblaue Kinderaugen blickten dem Besucher entgegen. Benehmen und Sprache waren die einer wohlerzogenen Tochter aus gutem Hause. „Vielen Dank, Herr Doktor." erwiderte Sie mit vornehmer Liebenswürdigkeit, als spräche sie statt mit dem Doktor mit dem britischen Botschafter ihrer Majestät. „Danke, es geht mir ausgezeichnet." Ich schloss die kleine

Porzellanprinzessin gleich ins Herz und konnte es nicht unterdrücken, dem Doktor meine Sympathie für diese entzückende Person kundzutun. Der Doktor sah mich an und seufzte. „Sie ist sehr sehr krank." Ich erschrak und trottete betrübt hinter ihm her ins nächste Zimmer. Was für ein harmloses Aussehen haben doch manche schlimmen Dinge!

Die zufrieden sind

Frau B. war ein kleines Schrumpelchen. Über den gekräuselten Lippen pfropfte eine dreieckige Nase, darüber glitzerten zwei runde Äuglein. Die grauen Haarflusen hatten sich durch das Kissen hochgeschoben und gaben dem Kopf etwas Igeliges. Sie klagte über ihre Beine. Der Arzt besah sich das Übel, gab der Schwester ein paar lateinische Namen auf und „Schrumpelchen" war zufrieden. „Wie lange ist sie denn schon hier?" fragte ich die Schwester. Antwort: „Schon immer!" Sie war selbst Pflegerin hier gewesen.

Die Aufmerksamkeit fordern

Dann kamen wir zu einer ganz „aufgeräumten" Dame. Quietschvergnügt saß sie im Bett, begrüßte den Doktor überschwänglich und strahlte: „Ich glaube, mit meiner Lunge stimmt was nicht, Herr Doktor" meinte sie und lächelte ihn kokett an. „Hören Sie sich bloß mal an, wie ich huste!"

Sie probierte einen Huster und röchelte anschließend ganz fürchterlich. „Sehen Sie," strahlte sie, „das meine ich!" – „Das kommt nicht von der Lunge," schmunzelte der Arzt. Er kramte sein Stethoskop aus der Tasche. Schwester G. rollte inzwischen das Nachthemd über den Rücken von Frau R. hinauf bis zum Hals, und der Doktor tupfte mal hierhin mal dahin. „Alles in Ordnung!" meinte er dann und packte sein Stethoskop wieder ein. Schwester G. rollte das Nachthemd herunter und zupfte die Kissen zurecht.

Die Patientin brachte ihr Missfallen über ihre schnelle Genesung durch Stummschaltung zum Ausdruck, denn Zweifel an der Kompetenz des Arztes, der ihre schlimmen Leiden offensichtlich nicht recht erkannte, wagte sie denn doch nicht laut zu äußern. Sie lehnte sich zurück, zog die Decke bis unter die Nase und starrte böse zur Decke.

Die das Ende akzeptieren

Zum Schluss kamen wir in ein Zimmer, in dem drei von vier Betten belegt waren. Patientin eins erklärte mir später ganz sachlich, dass dies hier das Sterbezimmer sei. Ich riss die Augen auf, denn sie knabberte dabei friedlich an einem Apfel. „Sehen Sie mal die Namen an der Tür. Die stimmen alle nicht mehr. Das waren die Vorgängerinnen." Sie sagte das so, als ob sie das Inhaltsverzeichnis eines Krimis vorlesen würde.

Patientin eins aber schien noch recht lebendig zu sein. Nur die Krücken an ihrem Bett verrieten, dass hier ein schwerer Fall vorlag, der sich seinem Ende näherte.

Die nach der Mutter rufen

Patientin zwei sah uns mit trüben Augen an. Sie war nahezu blind. Sie wollte gewaschen werden, obgleich man sie soeben erst frisch gemacht hatte. Sie wollte essen, obwohl sie gerade erst etwas bekommen hatte. Sie rief nach ihrer Mutter und fragte, wann sie denn endlich käme. Sie rief immer wieder nach ihrer Mutter. Ihre Mutter war mit keiner anderen Person vergleichbar und folglich auch nicht durch eine Schwester oder Pflegeperson zu ersetzen. Irgendwann wird sie ja bei ihr sein.

Die Zuneigung spüren

Die im letzten Bett lag Patientin drei. Für sie hatte der Arzt nur ein Achselzucken. Diese Frau musste uralt sein, war völlig bewegungsunfähig, sprach nur sehr schwer verständliche einzelne Worte. Weder Geist noch Körper schienen ihr mehr zu gehorchen. Dennoch nahm sie gelegentlich etwas wahr. Ich war sehr gerührt, als sie in einem wachen Moment ihre Finger um meine Hand schloss und mich anlächelte. Hielt sie mich für eine Ärztin? Ich war keine. Ich war sogar viel weniger als keine. Ich war nicht nur eine einfache Stationshilfe, sondern ein umständliches Geschöpf, das zwei linke Hände hatte und den beiden routinierten Schwestern mehr im Wege stand als half. Es fing schon an beim täglichen Kaffee- und Kuchenausteilen. Auf einem Wagen standen drei Kannen mit Kaffee und zwei mit Milch. Daneben Teller, Tassen, normaler Zucker und Zucker für Diabetiker. Wir schoben den Wagen die Flure entlang, schenkten ein, verteilten Gebäck und schenkten nach. Manchmal reichte das Gebäck nicht, dann war die Küche schuld oder irgendein Mensch, der über die Einkäufe zu bestimmen hatte. Sicher derselbe, der sich weigerte, genügend Tassen anzuschaffen, oder der sich sträubte, genügend Schürzen und Kittel für das Personal bereitzustellen.

Die auf Kuchen nicht verzichten

Frau B. wollte gefüttert werden. Man hatte mich mit dieser Aufgabe betraut. Endlich eine Aufgabe, die meiner Vorstellung von Fürsorge am nächsten kam. So zerschnitt ich den Kuchen in handliche Stücke und brachte sie Frau B. ans Bett. Frau B. lag lang ausgestreckt im Bett, reglos. Nichts bewegte sich an ihr, nur ihre Augen versuchten, sich in meine Richtung zu drehen.

Plötzlich öffnete sie etwas den Mund und brachte mühsam heraus: „Etwas höher, bitte!" Ich fasste den Kopfteil des Bettes an und tatsächlich, es ging ganz leicht. Der Kopfteil rastete stufenlos ein.

„Etwas trinken, bitte!" kam wieder die mühevolle Stimme von Frau B. Ich griff nach der Schnabeltasse. Das wenigstens war nicht schwierig. „Halten Sie meinen Kopf …!" Die Worte tropften buchstäblich aufs Bett. Oh Gott! Wie sollte ich den Kopf halten? Ich zögerte, dann schob ich meinen Arm kurz entschlossen unter ihren Nacken. „Gut so?" fragte ich. – „Ja, gut." – „Frau B." brachte ich endlich heraus. „Ich muss das alles erst lernen. Wenn ich etwas falsch mache, dann müssen Sie es mir bitte sagen. Das nächste Mal weiß ich es dann schon besser." Frau B. deutete ein Nicken an. Erleichtert fütterte ich sie und gab ihr zu trinken. Als sie fertig war, drückte sie mit der Zunge ihr Gebiss heraus. Unschwer zu erkennen, was sie meinte, dass ich tun sollte. Ich zog das Gebiss vorsichtig heraus und befreite es unter dem Wasserstrahl des Waschbeckens im Zimmer von allen klebrigen Resten. Dann ging ich zurück und schob es ihr wieder zurück in den Mund. Das ging besser als ich dachte, aber Unsicherheit und Angst, jemand vielleicht wehzutun, bewirkten kleine Schweißtröpfchen auf meiner Stirn. Sie schien es nicht zu bemerken, legte ihren Kopf zur Seite und fiel in ihren Mittagschlaf.

Die das Bett nicht verlassen

Bettenmachen wir mir auch nicht von Anfang an geläufig. Überbett rechts und links gleichmäßig einschlagen, nachdem man das Gummilaken glattgestrichen und ein flauschiges Tuch fest darüber gespannt hatte. Die „schmutzigen Tücher" wurden ausgewechselt.

Schwieriger wurde das Bettenmachen bei den Bewegungsunfähigen. Die wirklich engelsgeduldige Schwester zeigte mir die richtigen Handgriffe.

„Die kleine Frau" (sie wurde von den Schwestern so genannt) gehörte zu denjenigen, die absolut auf fremde Hilfe und Fürsorge angewiesen waren. Sie dämmerte nur noch so dahin.

Die sich nicht mehr erinnern

Natürlich gab es auch andere. Um den Kaffeetisch herum saßen etliche „leichtere Fälle". Die Eine hörte schlecht, die Andere sah nichts, die Dritte lächelte freundlich und war einfältigen Geistes. Wenn sie nicht gerade Kaffee trank, lief sie am liebsten mit keinen schlurfenden Schrittchen durch die Gänge. Wieder andere saßen nur still auf ihren Stühlen und starrten vor sich hin. Ab und zu hoben sie den Blick, wenn jemand kam. Dann sahen sie wieder vor sich hin. Eine rührte mich besonders. Sie erinnerte mich an meine Mutter, obgleich meine Mutter im Vergleich zu ihr noch quicklebendig war. Ich hatte das Bedürfnis, sie aus ihrer Lethargie herauszuholen. Aber worüber mit ihr sprechen? So unterblieb der Versuch. Beglückt war ich darüber nicht. Wenn es nicht so viele wären, dann könnte man sich etwas mehr um sie kümmern. So aber ist der Tag ausgefüllt mit Bettenmachen, Waschen, Anziehen, Bewirten, ins Bett bringen, zur Toilette führen oder die Bettpfanne bringen und holen. Für persönliche Gespräche blieb keine Zeit. Gespräche waren auch oft gar nicht möglich. Auch liebe Worte blieben ohne Reaktion. In die geschlossene Welt ihrer Gedanken drang man nicht so einfach vor.

Schlussgedanken

Der Tag ging herum. Manche Heiminsassen waren schon zu Bett gegangen oder eingeschlafen. Andere saßen noch vor dem Fernseher. Ich packte meine Sachen zusammen und machte mich erschöpft auf den Heimweg. Mein Auto war eiskalt und bibberte genauso wie ich, als ich es anließ.

Unterwegs dachte ich an die vielen Menschen, die ich kennengelernt hatte, an die Kranken, die nicht ans Sterben dachten „"Leben will ich noch viele Jahre, aber rauchen tue ich trotzdem!"), an die Alten, die nicht sterben konnten („Ich bin 92 Jahre, nur Haut, kein Fleisch; mein Mann – so jung und musste sterben, ich so alt und muss noch leben!"). Ich dachte an die heiteren Gemüter („Soviel Sahne, soviel Kaffee und dann kein Sonntag – was will ich noch mehr!") und an die schweigsamen, von denen eine mich so an meine Mutter erinnerte. Werde ich eines Tages auch dazugehören?

Es wird sicher noch lange Altersheime oder Pflegeheime geben, aber der Trend geht zu betreutem Wohnen oder zum Mehrgenerationenhaus, was auch naheliegt. Allerdings scheint das noch nicht endgültig ausgereift zu sein, oder es mangelt noch an entsprechender Vorarbeit. Wir sollten uns Gedanken machen.

Omas sind autark

So gerne die Oma im Alter auch nicht allein sein möchte und deshalb ihre Familie gern um sich hätte, so braucht sie doch einen Raum, in den sie sich zurückziehen kann und unerreichbar ist. Das geht nicht „gegen" die Familie, sondern eher „für" die Familie.

Auch eine Vollzeit-Oma braucht einmal eine absolute Ruhepause, ein längeres Ungestörtsein in ihren vier Wänden. Sie möchte vielleicht eine Überraschung vorbereiten oder sich mit etwas beschäftigen, das keine Unterbrechung zulässt. Sie möchte gern etwas Wichtiges oder Schönes lesen, oder sich ein Musikstück von Anfang bis Ende anhören, ohne unterbrochen zu werden. Sie möchte nicht immer, nicht überall und nicht jederzeit abrufbar sein, sondern auch einmal einen kleinen Teil der ihr noch verbleibenden Zeit ganz für sich behalten. Dann hat sie auch wieder Kraft zu kommen, wenn jemand „Omma, komma!" ruft.

Im Altersheim ruft keiner „Omma, komma!" Da ruft eher die Omma „Enkel, komma!" Ob der dann kommt? – Sicher!

Eins sollte man nicht außer Acht lassen. Eine Oma konzentriert sich auf den oder die Enkel. Sie beobachtet sie. Sie kennt sie. Sie bleibt in Wartestellung. Sie sieht alles. Sie weiß alles, sie ahnt vieles, sofern sie entweder in unmittelbarer Nähe wohnt oder einen ständigen Kontakt mit ihren Kindern und Enkelkindern hält. Ihr Erfahrungszeitraum ist abgeschlossen. Sie weiß Bescheid. Sehr viel Neues gibt es nicht mehr und wenn, kommt sie auch ohne diese Neuerungen zurecht. Omas sind autark.

Enkels Ankerplatz

Die Enkel aber wachsen heran, werden ständig mit Neuem konfrontiert, müssen sich ständig neu orientieren, die Richtung wechseln, Zwänge akzeptieren, Möglichkeiten nutzen, Gelegenheiten ergreifen, kurz erwachsen werden.

Die Oma ist in diesem ganzen Tohuwabohu der ruhende Pol, über den man das Haltetau wirft, wenn das Schiff, auf dem man in die sichere Zukunft segeln wollte, in Seenot gerät und davongetragen zu werden droht. Aber deshalb müssen Omas noch lange nicht ständig auf Abruf stehen. Zum Glück sind große Notsituationen eher selten.

Viel häufiger gibt es aber kleinere Ausrutscher, wenn man zum Beispiel irgendwo angeeckt ist und nun nicht mehr weiß, wie man das denn wieder gutmachen soll. Oder wenn die ersten Kümmerchen auftreten, die ja nur in Omas Augen Kümmerchen sind, aber bei den Enkeln wie große Unglücke erscheinen.

Nur Oma kann glaubhaft versichern, dass die Überwindung solcher Unglücke und Hindernisse auf dem Weg zum Erwachsenwerden auch Stärke bedeutet, die mit jeder bewältigten Situation weiter wächst, bis aus dem kleinen Pflänzchen ein stattlicher Baum geworden ist, der selbst Schutz und Halt bieten kann.

Lebenserfahrung macht entweder hart oder weise. Erfahrene Omas mischen beides, wie einen Zaubertrank von Miraculix.

Zauber-Omas

Die wenigsten wissen, dass Omas zaubern können. Aber sie können es. Allerdings nur gute Omas können das, böse Omas können das nicht, aber die gibt es ja auch gar nicht. Dass Omas zaubern können, kann jeder sehen. Da rührt Oma einen weißen Teig an, tut irgendein Kräutlein hinein, und schon wird der Teig gelb. Sie hat eine Zaubertinte, mit der kann sie Botschaften auf weißes Papier schreiben. Aber nichts ist zu sehen. Nur sie kann das sichtbar machen. Sie nimmt einen vollkommen blind gewordenen, verschmutzten und eingebrannten Kupferkessel vom Haken, mischt einen Zaubertrank aus kleinen weißen Kristallen und einem streng riechenden Saft, tränkt damit ein Zaubertuch und murmelt einen Spruch. Und schon wird der Kupferkessel zum Zauberspiegel. Sie kann machen, dass ein Ei im Wasser nicht untergeht und dass ein kleines Stückchen Teig ganz von selbst ganz groß wird wie eine Wassermelone.

Zauber-Opas

Opas können auch zaubern, aber Opas sind meist mehr mit konkreten, ganz unzauberhaften Dingen beschäftigt, zum Beispiel mit Autowaschen. Scheint auch Spaß zu machen, wenn man die Dauer und Intensität betrachtet, mit der fast alle Opas an ihr Verschönerungswerk gehen. Solche Opas wieder auf ihre ureigenste Veranlagung des Zauberns zurückzuführen, bedarf der Beharrlichkeit des Zauberlehrlings, der den Opa schließlich überredet, ihm doch einen Zauberkasten zu schenken. Wenn der Opa dann auch noch selbst mitzaubern möchte, ja dann hat wohl der Enkel den Opa verzaubert, was auf eine große Karriere als Magier hinweist.

Wer weniger ehrgeizig ist, aber trotzdem einmal etwas zaubern möchte, kann sich ein Zauberbuch kaufen oder schenken lassen. Zauberbücher erkennt man eigentlich in jeder Buchhandlung sofort. Sie sehen nicht nur anders aus als andere Bücher, sie sind häufig auch unsichtbar. Solche Tarnkappenbücher sind heiß begehrt, denn wenn sich ein Buch unsichtbar machen kann, dann kann man sich sicher auch selbst unsichtbar machen, und das ist manchmal sehr praktisch bei unliebsamen Haus- oder Schulaufgaben oder zu anderen Anlässen, bei denen man sich am liebsten verdrücken möchte. Aber man muss sie eben finden.

Wenn man die Omas oder Opas fragt, ob sie zaubern können, dann werden sie das natürlich vehement verneinen. Aber die tun nur so. Es will schließlich kein Zauberer entdeckt werden, sondern lieber im Geheimen wirken. Es sei denn, es wird gerade ein Zauberlehrling gesucht bei Oma in der Küche oder bei Opa in der Garage. Aber das sagt ein Zauberer auch nicht so offen, denn er möchte nur Zauberer ausbilden, die entweder ganz große Magier werden wollen oder sonst die Zauberei geheim halten. Gegen Zauberfehler gibt es nämlich noch keine Versicherung!

Zauberhafte Realität

Also zurück zu den realen und reellen Kunststücken, die durchaus auch als Zauberei herhalten können. Bei Kindergeburtstagen kommt Oma ganz groß raus, assistiert von Mama schaffen sie eine Geburtstagstischlandschaft, die einem aufgeschlagenen Märchenbuch gleicht. Selbst in das allerkleinste Mäulchen und den allerkleinsten Bauch gehen noch erstaunlich große Mengen hinein, die man dann durch anschließendes Toben etwas bewegungsverträglicher verteilt. Kindergeburtstage gelten als gelungen, wenn sich die märchenhaft gestaltete kunterbunte Waffel-Puderzucker-Kakao-Keks-Milch-Saft Geburtstagstischlandschaft in einen verwegenfarbigen Krümel- und Kleckertümpel verwandelt hat, der sich wie ein Tsunami vom Tisch über den Boden ausbreitet. Je größer die Putzorgie später, desto schöner war die Party!

Party

Apropo Party. Trotz der aktuell praktizierten Form der Kommunikation über E-Mail, SMS oder Telefon, kommen Geschäftsleute hin und wieder zu der Überzeugung, dass diese Art des CRM (Customer Relationship Management = Kundenpflege) durch eine Party mit persönlichem Kennenlernen oder Wiedertreffen untermauert werden müsse. Je nach Größe des betreffenden Personenkreises findet diese Party entweder zu Hause oder in einem ausgesuchten neutralen Ort statt, z.B. in einem Hotel. Dann ist man die ganze Organisiererei los, aber auch etliches Geld.

Deshalb gibt es auch Partys mit einer überschaubaren Personenzahl, die zu Hause oder im Garten stattfinden und das gleiche Ziel haben. Manche Gastgeber machen die schönsten Kreationen selbst, andere lassen sich helfen. Zu bestimmten Jahreszeiten hat der Partyservice Hochkonjunktur. Solch schön angerichtete kalte Buffets sind nicht nur eine Augenweide für die Gäste, sondern auch unwiderstehliche Verlockungen für die Kinder, die plötzlich ihren Griesbrei weniger anziehend finden als das Karamelltörtchen auf dem Gästetisch. Den Kindern wird zwar eingeschärft, nichts davon anzufassen, aber schließlich kann man nicht überall gleichzeitig sein, zumal es außer Tischdecken ja noch etliches andere zu erledigen gibt.

Solche Augenblicke sind wahre Meilensteine für die Abenteuerlust der kleinen Entdecker. „Was sind das für schwarze Klümpchen, in denen lustige Zahnstocher stecken? Was ist wohl in den Gläsern mit den schwarz-rot-gelben Streifen? Was sind das für Röllchen, die sich appetitlich übereinanderstapeln? Ist das dunkle Getränk etwas anderes als Kakao oder Cola?"

Die magische Anziehungskraft lässt manche Kreation verschwinden, noch ehe sie ihr eigentliches Ziel erreicht haben. Bestrafen ist nicht nötig. Die Strafe kommt von selbst. Der Nascher hat dann einen längeren Aufenthalt auf dem stillen Örtchen oder ihm ist schlecht. Auf Geschäftspartys sind Omas eher selten anzutreffen, bei Privatpartys schon eher. Gut, wenn man eine Oma hat. Sie rettet die Party und hilft auch bei Bauchweh.

Nach der Party am nächsten Tag sieht das Buffet dann nicht mehr ganz so perfekt aus. Das machte nichts, denn das sieht ja keiner mehr. Auch den Sohnemann sieht man nicht mehr. Der hat sich nämlich als technisch begabter Junge zwei Stäbe aus seinem Paidibettchen gefriemelt und ist aus seinem Daunengefängnis entkommen. Das Bettchen ist leer. Großer Schreck. Alles sucht. Schließlich entdeckt die Mutter eine verräterische Spur, die unter den Tisch führte. Sie hebt die bodenlange Tischdecke hoch. Da sitzt der Kleine, neben ihm sein Freund, das Stallkaninchen. Das Kaninchen mümmelte ganz friedlich und produzierte kleine runde Bonbönchen, die der Sohnemann gerade probiert.

Die Mutter stößt einen Entsetzensschrei aus. „Pfui! Igitt! Spuck das sofort aus!" Der Kleine guckt erschrocken hoch. Will die Mama auch ein Bonbon? Er klaubt sich den Hasenknicker aus dem Mäulchen, reicht das klebrige Ding der Mama und bestätigt: „Meckt nich!"

Allzweck-Omas

Oma als Allzweck-Retter ist eine beliebte Vorstellung. Allerdings ist das oft ein Wunschdenken, nicht unbedingt immer praktikable Realität. Selbst in einem Mehrgenerationenhaus, das ja wegen der räumlichen Nähe und der damit schnellstmöglichen gegenseitigen Hilfe und Aushilfe befürwortet wird, sind Omas als Allzweck-Retter manchmal überfordert. Die Erfahrung, dass die Rufe nach Hilfe stets erhört werden, verdichtet sich zur Gewissheit, dass es absolut nichts gibt, was die Oma nicht in Ordnung bringen kann. Kann sie vielleicht sogar, aber will sie das auch, besser, soll sie das auch?

Natürlich soll sie, aber sie muss keineswegs. Jede Art von Hilfe wird gern gewährt, wenn es in Omas Kräften liegt und sich in einem zeitlichen Rahmen bewegt, der der Reaktionsgeschwindigkeit der Oma angepasst ist. Oma ist schließlich kein weiblicher Batman. Sie kann nicht fliegen und sie kann auch nicht blitzschnell zur Stelle sein. Das ist sie nur bei erkannter höchster Gefahr, aber nicht, wenn das nur der Bequemlichkeit dient, weil man zum Selberanstrengen keine Lust hat.

Omas sollten nicht überstrapaziert werden. Auch Omas nutzen sich ab! Ihre Kräfte sind nicht unbegrenzt.

Wenn es ihnen zu viel wird, klinken sie sich einfach aus, auch wenn das anderen gar nicht ins Konzept passt. Aber wer diese natürlichen Selbsterhaltungsmaßnahmen nicht versteht oder gar zum Anlass nimmt, das als Drückebergerei fehlzuinterpretieren, der sieht die häufigen und bequemen Hilfen wohl mehr als Einbahnstraßen von Oma zum Enkel. Ein Dankeschön zurückzuschicken kann auch heißen, dass man als Eltern oder Elternteil den Wunsch der Oma nach Erholungsphasen respektiert.

Sonst ist die Nett-Oma eines Tages eine Bett-Oma, die selbst gepflegt werden will oder gar muss und damit als allzeit abrufbereite Instant-Oma ausfällt.

Instant-Omas

Gut, die Gefahr, dass Omas als schnelle Eingreiftruppe ausfallen, ist relativ gering. Richtig dosiert belasten Tätigkeiten oder Aufgaben nicht wirklich, sondern sind eher bereichernd. Diese Tätigkeiten müssen keineswegs in Arbeit ausarten, die körperliche Gebrechen verursachen oder gar verstärken.

Der Vorschlag, eine Belastung auf weniger Stunden, dafür aber auf eine längere Zeit zu verteilen, um eben keine Belastung zu werden, ist gar nicht so schlecht gedacht. Heute mal eine Stunde mit den Kindern auf den Spielplatz gehen, morgen mal eine Stunde bei den Schularbeiten helfen, übermorgen mal gar nicht gebraucht werden, dafür aber am Wochenende mal für alle kochen oder einem kranken Kind vorzulesen, das lässt sich doch locker verkraften.

Ideal also für Leih-Omas, die erfreulicherweise immer mehr werden. Regelmäßige Halbtagsjobs sind da schon etwas mehr Belastung und eine Ganztagsbetreuung erst recht. Auch wenn der Umgang mit den Kleinen im Grunde Freude macht, so kann er doch auch ganz schön anstrengend sein und an Nerven und Kräften zerren. Jede Oma muss ihr Maß an Belastung selbst erkennen und bestimmen dürfen, nicht moralisch dazu gezwungen werden. Oma ist lieb, aber kein ausfallsicherer Dauerservicebetrieb.

Verwöhn-Omas

Das sollte auch ein junger Mann erfahren, der bei seiner Oma aufgewachsen war. Seine Eltern waren bei einem Autounfall ums Leben gekommen, und so hatten seine Großeltern ihn aufgenommen und waren somit Mutter und Vater, Oma und Opa zugleich.

Das hatte für den Kleinen viele Vorteile, denn die Großeltern taten alles, um die Folgen dieses schweren Verlustes für das Kind so unwirksam wie möglich zu halten. Das Ergebnis war, dass er etwas mehr verwöhnt wurde, als das notwendig war. Das Kind wuchs heran, ging in die Schule, beendete die Schule und sah sich dann nach einer Lehrstelle um. Oma und Opa waren immer da. Dem Jungen fehlte es an nichts. Aber auch sie wurden älter, nicht nur der Junge.

Es gab Zeiten, da mussten sie sich vom Munde absparen, was sie dem Jungen geben wollten. Dass ihnen das manchmal schwerfiel, ließen sie sich nicht anmerken. So erhielt der Junge den Eindruck, alles sei ganz selbstverständlich und ganz „easy". Eine Anstrengung irgendwelcher Art konnte er nicht erkennen. Also merkte er auch nicht, dass die Kräfte seiner Großeltern langsam schwanden, bis der Opa erkrankte.

Eines Tages musste der Enkel erfahren, dass sein Opa nicht mehr da war. Jetzt hatte er nur noch die Oma. Oma war sehr traurig. Sie tröstete sich damit, dass sie zwar keinen Opa mehr hatte, aber immer noch einen Enkel. Als der Junge ein Mann geworden war, suchte er sich ein Mädchen. Die Oma sah es mit gemischten Gefühlen. Würde sie ihren Enkelsohn verlieren oder eine Enkeltochter dazugewinnen? Das Letztere war der Fall, aber ein Gewinn war das nicht. Jetzt ließen sich zwei verwöhnen, alle beide, aber ihnen kam nie der Gedanke, dass das nicht selbstverständlich sein könnte. Sie kamen, aßen und verschwanden. Sie kamen, holten sich Taschengeld und verschwanden. Sie brachten andere mit, feierten und verschwanden. Bis sie Omas Geburtstag vergaßen. Da wurde der fürsorglichen Oma bewusst, dass ihre Rolle als Betreuerin zu Ende war.

Sie führte daraufhin eine Hausordnung ein, verlangte Miete und bestand auf ihr freies Wochenende ohne Party, Taschengeld und Rundum-Service. Der Junge verstand diese Wandlung nicht. Er zog aus und musste fortan für sich selber sorgen. Oma blieb allein zurück. Sie setzte sich oft in ihren Lieblingssessel, von wo aus sie die Bilder von Opa und Enkel betrachten konnte. Vielleicht werden wir ja noch Urgroßeltern, redete sie mit Opa. Sie horchte auf, wenn sie glaubte, dass sich der Schlüssel in der Haustür drehte. Sie hatte ihrem Enkel einen Wohnungsschlüssel mitgegeben. Für alle Fälle.

Nah- und Fern-Omas

In einem Mehrgenerationenhaus ist ein Auszug mehr ein Umzug, man bleibt in der Nähe, bleibt in Kontakt. Aber es kann oder muss manchmal sogar so sein, dass man ganz woanders hinzieht, in eine andere Stadt oder in ein anderes Land, meist aus beruflichen

Gründen. Die erforderliche Mobilität von heute wird durch technische Einrichtungen erleichtert, die eine Kommunikation auch über große Entfernungen hinweg zulässt. Ja selbst Gespräche ins Ausland oder vom Ausland sind nicht mehr so teuer, denn auch hier gibt es günstige Einrichtungen, die man nutzen kann.

Heute kann man sich sogar über viele Kilometer hinweg sehen. Kleine blaue Männchen mit lustigen Kameraköpfchen sorgen dafür, dass Oma dem Enkel streng in die Augen blicken kann, wenn der Enkel von seinen aufregenden Erlebnissen erzählt. Wenn man auch sehr weit weg ist, so kann man sich doch sehen und sich so gefühlt nah zu sein.

Das setzt zumindest bei Oma voraus, dass die Frisur sitzt. Dem strubbeligen Enkel ist das egal. Oma ist die Beste. Die hört ihm nämlich zu, egal wie die Frisur aussieht.

Und die ruft sogar zurück, wenn der Enkel mal knapp bei Kasse ist. Oma hat alle Zeit der Welt für ihn. Welch überaus angenehmes Gefühl. Man kann sich alles von der Seele reden, ohne auf die Uhr sehen zu müssen. Das geht nur bei Oma.

Überraschungs-Oma

Omas brauchen Humor. Aber für Omas braucht man auch Humor. Wenn die allzu muntere Oma plötzlich ganz abenteuerliche Gedanken entwickelt, denen sie auch sofort ganz abenteuerliche Taten folgen lässt (Yoga, autogenes Training o.Ä.), dann ist auch der Humor der Enkel gefordert.

Es gibt in diesem Falle nur drei Möglichkeiten: Oma einfach machen lassen, unterstützend eingreifen oder das Weite suchen.

Letzteres wird nur von denjenigen praktiziert, für die die Oma zu stark und sie zu schwach sind. Omas sind stark!

Wirtschaftsfaktor Oma

Wenn man bedenkt, was Omas und Opas alles tun und tun könnten und dabei alles in allem doch recht bescheiden und unauffällig bleiben, weil sie nichts an die große Glocke hängen oder Ehrenämter bekleiden, dann heißt das noch lange nicht, dass ihre Arbeit nichts wert ist oder nicht besonders anerkannt zu werden braucht. Denn oftmals ist die Hilfe auch mit regelrechter Arbeit verbunden. Man kann sogar mit Fug und Recht behaupten, dass aktive und für Familie, Kultur oder Wirtschaft im Einsatz befindliche Omas und Opas Leistungsträger und Wirtschaftsfaktoren sind. Die Bewegung 50+ macht das deutlich.

Kostenlos ist nicht wertlos

Oma und Opa machen sich verdient um die Familie. Sie stützen die Wirtschaft als Käufer, als Kursteilnehmer, als Lehrer. Sie setzen durch ihre Betreuertätigkeit gut ausgebildete Kräfte für das Berufsleben frei. Sie treten selbst wieder ins Berufsleben ein. Sie investieren nicht nur für sich, sondern auch für andere. Sie kurbeln damit die Wirtschaft an. Sie reisen, sie lernen, sie lehren. Sie vermitteln Werte, die über das schulische und berufliche Wissen hinausgehen. Sie setzen Maßstäbe, Richtwerte und Orientierungspunkte. Sie regulieren und korrigieren und sichern die ihnen anvertrauten oder um hilferufenden Menschen ab, ohne sich aufzudrängen, ohne viel zu verlangen, ohne viel Aufhebens zu machen, einfach so, weil sie das für richtig halten und als selbstverständlich empfinden.

Auch Starke brauchen Schutz

Sie haben keine Gewerkschaft oder Institution, die für sie spricht und ihre Interessen und Rechte vertritt. Sie haben niemand in der Regierung, der ihre Arbeit – egal ob ehrenamtlich oder gegen

Bezahlung – als Potenzial erkennt, der nicht nur die Renten sieht, die kosten, sondern auch die Rentner, die nutzen. Hier etwas zu tun und hier zu investieren bringt ein Vielfaches der Ausgaben zurück, letztlich auch zum Wohle der Allgemeinheit, durch Festigung des Sozialverhaltens und durch Sicherung eines friedlichen Miteinanders, ohne dass keine Zukunft erwachsen kann.

Aber es bewegt sich bereits etwas, wenn auch noch recht zaghaft. Die Schlafmützen an den Schaltstellen werden langsam wach. Sie suchen, befragen und engagieren ganz gezielt erfahrene Leute, weil sie deren Wissen nutzen, deren Verlässlichkeit schätzen und deren Vorbildfähigkeit brauchen. Alte Meister bilden junge Leute aus, vermitteln ihnen das Empfinden für den Wert der Arbeit.

Arbeit ist nicht nur Maloche, sie ist auch eine sinnvolle Aufgabe, fordert Engagement, sorgt für Erfolgserlebnisse, Kameradschaften und Freunde und damit für innere Ausgeglichenheit.

Arbeit ist Leben, Müßiggang ist aller Laster Anfang. Ein fast vergessenes Sprichwort, aber welche Gültigkeit gewinnt dieser Spruch gerade in der heutigen Zeit, wo ein Hartz-IV-Dasein schon fast Berufsbildcharakter annimmt.

Dagegen steht ein Heer an freiwilligen Omas, an Leih-Omas, an Lern-Omas, an Sing-Omas, an Spiel-Omas, an Immer-da-Omas, die im Stillen wirken.

Wenn das an oberster Stelle erkannt wird – und das sollten ganz viele erkennen, die ihren Verstand nicht nur punktuell an der eigenen Karriere ausrichten, sondern die Verdienste dieser Hochleistungstruppe ganz offiziell hoch bewerten und mit konkreten Vorteilen wie Vergünstigungen oder gar Lohnzahlungen anerkennen, dann tun die verantwortlichen Stellen mehr für das ihnen anvertraute Volk als mit internationalen Hilfskampagnen, die letztlich dem Einzelnen im eigenen Land nicht wirklich etwas Spürbares bringen.

Hoffnung Enkel

Bleibt zu hoffen, dass die Enkel das erkennen, wenn sie erst einmal groß geworden sind und an den Schaltstellen sitzen, die ihren eigenen Omas und Opas den ihnen gebührenden Platz als vollwertige Mitglieder der Gesellschaft einräumen und sie in alle ihre Überlegungen und Maßnahmen mit einbeziehen. Damit werden Omas und Enkel ein Dream-Team mit den glücklichen Eltern in ihrer schützenden Mitte.

Lebensabitur

Hat die Oma ihr Lebensziel erreicht und rückblickend ihr Lebensabitur bestanden, dann gebührt ihr die große Oma-Verdienstmedaille der Familie beziehungsweise der „Omma-Komma"-Orden mit Herbstlaub und Kochlöffeln am Schürzenband für Dauereinsatzbereitschaft auf Abruf.

Und für die Super-Omas unter ihnen, also die mit Diplom, frisch-fröhlichem Dauerengagement und ansteckendem Humor, wird der berühmte Orden wider den tierischen Ernst sicher eines Tages ganz offiziell ergänzt werden durch den begehrten großen Verdienstorden der Bundesrepublik Deutschland für Bildung, Kultur und Lebensfreude. Wenn das auch ein verwegener Gedanke ist, so ist er doch realisierbar!

Die Idee des Oma-Opa-Hilfsdienstes ist nicht neu. Bereits 1981 kam Elfriede Schumacher auf die Idee, einen Oma-Opa-Hilfsdienst ins Leben zu rufen, um Familien in Not bei der Kinderbetreuung unbürokratisch und schnell zu helfen. Für ihr Engagement bekam sie 2006 das Bundesverdienstkreuz! Heute führt diesen Dienst ihre Tochter weiter.[53]

---

[53] www.oma-opa-hilfsdienst.de – für Vereine und Organisationen

Auch Klara Günzel erhielt das Bundesverdienstkreuz für ihr soziales Engagement. Sie gründete 1987 die „Langenfelder Kinderherzhilfe g.V." die sich um Kinder und Jugendliche mit angeborenem Herzfehler kümmert. Ihre Leistung wurde 2011 mit dem Bundesverdienstkreuz auch offiziell anerkannt. Es gibt sicherlich noch mehr Beispiele.

Sie alle zeigen ein langfristiges Engagement, das nur vom Herzen kommen kann. Ihr Lohn ist die erfolgreiche Umsetzung einer Hilfsidee. Und wenn auch nicht jeder eine Medaille oder das Bundesverdienstkreuz bekommt, so lohnt es sich doch, zu denen zu gehören, die anderen Hilfe zukommen lassen, zu allererst den Kindern.

Erkennungszeichen

Man kann sich einem bestehenden Dienst anschließen oder einen solchen Dienst gründen. Oder man kann neutral bleiben und sich als wachsame, hilfsbereite Oma (und Opa) engagieren und zu erkennen geben. Wie? Zum Beispiel durch eine Anstecknadel mit einem leicht verständlichen Symbol, bestehend aus einen Kleeblatt als Glücksbringer und einem „R"[54] als freundliche Aufforderung „Rufmich, wenn Du Hilfe brauchst!"

Wenn Sie sich nicht in einem Verein engagieren wollen oder können, aber trotzdem ein Herz für Menschen haben, wachsam sind und notfalls auch zu Hilfe gerufen werden dürfen, dann stecken Sie sich das Kleeblättchen ans Revers und sind damit für Gleichgesinnte und Hilfesuchende erkennbar. Neues entdecken, ist auch für erfahrene Omas ein Abenteuer.

---

[54] „R" bedeutet auch Rescue (englisch: Rettung)

Auch die Oma+Opa Hilfsdienste selbst, die ein überregionales Erkennungszeichen für ihre Mitglieder und Förderer gut und hilfreich finden, können sich das Zeichen (ohne Buchbestellung) zuschicken lassen. Damit sind sie für alle Mütter und Kinder sofort erkennbar, die gern eine Oma hätten oder vielleicht gerade in diesem Augenblick, in den sie das Zeichen sehen, eine Oma ganz dringend brauchen – eine Oma to go, sozusagen.

Großmütter aller Bundesländer vereinigt Euch!

Kleine Beschreibung von „Passt das?"
Ein Bastel- und Malspiel

Dieses Spiel ist für Kinder ab fünf Jahren geeignet. Nach oben ist keine Altersgrenze gesetzt. Weil das Spiel aus Wörtern besteht, die zusammengesetzt einen Sinn ergeben, trägt es die englische Bezeichnung:

PATCHWORD ©

Es ist ein mehrfach erprobtes Spiel. Es eignet sich hervorragend zum Selbermachen. Wer das nicht kann oder möchte, kann sich das Spiel auch als fertiges Kartenspiel bestellen. Dieses Spiel ist mehrsprachig und deshalb auch für Schulen und Kindergärten geeignet.

Es liegt aber ein besonderer Reiz darin, alles von Anfang an selbst herzustellen. Das schaffen auch Vorschulkinder, die noch nicht lesen oder schreiben können. Sie können aber ausschneiden und aufkleben und sich dabei helfen lassen oder eine Malschablone benutzen. Gerade ihnen macht dieses Spiel besonderen Spaß. Es regt die Fantasie an, vergrößert den Wortschatz und lässt eine Fortschrittskontrolle zu, die zum Weiter- und Bessermachen anstachelt.

Übrigens: Wie mehrere Untersuchungen in Schulen und Kindergärten ergeben haben und in vielen Zeitschriften nachzulesen war, gibt es teilweise erhebliche sprachliche Defizite gerade bei Kindern im Vorschulalter und/oder bei Kindern mit Migrationshintergrund. Hier wäre vielleicht eine Möglichkeit, das zu verbessern.

Spielanleitung:

Material: Malkarton, alte Visitenkarten oder Bierdeckel, Filzschreiber, Malstifte oder Wasserfarben, ggf. Malschablone(n), Schere und Kleber.

Motive: Alle, die man malen oder darstellen kann (Ausschneiden und aufkleben oder Schablonen sind erlaubt).

Spiel: Karten verdeckt auf den Tisch legen. Erste Karte aufdecken und ersten Spieler bestimmen. Der zieht eine zweite Karte aus den verdeckten Karten und deckt sie auf.

Aufgabe: Sätze bilden.

Beginn: Der Spieler muss jetzt versuchen, aus den beiden Begriffen auf dem Tisch 1 Satz zu bilden. Die Karten kann er nebeneinander oder untereinander legen. Findet er den Satz, lässt er die Karte auf dem Tisch liegen. Findet er keinen Satz, nimmt er die Karte an sich. Das Spiel geht mit dem nächsten Spieler weiter.

⇑ ⇑

Der zieht eine verdeckte Karte und versucht, das gezogene Motiv mit dem Motiv (oder später mit einem der Motive) auf dem Tisch zu kombinieren. ACHTUNG: Er muss seine Karte an eine der bereits auf dem Tisch befindlichen anlegen können, d.h. die ausgesuchte Karte muss eine freie Kante zum Anlegen haben (ähnlich wie beim Domino). Übereinanderlegen gilt nicht. Das ist am Anfang noch leicht, kann aber zunehmend schwieriger werden.

⇑ ⇑
⇑

Fällt ihm etwas ein, legt er die Karte an. Fällt ihm nichts ein, muss er die gezogene Karte behalten. Das Spiel geht mit dem Nächsten weiter. Mit der Zeit sammeln sich so einige Karten in den Händen der Spieler an. CHANCE: Jeder Spieler hat die Möglichkeit, seine Karte mit der eines Spielers zu tauschen, wenn er mit den Karten auf dem Tisch nicht klarkommt. Da sich aber niemand in die Karten schauen lässt, muss er „auf gut Glück" ziehen. Zieht Spieler A von Spieler B eine Karte, muss Spieler B auch von Spieler A eine Karte ziehen. Schafft Spieler A mit der gezogenen Karte einen Satz, legt er die Karte an. Schafft er keinen Satz, geht das Spiel mit Spieler B weiter. Sonst geht das Spiel reihum, und das solange, bis keine verdeckten Karten mehr auf dem Tisch liegen. Jetzt sieht man nur noch die aufgedeckten und aneinandergelegten Karten. In diesem Augenblick beginnt das Endspiel.

♟ ♟ ♟
♟
♟ ♟ ♟ ♟ ♟ ♟ ♟
♟
♟ ♟

Ziel ist, alle Karten loszuwerden. Dazu hat jeder noch eine letzte Chance. Er muss entweder mit seiner Karte und einer der Karten auf dem Tisch einen Satz bilden oder sich dazu eine Karte von einem Mitspieler ziehen. RISIKO: Hat Spieler B nur noch 1 Karte, hätte er damit automatisch keine mehr, also das Ziel erreicht. ABER: Spieler B muss warten, ob Spieler A nun in der Lage ist, einen Satz zu bilden. Schafft er das, bekommt Spieler B jetzt 2 Karten von Spieler A und Spieler A hat keine mehr! Also, nicht zu früh freuen. Hat ein Spieler zum Schluss noch mehr als 1 Karte, dann hat er nur einen Versuch. Danach geht das Endspiel an den Nächsten weiter, der noch eine oder vielleicht auch noch mehrere Karten hat. Sind beispielsweise zum Schluss noch zwei Spieler da, dann können diese sich solange herausfordern, bis einer keine Karten mehr hat.

Wer als Erster keine Karten mehr hat, ist erster Sieger, wer als Zweiter keine Karten mehr hat, ist zweiter Sieger usw. Es gibt nur Sieger!

Index